Dialéticas da Transgressão

Coleção Estudos
Dirigida por J. Guinsburg

Equipe de realização – Organização: Michel Peterson; Tradução: Ignacio Antonio Neis, Michel Peterson, Ricardo Iuri Canko, Alice Tavares Mascarenhas e André Soares Vieira; Revisão da tradução: Ignacio Antonio Neis; Edição de texto: Adriano Carvalho Araújo e Sousa; Revisão de provas: Eloísa Graziela Franco de Oliveira; Sobrecapa: Sergio Kon; Produção: Ricardo Neves e Raquel Fernandes Abranches.

Wladimir Krysinski

DIALÉTICAS DA TRANSGRESSÃO
O NOVO E O MODERNO NA LITERATURA DO SÉCULO XX

Copyright © Wladimir Krysinski, 2007

Dados Internacionais de Catalogação na Publicação (CIP)
(Câmara Brasileira do Livro, SP, Brasil)

Krysinski, Wladimir
Dialéticas da transgressão : o novo e o moderno
na literatura do Século XX / Wladimir Krysinski ;
[tradução Ignacio Antonio Neis, Michel Peterson,
Ricardo Iuri Canko]. -- São Paulo : Perspectiva,
2007. -- (Estudos ; 242 / dirigida por J. Guinsburg)

Bibliografia.
ISBN 978-85-273-0788-8

1. Crítica literária 2. Literatura moderna -
História e crítica I. Guinsburg, J. II. Título. III. Série.

07-5612   CDD-809

Índices para catálogo sistemático:
1. Ensaios : Literatura moderna : Século 20 :
História e crítica 809

Direitos reservados em língua portuguesa à

EDITORA PERSPECTIVA S.A.

Av. Brigadeiro Luís Antônio, 3025
01401-000 São Paulo SP Brasil
Telefax: (11) 3885-8388
www.editoraperspectiva.com.br

2007

Em memória de
Haroldo de Campos

Sumário

Agradecimentos XI

A Literatura: Um Ato de Conhecer –
Jerusa Pires Ferreira XIII

Entre as Crônicas da Modernidade e os
Discursos Evolutivos da Literatura do Século XX XIX

1. NARRATIVA DE VALORES:
   OS NOVOS ACTANTES DA *WELTLITERATUR* 1

2. AS VANGUARDAS DE OSTENTAÇÃO E
   AS VANGUARDAS DE FAZER COGNITIVO: PARA UMA
   DESCRIÇÃO DAS LINGUAGENS TRANSGRESSIVAS 15

3. OS FINS INFINITOS DAS LINGUAGENS DA POESIA:
   ENTRE EXPERIMENTOS E BUSCAS COGNITIVAS 31

4. A SINFOSOFIA DE YALE: SOBRE POESIA EXPERIMENTAL,
   VISUAL E CONCRETA DESDE 1960 47

DIALÉTICAS DA TRANSGRESSÃO

5 QUESTÕES SOBRE O SUJEITO E SUAS INCIDÊNCIAS NO
TEXTO LITERÁRIO 51

6. ESTRUTURAS METAFICCIONAIS EM LITERATURAS ESLAVAS:
POR UMA ARQUEOLOGIA DA METAFICÇÃO 69

7. GOMBROWICZ: DANÇAR CONFORME A MÚSICA
DO OUTRO 91

8. A CONSCIÊNCIA, A ALTERIDADE E O DISCURSO
DA NARRAÇÃO EM ITALO SVEVO 97

9. HUBERT AQUIN: AS FRACTALIDADES DA PERDA 111

10. O *SCRIPTOR LUDENS* ENTRE MODERNO
E PÓS-MODERNO 121

11. A DISSIDÊNCIA DO CORPO
ALÉM DA ORTODOXIA DO TEXTO 133

12. A VOZ DO EROS NO PRIMEIRO RENGA OCIDENTAL 155

13. QUEM TEM MEDO DO SONHO AMERICANO? 167

14. DISCURSO DE VIAGEM E SENSO DA ALTERIDADE 181

ÍNDICE ONOMÁSTICO 203

Agradecimentos

Gostaria de expressar minha gratidão aos colegas e amigos que contribuíram grandemente para a realização desta obra. Este livro, que o leitor brasileiro tem em mãos, é fruto da colaboração e da amizade que foram estabelecidas entre o autor e seus colaboradores que, assim como ele, são fascinados pelo Brasil. A idéia do livro, imaginado no começo como uma coleção de ensaios, veio de meu amigo Michel Peterson, que era, na época (anos de 1990) professor na Universidade do Rio Grande do Sul, em Porto Alegre. Michel escolheu uma série de artigos de minha autoria, ordenou-os sistematicamente e os traduziu em colaboração com Ricardo Iuri Canko. Eu os agradeço calorosamente.

O professor Ignacio Antonio Neis fez um trabalho excepcional de revisão do texto já traduzido. Ele fez uma pesquisa minuciosa para encontrar todos os textos já traduzidos em português. E, ele mesmo, também traduziu o estudo "Discurso de Viagem e Senso da Alteridade". Eu lhe expresso meu profundo reconhecimento. Alice Tavares Mascarenhas traduziu a introdução e ocupou-se do trabalho de acabamento. Com meus agradecimentos, desejo ressaltar a importância de sua contribuição.

Agradeço profundamente André Soares Vieira, tradutor do ensaio sobre a obra do romancista quebequense Hubert Aquin. Aproveito a ocasião para agradecer Nubia Jacques Hanciau, diretora da revista *Interfaces Brasil/Canadá*, onde foi primeiramente publicado o ensaio, por ter permitido a publicação deste estudo neste livro.

A professora Jerusa Pires Ferreira apresentou espontaneamente meu livro à editora Perspectiva, onde o livro foi recebido de boa vontade por Fany Kon, diretora editorial, que esperou com paciência a chegada do texto definitivo. Meus cordiais agradecimentos.

O fato deste livro ser publicado no Brasil é, em grande parte devido à minha admiração por este país, pelas comunidades que aí habitam, por sua espirituosidade e pela grandeza humana de seu povo.

Este livro é dedicado à memória de Haroldo de Campos. Poeta brasileiro, ele foi (e ainda é) um grande poeta universal. O tornar-se universal de sua poesia foi determinado pelos traços específicos da cultura literária brasileira. O modernismo, uma das afirmações identitárias brasileiras e estrutura ideológica praticada por Oswald de Andrade e Mário de Andrade, os manifestos antropófagos, o barroco e os barroquismos de *Macunaíma*. A inteligência crítica de Haroldo soube explicar os fenômenos em todos os lugares do mundo inteiro onde ele chegou, ao bel-prazer de suas viagens.

A Literatura:
Um Ato de Conhecer

Conheci-o na década de 1970 em Urbino, quando o jovem semioticista aprimorava seus instrumentos teóricos, conceituais e críticos e já os adequava à perspectiva de um amplo conhecimento do fato literário.

O jovem erudito preparava suas incursões pelos territórios da literatura do mundo a que se propunha conhecer e iria mesmo desbravar. Sua atitude foi sempre a da abertura de novos caminhos e entendimentos.

Mantendo-se mais do que ninguém fiel à sua identidade nuclear, mais polonês do que nunca, hospedado no mundo, abrindo-se sempre, e com propósito firme de alcançar outras identidades, que experimentaria em regime de intensa adesão.

Na leitura atenta dos repertórios da "grande literatura" e no acompanhamento direto da ação crítica que a envolve ou faz detonar processos criativos, conseguiu desenvolver uma tese sua: a de que a transgressão é a própria evolução criadora onde a literatura ocupa espaço tão importante.

O fato de ir abrindo muitas linhas, desinstalando-se em seguida, levou-o a um ritmo intenso de novas e sucessivas descobertas, a um tipo de argumentação permanente, da sensibilidade à reflexão e vice-versa.

Para ele, o novo é um valor que implica num complexo processo de aproximação, de desvendamento que vai da obra à sua inserção no meio que a produz e nas condições que a sancionam.

XIV DIALÉTICAS DA TRANSGRESSÃO

Os ensaios que agora se apresentam neste volume formam um panótico das culturas que o seu autor vislumbra ou explica. Tudo nos conduz à idéia de um assentamento pelas culturas do mundo, ao entendimento de como poéticas são políticas e de que é preciso conduzir do conceito à experiência e também ao contrário, para poder observar passagens, quebras de limites, enfrentamentos de obstáculos, etc.

Nesta abertura e proposta, a semiótica lhe dá a medida inicial, o apoio, em que se vão configurando os espectros de sua diversidade.

Mas o que é importante, leva-o também à história, como um fato central. E o exemplo de tudo isto é a notável aproximação que faz à obra de Augusto Roa Bastos, um dos mais importantes narradores do continente americano.

Tenho por fundamental o seguinte. Enquanto em certos espaços da criação moderna, desloca-se a narrativa, chega-se mesmo a considerá-la indesejável, Krysinski toma com força suas razões de ser nesta modernidade, prolongamentos freqüentes do ato de narrar. Torna-se um leitor incansável em que o romance, a fabulação se transformam no centro de todo um conhecimento, base de uma poética e reflexão.

Assim que nos espantamos com a quantidade de livros que leu e lê. É com o encantamento que daí provém: as centenas de títulos que se oferecem em sua mesa como a nos convidar, e de outra parte, prova de um ato de conhecer incansável em si mesmo.

Quanto aos seus métodos, há uma preocupação que o leva a um largo percurso de Roa Bastos a Pirandello, a Petrarca e Cervantes. O *corpus* é o motivo para o espraiamento e vai ao encontro de uma idéia de *Weltliteratur* convidando-nos a um acompanhamento, mas sobretudo ao debate de idéias.

Seu compromisso em suas próprias palavras é o de estudar os avatares do romance moderno, uma forma de estabelecer um outro tipo de cânone.

Há, portanto, um projeto em curso e com a força desta e de tantas descobertas em si, como se houvesse uma permanente máquina da comparação. Trata-se de um grande comparatista, de alguém que atravessa de uma margem a outra, para aproximar ou opor paisagens e sentidos.

Como grande leitor do romance, seu método consiste em nos convidar, em nos oferecer um comentário que nos coloca perto da obra do autor referido e das questões que vão emergindo. Vai agindo como se estivesse resenhando obras, e apontando atitudes, conceitos, para investir então na grande busca de universos cognitivos, de parâmetros de referência que possam ajudar a analisar estes sujeitos/objetos.

Em Italo Svevo, a consciência é o tema que se abre e se apresenta diante de nós, em Hubert Aquin, a busca das construções identitárias.

A narrativa que nos apresenta vai se fazendo avassaladora como aproximação, convite, inquietação. De Milan Kundera a Witold Gombrowicz, a Vladimir Nabókov. Detecta então procedimentos e

A LITERATURA: UM ATO DE CONHECER

num capítulo desdobra o lúdico, a ponto de compor toda uma seqüência, bem como o mundo da viagem e da literatura de viagens.

Mas há algo mais: as passagens da prosa à poesia, e ao contrário, o que lhe garante e nos assegura um estar em muitas partes, na observação dos projetos criadores. Assim consegue passar a perspectiva de quem os discute, metalinguagem e metaficção, como propõe, por exemplo, no caso das literaturas eslavas.

A idéia central, acredito, é a de uma discussão teórica na pauta e a historicização de um enfrentamento daquilo que se chama Modernidade.

Poderíamos dizer que historicizar a Modernidade é o seu método, o que nos parece uma importante e saudável iniciativa crítica.

Pensa nas situações do Estado-nação, do Estado-federação, e discute o nomadismo moderno.

Diante deste volume de cuja extensão e complexidade, o seu índice nos dá conta como o indicador mais perfeito, passamos da curiosidade a uma espécie de vertigem, a de acompanhar esta viagem que passando por uma discussão crítica alcança a construção de um método de leitura de obras de vários domínios literários do mundo. Estamos, de fato, frente a um poliglotismo real, são literaturas de várias línguas e culturas e não apenas no sentido extensivo de vozes e culturas em confronto.

É aí que se levantam potentes questões, estabelecendo-se achados e dúvidas no percurso através de um inesgotável corpo de referências.

Dedica-se, por exemplo, a textos e à discussão de conceitos como o de *Weltliteratur* que explora filosoficamente, e a partir de Goethe nos conduz ao de *metanarrativas*, alcançando algumas formulações de Lyotard.

Trazendo em discussão a noção de vanguardas, consegue estabelecer uma diferença entre as que considera espetaculares e as profundas. Não que deixemos de intuir a divisão, e aliás temos uma outra posição a respeito, mas não podemos menosprezar o trânsito crítico e questionador do autor nesta direção, quando ele nos apresenta uma pequena antologia que vai dos futuristas, dos dadaístas a Mário de Andrade, passando por Fernando Pessoa e outros.

Sua questão central é a seguinte: serão as vanguardas ainda transgressivas? Então eu perguntaria, em seguida, o que pode hoje ser considerado vanguarda?

É por exemplo manter-se fiel a uma tradição fundamental ou destruí-la? É a radicalização que se coloca em oposição a uma diluição permanente das coisas? É uma intransigência que impõe posições de luta?

Mas o que nos parece muito interessante neste caso, é que Wladimir Krysinski vai avançando rumo a um projeto de tipologizar as vanguardas históricas.

XVI DIALÉTICAS DA TRANSGRESSÃO

Podemos observar que sua trajetória, neste sentido, ancora mesmo na árvore do mundo. Se de um lado há sua relação com Greimas (actantes das vanguardas) com Bahktin (dialogismo e poliglotismo), temos a presença da semiótica russa e da cultura, do reflorescer da *Arbor mundi* de Eleazar Mieletínski e Aaron Guriêvitch com suas categorias da cultura e na tipologização de um Iuri Lotman e Boris Uspênski.

Dedicando muitas páginas do livro à sua observação contínua do concretismo, retoma inclusive o tão famoso "Pós-Tudo" de Augusto de Campos que situa num outro espaço de discussão, fora das polêmicas a que estamos habituados, introduzindo outras. Tem razão ao dialogar com o poeta Haroldo de Campos, a partir de sua perspectiva universalizante; investindo nas várias leituras que seus poemas suscitam, visuais e gráficas para além do verbi-vocal.

Ao passar por espaços das literaturas do leste europeu, a polonesa, a checa, e vindo da Rússia, consegue estabelecer vertentes comparativas, constrói interações e nos oferece junto à criação literária, a idéia de uma discussão com pensadores e semioticistas do leste, como Stefan Morawski e a Escola crítica de Łodz na Polônia.

Considerando os nacionalismos literários, as universalizações, frente aos centros de decisão, chega a uma interessante reflexão sobre marginalizações da cultura.

O que me parece muito sugestivo é esta idéia de marginalização que passa pelas máquinas de promoção, dos valores extra-literários. Num contexto em que aparecem os que têm a seu favor a força política, seja a do prestígio, confirmam-se também as tendências do mercado. Tudo isto abre para uma discussão bem interessante, na medida em que nos coloca diante de um tempo globalmente mercantilizado, em que não faltam festivais, espetáculos, urgências espetacularizantes, pulverizadas, desmanchadas no ar ou líquidas etc.

Por sua vez, ao admitir o poliglotismo das literaturas do mundo, ou sua situação de confronto, Krysinski nos convida a um dos mais importantes temas de hoje, num mundo que tem diferentes espacialidades a se cruzarem, o da tradução – que vai respondendo por este diálogo. Neste ponto, Modernidade terá diretamente a ver com a idéia de tradução.

Ao tratar de uma literatura mundial, convida-nos a pensar sobre a dialética do reconhecimento e aí também a uma concepção que implica cruzamentos culturais num jogo intenso, o da descoberta de universos literários, culturais e históricos em que este corpo, grande diálogo, se realiza em nosso tempo.

O título do livro é todo um curso de teoria (se teorizar é entender, aproximar e glosar) dos textos, de suas inserções, das possibilidades discursivas; um desafio para o seu autor e para seus leitores, também ávidos, e desde já pactuando com as forças da vida, para prosseguir neste embate com o prazer e a curiosidade, com a virtualidade que propõe sempre novos movimentos de descoberta.

O mundo passa então a ser o que se pode enfocar, discutir, entrever... como sua mesa de trabalho, a de Krysinski, que um dia conheci em sua casa de Montreal: nos inúmeros livros empilhados ou espalhados, a organização do disperso – um ato de conhecer.

Jerusa Pires Ferreira*

---

*.   Professora do Programa de Pós-Graduação em Comunicação e Semiótica da PUC/SP. Coordenadora do Centro de Estudos da Oralidade do COS/PUC-SP.

Entre as Crônicas da Modernidade e os Discursos Evolutivos da Literatura do Século XX

DO NOVO AO MODERNO

> *O Novo não é uma moda, é um valor, fundamento de toda crítica: nossa avaliação do mundo não depende mais, pelo menos diretamente, como em Nietzsche, da oposição do nobre e do vil, mas do Antigo e do Novo (o erótico do novo começou a partir do século XVIII: longa transformação em processo)*[1].

Este livro constituiu-se em uma das visões panorâmicas da literatura moderna. Potencialmente, estas visões são múltiplas. Meu panorama retém certas obras que emergiram em horizontes culturais diversos. Eu as introduzi aqui. Elas subentendem uma coerência da totalidade.

Os ensaios que compõem este livro constituem, ao mesmo tempo, um conjunto diferencial cujo denominador comum é a pertinência de cada ensaio em relação à modernidade. Termo extremamente carregado de significações, ao mesmo tempo próximas e divergentes, a modernidade pertence a domínios diversos onde se cruzam pontos de vista históricos, artísticos, literários, assim como ideologias e enfoques. Depois do fim do século XX, é possível apreendê-la melhor do que no momento em que a modernidade construía múltiplos dis-

---

1. Roland Barthes, *Le plaisir du texte*, Paris: Seuil, 1973, p. 55-56, (Coll. Points, Essais).

XX DIALÉTICAS DA TRANSGRESSÃO

cursos através da literatura e sobre ela. Pode-se ver melhor hoje que antigamente: a modernidade assumia sua continuidade pelos aparecimentos em série de novidades pontuais. Reconstituídas em estruturas discursivas que lhe garantiam as textualidades variáveis, mas acolhedoras, as novidades condicionavam a coerência de diferentes modernidades. De uma certa maneira, a literatura pode ser compreendida como este rio de Heráclito, em cuja corrente não se pode entrar duas vezes. Entramos e não entramos. A metáfora heraclitiana remete à visão do mundo, assim como a outras coisas compreendidas como estruturas dialéticas. Quer dizer, estruturas com identidades fugitivas, próximas e distanciadas, recebendo o golpe de *polémos* (combate em constante transformação). A dialética hegeliana afirma que o movimento da negatividade (*Aufhebung*) avança a partir de uma tese para uma antítese, e em seguida para uma síntese. Considerada como uma totalidade, a literatura (estrutura constituinte, espiritual, escritural, social, artística) transforma-se e se desloca estruturalmente para o diferente. Apreender seu movimento para a transformação evolutiva é reconhecer o fato de que a causa principal da evolução da literatura é a transgressão. Ela pressupõe um avanço do persistente na ordem das normas estabelecidas. O persistente é um termo de Theodor W. Adorno "sempre o mesmo". A transgressão possui uma parte ligada ao novo e ao moderno. O novo transgride através dos gestos criadores e da desestabilização do "sempre o mesmo" (*Das Immergleiche* – Adorno).

Ao buscar uma série de análises mais ou menos pontuais e uma síntese metacrítica das diferentes problemáticas da modernidade literária, pretendo ressaltar que, apesar de uma agressividade evidente dos que desejavam aniquilar a modernidade, e apesar de um certo cansaço dos grandes defensores desta (Habermas, para quem a modernidade é um "projeto inacabado"), a modernidade continua sendo, a meu ver, uma estrutura conceitual e axiológica ainda mais significativamente funcional e heurística. Ela precisa, então, ser historicamente revista e epistemologicamente retrabalhada. Por isso, a abordagem crítica principal deste livro é entender a modernidade em sua diversidade transgressora. A diversidade destes textos explica-se, por um lado, pela minha prática do comparativismo, e pelo fato de pertencerem a uma literatura nacional (por exemplo: italiana, americana, polonesa, brasileira, etc.), assim como pelo fato de abordarem uma série de problemas ou temas críticos, todos relacionados com a modernidade. Durante os últimos anos, ela atingiu um estatuto polivalente cujas preocupações precisariam ser explicadas. Pode-se ver que a relação entre o novo e o moderno deve se explicar pelo fato de que o novo deve ser compreendido como tal, pelo fato de participar do moderno, e que o moderno, deve sua especificidade ao fato de ser condicionado pelo novo.

ENTRE AS CRÔNICAS DA MODERNIDADE...   XXI

Se admitirmos que o moderno significa o lado cognitivo do novo, devemos atribuir esta qualidade a todos os textos escolhidos em nossas "dialéticas da transgressão". Reconhecidos como modernos, estes textos foram novos no seu aparecimento. É o fato de serem recebidos, lidos e relidos que permitiu a descoberta de seus lados cognitivos e, assim, o reconhecimento e a solidificação de suas modernidades. Individual ou coletivo, nacional e transnacional, transpondo as línguas, os espaços literários e seus projetos, o programa da modernidade mostra suas boas intenções ("Aufklärung") na multiplicidade de seus gestos discursivos de vanguarda, desde o dadaísmo e o futurismo até as "neovanguardas" e outros "projetos inacabados". A modernidade não é um fenômeno que Max Weber qualificaria de "tipo ideal". Ela não se deixa reduzir a um discurso, nem a sinais estáveis. E, entretanto, ela proclama o novo, ela traceja seu programa, ela é sua gesticulação. A modernidade como *corpus* de idéias, de obras, de discursos se define pela intenção do novo, e em toda a literatura ocidental desde Petrarca e Cervantes até Julio Cortázar e Juan Gelman. Com séculos de distância entre eles, os tempos históricos são solidários do novo.

A MODERNIDADE ENTRE O TRANSITÓRIO E O IMUTÁVEL, MAS TAMBÉM ENTRE O FUGITIVO E O ETERNO

No célebre texto de Baudelaire, *O Pintor da Vida Moderna* (1863), a modernidade é definida como "o transitório, o fugitivo, o contingente, a metade da arte cuja outra metade é o eterno e o imutável"[2]. Será que esta definição seria aceitável no final do século XX? Se não sem reservas, pelo menos como um assunto de debate, como uma visão heurística de um dos problemas mais complexos. Respondamos pela afirmativa. Tentemos esmiuçar na perspectiva baudelairiana o que parece funcional ainda hoje, neste momento em que temos à nossa disposição uma vasta perspectiva histórica e podemos revisitar diferentes museus da modernidade.

Sabemos que o número de "Constantin Guys" aumentou sistematicamente durante todo o século XX. Um dos últimos foi, nem mais nem menos, o próprio Octavio Paz, perito em Baudelaire e comentarista sistemático da modernidade. O poeta mexicano intitula o discurso de atribuição do Prêmio Nobel de "La búsqueda del presente" (A Busca do Presente). Ele retorna, então, à perspectiva baudelairiana, mas apresenta a modernidade mais como uma busca utópica. O presente é inapreensível. Ele é fatalmente dedicado à contingência, ao

---

2. Charles Baudelaire, Le peintre de la vie moderne, *Oeuvres complètes*, présentation de C. Pichois, Paris: Gallimard, 1961, p. 1152-1208, (Bibliothèque de la Pléiade).

XXII   DIALÉTICAS DA TRANSGRESSÃO

fugitivo e ao transitório. Este lado aqui da arte, é um caso de moda. O outro lado é a eternidade e a imutabilidade. Como atingi-los? Eis a questão! Uma primeira resposta: apostando na transhistoricidade da obra. Como a obra se torna transhistórica? Ela deve possuir algumas qualidades diferenciais. As de *Medéia* de Eurípides ou de Sêneca, as de *Hamlet* ou de *Dom Quixote*. Aquelas de *As Flores do Mal*, e as de uma *Estação no inferno*, ou as das *Odes* de Hoelderlin. Ou melhor ainda, será que se trata de obras que, como *O Homem sem Qualidades* zombam sistematicamente do fugitivo, que ironizam o presente em favor de uma imutabilidade futura. Será que os romances, como *Memórias Póstumas de Brás Cubas, Macunaíma* ou *Os Sertões, O Senhor Presidente* de Miguel Angel Asturias, *Grande Sertão: Veredas*, de João Guimarães Rosa, *O Século das Luzes,* de Alejo Carpentier, *Eu, o Supremo* de Augusto Roa Bastos ou *O Jogo da Amarelinha* de Julio Cortázar possuem estas qualidades que lhes garantiria uma presença permanente no imutável? E *Galáxias* de Haroldo de Campos?

A transhistoricidade destas obras, assim como a de *Dom Quixote*, de *Fausto* e de *Os Demônios*, consiste no fato de que exibem sua atualidade permanente pelas qualidades do universal que trazem consigo. A universalidade é, assim, uma capacidade de expressão variável, mas consensual do mundo e do humano.

O NOVO E O ETERNO

O primeiro lado da modernidade é definido em relação à passagem devoradora do tempo: o presente imediato da moda, passado do futuro ("fugitivo"), oposto à eternidade da arte. Advento evanescente, a modernidade é sólida como o bronze. O novo é apreendido em sua transitividade fatal e na sua promessa de permanência. Em uma perspectiva histórica, a modernidade é um caleidoscópio que projeta ao infinito suas contingências, suas fugitividades, suas transições. Mas, isso é o segundo lado da modernidade, o caleidoscópio não mostra nunca o eterno nem o imutável.

Hoje, a definição baudelairiana revela sua dimensão problemática. A *ars longa* é mítica demais para conter a modernidade. Tem sede do reconhecimento eterno. De início, o presente já é inapreensível, como disse Octavio Paz. O presente é, ao mesmo tempo, objeto de uma busca e fantasma de uma presença. Se a modernidade é o receptáculo das variações do novo, qualquer novidade não é o sinal infalível do moderno. O novo a qualquer custo, o culto desmedido do novo não é forçosamente moderno, exceto na modernolatria. A vontade moderna do novo pressupõe uma decisão axiológica e pragmática: "mudar a vida" (Rimbaud) ou mudar a arte e a literatura. "A modernidade é a busca de uma literatura impossível", observa Roland

Barthes. A modernidade teria, assim, como objetivo principal, a imposição de uma nova ótica da arte e do mundo, e ela seria caucionada por um novo discurso, um discurso que se distingue dos discursos em voga, gregários e paralisados na repetição. A nova articulação cognitiva apóia-se em uma dialética, uma ironia e uma crítica de vocação transgressora, uma vocação de transcendência. A modernidade que surgiu no século XVIII já era crítica. As modernidades recentes, as do século XX, apostam mais em novas articulações cognitivas cuja pertinência se mede pela sua capacidade de gerar o conhecimento pela poesia, pela narração ou pelo teatro. Elas expõem uma nova visão dos fatos. Este ponto de vista permite estudar os avatares do romance moderno desde James Joyce, Hermann Broch, Alfred Döblin, Alejo Carpentier, Julio Cortázar até Clarice Lispector, João Guimarães Rosa, Augusto Roa Bastos, Milan Kundera, Carlos Fuentes, Danilo Kiš, Reinaldo Arenas, Petér Esterházy.

HISTÓRIA E INOVAÇÃO

Os diversos programas do novo definem a modernidade ao nível mínimo de seu reconhecimento e de seu funcionamento. É preciso historicizar a modernidade, ordenar suas diferentes manifestações, suas práticas, suas finalidades e seus espaços que, no século XX, catalisaram estes programas. Uma rede de indicações destinadas a cumprir esta função historicizante acompanha nossas análises, revelando os diferentes aspectos da modernidade: arqueológico, histórico, espacial. Um outro elemento intervém: a necessidade de compreender a modernidade como contrapartida preexistente do pós-modernismo, este tema popular e freqüentemente debatido durante os anos de 1980 e 1990. Basta mencionar Jean-François Lyotard, Ihab Hassan, Gianni Vattimo ou Fredric Jameson. Houve polêmicas. A mais notável é a que Jürgen Habermas[3] provocou em seu discurso de atribuição do Prêmio Adorno entregue pela cidade de Frankfurt. Ele afirma que a "modernidade é um projeto inacabado", mas para Gianni Vattimo[4], a "modernidade é finita", para Charles Taylor[5] ela está "em crise" e para Leszek Kolakowski[6] ela está em "perpétuo questionamento". Os extremos não devem se encontrar tão cedo. Se acreditamos nestes filósofos, as modernidades são múltiplas e sua organicidade é, ora certa, ora discutível. Conclui-se, então, que a modernidade terá sido uma categoria polivalente, eminentemente heurística. Banida da are-

---

3. La modernité: un projet inachevé, *Critique*, n. 413, oct. 1981, Vingt ans de la pensée allemande.

4. *La fine della modernità*: nichilismo ed ermeneutica nella cultura postmoderna, Milano: Garzanti, 1985.

5. *The Malaise of Modernity*, Concord: House of Anansi Press, 1992.

6. *Modernity on Endless Trial*, Chicago: University of Chicago Press, 1990.

XXIV DIALÉTICAS DA TRANSGRESSÃO

na artística, política e social graças ao advento do pós-modernismo, a modernidade está rapidamente de volta. Ela é e será "reescrita", observa Jean-François Lyotard[7]. Irrefutável, ela é sistematicamente reconduzida, retrabalhada, perlaborada (*durcharbeitet*).

O DIVERSO E AS INVARIÁVEIS DA MODERNIDADE

Território escorregadio de questionamento e de reinvenções do novo, tela de fundo dos avanços ou retrocessos da sociedade, a modernidade cristaliza os processos sistematicamente feitos aos níveis social, político e estético. Com seus espelhos convexos e côncavos, a modernidade é uma espiral de contradições, de esperanças, de decepções e de reinícios. A modernidade é a parte essencial da história. As análises de textos e a atenção dada aos autores "modernos" nos confirmam em nossa persistência epistemológica e nossa vontade de manter a diferença axiológica entre modernidade e pós-modernismo. Nossa compreensão da modernidade se amalgama na busca de suas invariáveis: 1) subjetividade; 2) ironia; 3) fragmentação; 4) auto-reflexividade. Estes quatro parâmetros fixam os horizontes interpretativos de textos modernos.

A SUBJETIVIDADE

A subjetividade deixa-se compreender como papel dominante, que representa na economia do texto, o indivíduo. Ele torna-se observador, juiz, escrivão, avaliador do mundo. Ele é, então, quase operador, narrador, auto-narrador e protagonista da narrativa e do discurso.

Admite-se geralmente que a *subjetividade* é a principal força motora da literatura moderna. Aquele que se observa e se relata, que se erige ao nível de juiz e de crítico é emblemático do discurso da modernidade. Instância de enunciação e de comunicação, produtora de mensagens dirigidas freqüentemente por provocação às estabilidades gregárias, ele é o suporte inelutável da semiótica do discurso moderno. Pode-se medir a amplidão deste discurso na modernidade situando em um mapa imaginário as vozes subjetivas de *O Sobrinho de Rameau*, de Werther "jovem e sofredor", de Bonaventura do romance anônimo *Nachtwachen von Bonaventura* (Vigílias Noturnas de Bonaventura), de *Woyzeck* e de *Lenz* de Georg Büchner, do homem do subterrâneo em Fiódor Dostoiévski. E, no século XX, Robert Musil, Marcel Proust, Guillaume Apollinaire, Franz Kafka, Joyce, Italo Svevo, Luigi Pirandello, Fernando Pessoa, César Vallejo, Pablo de Rokha, Samuel Beckett, Clarice Lispector, Paul Celan, Ernesto Sábato, Julio Cortázar, Reinaldo Arenas, Yukio Mishima, Roa

---

7. *L'inhumain*: causeries sur le temps, Paris: Galilée, 1988.

ENTRE AS CRÔNICAS DA MODERNIDADE...

Bastos, Heiner Miller, Juan Goytisolo, Juan Benet, Félix de Azúa, Pierre Guyotat, Valère Novarina... Protagonistas de uma subjetividade transgressora, monologuistas da narração, da poesia e do teatro. Em diferentes graus de intensidade e de sofisticação formal, surge nestes discursos a instância subjetiva e a força anômica que subvertem a ordem estabelecida dos comportamentos coletivos. O sujeito, visto no contexto filosófico, redefine a literatura como campo tensional onde domina a força enunciativa individual. Pelo monólogo ora desenfreado, ora medido, o sujeito impõe sua lei confessional por vezes agressiva, ou analítica. Neste contexto, o sujeito só participa do dialogismo bakhtiniano de uma maneira específica. Ele transmite suas mensagens não como um participante ativo de um diálogo. Ele é principalmente um sinal móvel e dinâmico de uma subjetividade que, através da literatura, inscreve-se na cacofonia do mundo.

Pode-se, sem dúvida, questionar se esta configuração, que pertencia incontestavelmente à alta modernidade, não se dissipou e se ela não desapareceu do campo discursivo pós-moderno. Será que o sujeito, esta velha categoria da qual ocupa-se a filosofia desde Aristóteles (*hypokeimenon*) até Heidegger (*Dasein*) e Sartre (o "em si" e o "para si", a "paixão inútil"), este objeto da subjetividade, não foi dissolvido, liquidado, expulso da crítica e da teoria literárias? Da mesma forma, ele sofreu a pressão desmistificadora de filósofos, como Gianni Vattimo, promotor do pensamento fraco (*pensiero debole*) e de uma situação filosófica definida como ausência do sujeito, como um além do sujeito (*al di là del soggetto*). É verdade que os ataques repetidos dos pós-modernos contra o sujeito, como o caracterizamos, não conseguiram desarticulá-lo. Pelo menos, na literatura. Não se pode relegar o sujeito a uma arqueologia da alta modernidade, cuja dinâmica teria se enfraquecido e dispersado em relação às suas primeiras impulsões durante as duas primeiras décadas do século XX. Na literatura, o sujeito em sua forma anômica, crítica, idiossincrática retorna com força e constitui um apoio sempre essencial da modernidade, uma modernidade que renova sistematicamente seus parâmetros e sua escrita[8].

A IRONIA, UMA "FORMA DE COMBATE"

A ironia modula as relações entre o narrador ou o autor e o sentido. Ela constitui-se em espaço dialético que relativiza a pretensão, todas as pretensões do sentido único.

A *ironia* encontra-se na origem dos dispositivos textuais e das vozes líricas e narrativas que tornam complexo o sentido. Definida pela retórica como uma "figura de pensamento", a ironia ainda é

8. Jean-François Lyotard, op. cit., 1988.

XXVI   DIALÉTICAS DA TRANSGRESSÃO

uma simulação deliberada (*simulatio*) do tom e do sentido afirmativo e unilateral. A tradição moderna da ironia tem sua fonte no romantismo alemão, na leitura do romance de Cervantes por Friedrich Schlegel. Ela se apóia na opulência das digressões que Schlegel chama de "parabasis". Na tragédia grega, este termo define a intervenção do coro que comenta a ação e o desenrolar dos acontecimentos. Através da utilização da ironia como "parabasis permanente", Schlegel define uma das modalidades do romance moderno. A modernidade do texto, para não repetir, é subentendida pelas diferentes formas de ironia ilustradas em *Dom Quixote*: a duplicidade do narrador, o distanciamento e as narrativas-embutidas. Em *O Homem sem Qualidades*, a interferência da narrativa pelo discurso, do real pelo possível e utópico se funde em metadiscursos que relativizam o sentido falsamente direcional e unilateralmente definível, já que para Musil, "a ironia é uma forma de combate". É, então, "moderno", a capacidade irônica de multiplicar as perspectivas e de relativizar a narrativa e sua leitura. As maquinações da ironia aparecem em vários romances de Cervantes a Milan Kundera (*A Insustentável Leveza do Ser, A Identidade*), passando por Lawrence Sterne, Diderot, Sade, Machado de Assis, Joyce, Pirandello, Stanisław Ignacy Witkiewicz, Witold Gombrowicz, Gunter Grass, José Saramago, Phillipe Sollers, Esterházy.

A FRAGMENTAÇÃO

A fragmentação reconstitui a parte que a representação é sistematicamente transmitida e expressa por elementos parciais, ou mesmo disparates.

A *fragmentação* é solidária da ironia e condiciona o estilo do texto moderno. A partir da codificação romântica do fragmento (Novalis, F. Schlegel), a descontinuidade é uma forma especificamente moderna. O observador afetivo do mundo e a demonstração (*apodeixis*) do visível e do pensável conduzem à "obra fragmentária", à negação da obra aurática, burguesa (Adorno, *Filosofia da Nova Música*). Compreender o sentido da fragmentação exige uma empatia do leitor dos textos modernos. A "Zona" de Apollinaire, as *Elegias de Duíno* de Rainer Maria Rilke, os *Cantos* de Ezra Pound, *Altazor* de Vicente Huidobro, *A Terra Desolada* de T. S. Eliot, *Poeta em Nova York* de Garcia Lorca, *O Canto Geral* de Pablo Neruda ou ainda *O Naufrágio do Titanic* de Hans Magnus Enzensberger são poemas da fragmentação. Uma fragmentação nascida da percepção do mundo, de uma vontade e de uma obrigação de estruturar simbolicamente a totalidade. Assim, *Os Cantos* constituem uma reflexão histórica e filosófica cuja escrita poético-épica tem como ambição contar a história do mundo. *A Terra Desolada* é uma crônica do mundo urbano que tem como ponto de partida um "feixe de imagens fraturadas" (*a heap of broken images*). A fragmentação é o meio de representar o transbordamento do urbano. A reflexividade do texto de T. S. Eliot passa, igualmente, pela fragmentação: referências, citações ou chamadas que funcionam tanto quanto fraturas. Da mesma forma, estas observações se aplicam ao romance: *O Homem sem Qualidades* de Musil, *Kotik Letaiev* de Andréi Bielyi, *Berlin Alexanderplatz* de Alfred Döblin, trilogia *USA* de Dos Passos, *Enquanto Agonizo* de William Faulkner, *As Ondas* de Virginia Woolf, *Os Irresponsáveis* de Broch, *Outra Vez o Mar* de Reinaldo Arenas, *Uma Meditação* de Juan Benet, *A Violência Ilustrada* de Nanni Balestrini, *Les Géorgiques* (As Geórgicas) de Claude Simon, *Zero* de Ignácio de Loyola Brandão ou *O Ano da Morte de Ricardo Reis* de José Saramago. Todos estes romances respondem pelo fragmentário à pressão do total, do histórico, do político, do urbano. Podemos lembrar da brincadeira de Adorno em *Minima Moralia*. À célebre afirmação de Hegel, que declara que "a totalidade é verdadeira", assim como, "o real é racional", Adorno opõe esta frase: "Das Ganze ist unwahr" (o total não é verdadeiro). O que é verdadeiro para Adorno, é o fragmento.

A AUTO-REFLEXIVIDADE

A *auto-reflexividade* define a obra como um universo autônomo, esteticamente determinado, como um discurso auto-referencial. As marcas de auto-reflexividade variam. Elas podem ser de natureza prosódica ou metadiscursiva, como em alguns romances (*Petersburgo* de Andréi Bielyi, *Le voyeur* de Alain Robbe-Grillet, *Fogo Pálido* de Vladimir Nabokov, *Campos* de Jürgen Becker, *La fin d'Alembert* de Helmut Heissenbüttel, *O Ano da Morte de Ricardo Reis* de José Saramago). As marcas de auto-reflexividade são, igualmente, sinais que expressam o jogo e o preceito da ficção. Em Jorge Luis Borges, o exagero da invenção produz uma "inquietante estranheza"; ela é o caminho da narração, que mostra constantemente seu nome. Na prosa de Italo Calvino, o princípio da auto-reflexividade marca o retorno constante e metadiscursivo no processo de escrita, na "Máquina-Literatura", por exemplo, em *O Castelo dos Destinos Cruzados* ou *Se um Viajante numa Noite de Inverno*. A quarta invariável de nossa grade de leitura garante uma percepção do texto moderno como trabalho da forma. O moderno possui sua espessura discursiva própria, que se constitui pela interação funcional das quatro invariáveis.

SELEÇÃO ORIENTADA COMO BASE DO MODERNO ALÉM DO NOVO

Os textos selecionados são ordenados ao redor de algumas problemáticas próprias à literatura moderna: a literatura mundial

(*Weltliteratur*), a vanguarda, o romanesco e o narrativo em evolução, a multiplicidade das operações subjetivas, a poesia coletiva oriental japonesa ("renga") oposta à poesia lírica ocidental.

Pensemos, de maneira introdutória, sobre a questão da literatura mundial. Pensemos sobre ela aqui e agora, quer dizer, no início do século XXI.

A idéia de Goethe, avançada em 1827, deu espaço para muita discussão durante todo o século XIX e XX. Hoje, na entrada do século XXI, percebe-se que a "literatura mundial" não tem significação definitiva e consensual. A institucionalização identitária e a comercialização de produtos literários contribuíram para um estado de coisas onde o reconhecimento do universal se choca com uma multiplicidade de fatos, senão confusos, pelo menos, complexos, difíceis de hierarquizar.

Quando Goethe expressa sua idéia sobre a "literatura mundial" (ver *Gespräche mit Eckermann, 31 Januar 1827*) ele está pensando principalmente em algumas obras literárias que passaram pelo processo de reconhecimento e que circulam em escala mundial como monumentos, símbolos, ícones de uma literatura que, apesar de ser escrita em diferentes línguas, sempre chega a uma unidade universal. Seus valores, seus temas e suas formas são decifráveis e aceitáveis em todos os lugares. Este "todos os lugares" é um parâmetro crítico que foi modificado durante os últimos vinte a trinta anos. Mas será que, devido a isso, ele é admissível por todos? O aperfeiçoamento dos meios de comunicação aprimoraram e alargaram a idéia e a base da universalidade comum e gregária da literatura mundial. Entretanto, ela não possui reconhecimento universal. Seus cânones, suas obras, suas idéias universais e seus actantes não ganharam uma unanimidade de voz. É o momento de repensar nos actantes desta narrativa de valores. Eles são seus verdadeiros responsáveis. Eles representam o mesmo humano que conviveu com Goethe. E, entretanto, este humano encontra sempre razões suficientes para disputas intestinas. A literatura mundial seria, então, esta idéia nômade que muda de centro de gravidade em função de seus deslocamentos? E que não reconhece nenhum centro não importa onde esteja?

Os acontecimentos políticos, principalmente a queda do império soviético, originaram a emergência de uma série de literaturas veladas, até bem recentemente. Percebe-se, então, que a questão da identidade volta com força e que ela passa pelo reconhecimento da especificidade do nacional e do local. A questão da literatura mundial é, então, dialeticamente indexada em uma realidade ambígua. Por um lado, ela situa-se acima do nacional, e por outro, ela não pode repudiá-lo. Qualquer um que estuda hoje sobre a literatura mundial vai perceber rapidamente que não se pode escapar a uma série de aporias. O que é aporético é, antes de mais nada, a noção mesmo de mundial. Mas, também o universal, como é considerado geralmente. Vê-se, então, que os mundos aporéticos subvertem consideravelmente a idéia de Goethe e produzem um universo inapreensível, governado pelo princípio comercial da circulação de provisões livrescas. Então, é mundial o que se vende bem, mas o contrário não é necessariamente verdadeiro. Entretanto, investida de conteúdo axiológico, a mundialidade transforma-se em uma literatura praticamente elitista, que pertence a um número limitado de *happy few*. Uma série de questões são levantadas: onde e como é necessário ler a literatura mundial? Como se pode estabelecer um sistema de valores que apoiaria uma literatura mundial disponível para todos?

Este reconhecimento dos fatos literários, tão contingentes quanto fixos, leva a uma disputa de conceitos, cuja precisão é cada vez mais contestável e incerta. Sem resolver este problema de maneira funcional e definitiva, tentamos marcar suas diferentes preocupações, como canonizações e recanonizações nacionais e supranacionais, assim como a emergência de novos atores da *Weltliteratur*.

Nossa análise leva ao reconhecimento de uma multiplicidade de literaturas nacionais. Em primeiro lugar são listas. Poderíamos apresentá-las como configurações textuais, circunstanciais e axiológicas que correspondem às diferentes visões do literário. As literaturas nacionais condicionam a imagem e a função da literatura mundial.

O exemplo brasileiro é significativo. No Brasil, eleva-se o estatuto das literaturas regionais, mas também o das características universais dos fatos literários. Uma obra literária brasileira seria, então, uma síntese astuciosa, ou mesmo, lúdica, do local e do universal. Uma tal obra mereceria o nome de híbrida. Ela seria portadora de uma identidade flutuante, móvel e de uma abertura considerável face às retóricas tradicionais. Desde *Os Sertões* de Euclides da Cunha até *Budapeste* de Chico Buarque, passando por *Macunaíma*, por *Grande Sertão Veredas* e por *Rainha dos Cárceres da Grécia*, estas obras atingiram o cânone nacional brasileiro, na medida em que seu caráter híbrido expressa uma brasilidade compreendida como valor de identidade nacional. Este problema foi bem expresso por Antonio Candido, citado em epígrafe. Para este grande crítico, a "vida espiritual" brasileira é regida por uma lei que ele define como "dialética do localismo e do cosmopolitismo".

Quaisquer que sejam as constatações importantes que se proponham para definir a literatura mundial de uma vez por todas, uma coisa parece ser certa: a literatura mundial não é uma evidência. Ela não é um corpo textual claramente visível e descritível. Vários trabalhos consagrados à literatura mundial convergem para uma constatação de diversidade e de pluralismo de formas e de valores. Assim, é a relatividade de valores que está na origem das desavenças e diferenças

XXX DIALÉTICAS DA TRANSGRESSÃO

que constroem diferentes modelos do mundial. A evolução da literatura estimulava as emergências de visões variáveis do literário e das variabilidades de valores. Este fenômeno de acumulação leva a uma variedade de fatos, cuja pertinência continua sendo a demonstrar e a classificar.

Assim, de maneira quase contraditória, pode-se afirmar que a literatura mundial mostra hoje diferentes facetas, sem que se possa dividir e escolher, sem perigo de exageração ou de negligência, um *corpus* de textos que representaria a literatura mundial.

Este contexto de fatos inumeráveis e de julgamentos constantemente contraditórios deve nos impor análises de fenômenos significativos que refletem a complexidade do mundial no literário e que mostra o posicionamento do literário específico no mundial tentacular.

Um bom exemplo desta abordagem é o livro precioso de Leyla Perrone-Moisés, *Altas Literaturas*. A autora decifrou escrupulosamente os universos axiológicos e ideológicos de oito escritores: Jorge Luis Borges, Italo Calvino, Octavio Paz, Ezra Pound, Thomas Stearns Eliot, Haroldo de Campos, Michel Butor e Philippe Sollers a fim de mostrar em qual especificidade de valores (em qual relatividade de valores) chegaram. O que é ressaltado em *Altas Literaturas* é o fato de que a literatura é um universo da mutabilidade de valores e de suas sublimações. Vê-se, hoje como a sublimação de valores ou sua desobjetivação fizeram chegar em um estado de coisas nas quais é impossível privilegiar exclusivamente valores em favor de uma axiologia exclusiva e em detrimento de outros sistemas de valores. Tudo é permitido, inclusive o reino do *kitsch* nos espaços leitorais onde triunfam os escritores como Susanna Tamaro (*Va dove ti porta il cuore*, porque não chorar lendo a triste história?) ou Paulo Coelho (porque não chorar com os outros assentados na margem do rio Piedra?). O *kitsch*, que subentende suas obras, não deveria nos impor uma ordem de eliminação deste tipo de literatura do campo do mundial. Vê-se aqui, claramente, que onde se produz o ato de ler todas as reações são permitidas. Assim, mesmo se os professores exibem seu gosto refinado contra o reconhecimento do *kitsch*, devemos admitir que na literatura mundial tudo deveria ser permitido. E que o *kitsch* ao mesmo tempo separa e reúne no humano, cuja desigualdade de gostos e de sentimentos é um privilégio e uma escolha.

Resumindo, proponho um pequeno esquema de diferentes categorias da literatura mundial, levando em consideração sua diversidade e sua importância fatual e social.

Vejo a literatura mundial em sua diversidade e em suas perspectivas de práticas. O que se ressalta neste contexto são diferentes "versões" da literatura mundial: elas são paralelas e concomitantes, mas têm seus direitos à existência, que são:

1) versão antologizante (representatividade, exaustividade antologizada);
2) versão individualizante (a cada leitor, seu direito de ter "sua" literatura mundial);
3) versão canônica (historicamente objetivada e idiossincraticamente colocada, ver Harold Bloom, emergência de novo cânone, eclipse de cânones antigos);
4) totalizante (reparadora, englobadora, acolhedora sem reserva, ver acima Paulo Coelho e Susanna Tamaro);
5) versão globalizante fundada na comercialização do livro e sobre uma ditadura dos editores com vocação mundial. O fetichismo do marketing, primata de alguns editores que ditam as condições de receptibilidade de livros no mercado mundial (Mondadori, Gallimard, Rovohlt, Penguin, Collins, Faber and Faber).

Tudo acontece, então, no mercado do globalizado. Este mercado é sem limites, nem culturais nem geográficos. Entretanto, aqui, reina a "violência do mundial" (Jean Baudrillard). Então, o mundial da literatura mundial acontece onde o sucesso e o lucro são bem calculados.

POLYTOPOS DO MODERNO: A VANGUARDA ENTRE A HISTÓRIA E A SOBREVIDA

O poético do concreto, tal como apresenta-se como novo idioma, transgride o discurso lírico e subjetivo. O grupo Noigandres também elaborou uma nova linguagem e criou uma nova representação do poético. Noigandres foi um grupo de poetas semioticamente refletidos e cognitivamente orientados que construíram um novo modelo da representação do poético. A poesia concreta dialetiza transgressivamente a representação do poético. Sua transgressão significa, em primeiro lugar, a ruptura com o ciclo de versos. Em segundo lugar, a busca de um idioma que expressaria o momento imediato do contemporâneo. Em terceiro lugar, a poesia concreta desloca a importância do estético para o real problematizado pelo icônico e pelo concreto visível ou deixado ver e compreender ironicamente. Podemos lembrar o texto icônico de Décio Pignatari representando a nota de um dólar americano com a cabeça de Jesus e uma inscrição "Cr$isto é a Solução".

A história e a prática de Noigandres nos levaria à questão da vanguarda. Esta é, por excelência, o campo do transgressivo. Entretanto, percebe-se, hoje, que a vanguarda teve uma história, ao mesmo tempo, movimentada, ou mesmo, violenta e significativamente racional a serviço do cognitivo. Isto quer dizer que as dialéticas da transgressão, que presidiram esta história, foram determinadas por um movimento duplo: 1) destrutivo, violentamente transgressivo, e 2) transgressivo analítico fundado na busca sistemática do cognitivo, ou seja, uma nova arte que estaria à altura do presente imediato.

A vanguarda, reconhecida como gesto ideológico por excelência "moderno" e como uma variedade de escritas transgressoras, descorou-se sob o peso de depreciações vindo principalmente dos pós-modernos. Eles a liquidaram e a rejeitaram dos diferentes horizontes críticos que dominavam a crítica e a teoria literárias dos anos de 1970 e 1980. Entretanto, tanto o conceito quanto o gesto ideológico vinculados à vanguarda, sofreram transformações notáveis durante a segunda metade do século XX. Pôde-se perceber que a vanguarda não se auto-liquidou, nem deixou-se liquidar, nem renunciou projetos criadores e cognitivos variados. Por isso, a necessidade de redefini-la. E de repensá-la. Os diferentes grupos ativos na Europa, na América do Norte, e na América Latina deram à vanguarda senão um novo esplendor, pelo menos uma nova função da transgressividade sempre recomeçável. A poesia concretista brasileira é, neste sentido, exemplarmente rica em realizações e em idéias de uma nova poesia que integrou universos de expressões variáveis (poesia mallarmeana, pensamento teórico de Ezra Pound, música dodecafônica, pintura abstrata) e dinâmicas em função dos projetos criadores buscados. Ela prolongou a tradição do novo. Ela deve ser recolocada em uma configuração criadora das dinâmicas do novo compreendidas como corrente de transmissão da modernidade.

A história da vanguarda nos revela uma imagem mais complexa dela mesma, em relação à que a tradição crítica registrou, limitando-se a uma visão estereotipada. Então, pareceu-me necessário propor uma tipologia das vanguardas. Esta tipologia leva em consideração o fato de que as transgressões praticadas pelas diferentes vanguardas ditas históricas e as que pode-se chamar paradoxalmente de "pós-históricas" argumentavam elementos diferentes. O futurismo, o dadaísmo e o antropofagismo marcaram, em diferentes graus, a ultrapassagem da tradição e o aniquilamento do presente ideologicamente decifrado como uma entidade a eliminar. O surrealismo e a poesia concreta, o concretismo brasileiro, os Novissimi, (Itália) Groupe 47 (Alemanha), Tel Quel, Change (França) realçaram o estatuto do cognitivo, aceitando, ao mesmo tempo, por um gesto dialético, particularmente significativo, uma releitura e uma argumentação da tradição. Esta orientação racional e cognitiva deve ser reconhecida como um sinal particular de um novo vanguardismo. Este é o resultado de uma transgressão reorientada. Desta vez, as dialéticas que a governam sintetizam o atual, o tradicional e o cognitivo. Assim, a releitura do funcional, face a um conhecimento dialeticamente conquistado, permite atingir a uma nova (ou repensada de novo) modernidade. A síntese dialética, assim compreendida, e que atualiza a busca de novas estéticas, é atestável nas diferentes vanguardas abaixo mencionadas.

O LÚDICO E O TEXTUAL, ENTRE O UNIVERSAL, O LOCAL E O SUBJETIVO

A perspectiva lúdica é reveladora de uma abordagem criativa que usa a língua como um objeto do jogo. A língua é, assim, um conjunto de sinais manipuláveis em função das regras propostas pelo escritor jogador. O jogo literário que transforma o escritor que faz a mímesis em escritor jogador, *scriptor ou auctor ludens*, demonstra e esclarece a literatura como operação variável em suas finalidades. Ela não tem a obrigação de ser instrumento e objetivo mimético. O jogo que gera a língua é revelador de uma modernidade que alargou seu campo de expressão e de finalidade. A aventura do primeiro *renga* ocidental é, neste sentido, bastante instrutiva.

Em 1969, quatro poetas ocidentais (Octavio Paz, Jacques Roubaud, Edoardo Sanguineti, Charles Tomlison) combinaram escrever o primeiro *renga* ocidental, que é uma poesia coletiva escrita por grupos de poetas e praticada no Japão há vários séculos. Ora, tudo separa a idéia do poético no Japão da visão e da prática ocidentais da poesia. *Renga* ocidental, que fundamenta-se nesta edição sob a forma de soneto, transforma-se em jogo de simulação do comportamento coletivo japonês. Transformar o jogo do *renga* em poesia autenticamente ocidental é um desafio. O desaparecimento do autor não garante a criação de uma poesia que ultrapassaria o local, e que seria expressa por uma linguagem universal. As quatro línguas escritas por quatro poetas ocidentais não impedem, segundo as palavras de Octavio Paz, que uma só linguagem poética se instale como idioma universal da poesia. Entretanto, a leitura do *Renga* demonstra que esta linguagem é dificilmente perceptível. Ele se busca, assim como se busca a temática consensual do *Renga*.

De fato, esta experiência fascinante do *Renga* ocidental nos mostra que a diversidade de subjetividades poéticas, tradicionalmente reconhecidas como *differentia specifica* da poesia lírica ocidental (ver Hoelderlin, Novalis, Baudelaire, Rilke) não se deixa submeter ao princípio japonês do coletivo. Pode-se ver como nesta configuração o lúdico é instrumental, o universal é parcial, o local é inevitável e o subjetivo é uma determinação inelutável. Segundo a medida japonesa, a poesia ocidental se fundamenta em seus extremos nestas utopias do absoluto lírico e do livro mallarmeano. A poesia ocidental é uma busca, a do *renga* japonês, menos ambiciosa, visa com sucesso o resultado final formal e temático. A aventura ocidental do *renga* é reveladora de uma diferença cuja razão de ser dos dois lados, encontra-se na cultura. E aí, o comércio japonês da alteridade ultrapassa e peneira o narcisismo e o individualismo ocidentais.

O ROMANESCO E O NARRATIVO: ALGUNS LUGARES EVOLUTIVOS

Italo Svevo, Witold Gombrowicz, Hubert Aquin. A primeira vista, nada os une. E entretanto, eles expressam de maneira notável alguns momentos evolutivos do romance do século XX.

Svevo em *La conscience de Zeno* (A Consciência de Zeno) mostra a solidão monológica de seu personagem vivendo no espaço cultural urbano. Ele continua um monólogo narrativo voltado para si próprio. Ele busca um outro à sua semelhança. Sua auto-análise tem limites. De alguém solitário, ironizando por vezes, observador sensível, mas também implacável em sua psique instável, ele se transforma em observador do global. A terra, a sociedade humana entram em seu discurso. Ele sabe agora que a catástrofe é inevitável. Para onde vai o humano? Zeno não encontra resposta a esta pergunta. O leitor vê como Svevo decompõe o romanesco burguês. Este romance é uma soma do definitivo que a vida burguesa oferece ao indivíduo demoníaco, como Lukács o define em sua *Teoria do Romance* (1920). A busca de valores se detém no limiar de uma catástrofe pressentida, mas também compreensível que Zeno afronta através de seu discurso. Este romance representa a desmistificação e a relativização definitivas, além das quais um outro universo humano se delineia. Quem serão os protagonistas? Svevo não o mostra, nem o deixa adivinhar.

Por sua forma e sua história grotescas Gombrowicz leva ao paroxismo o problema da alteridade. Ao invés de se mostrar receptivo aos "avanços" do dançarino do advogado Kraykowski, em nome de uma atração recíproca, este rejeita esse outro do Outro. O leitor vê como a fronteira que separa o amor do menosprezo será transgredida. A Alteridade é uma ilusão, uma quimera. A terra da decepção e da desilusão. A narrativa irônica e zombadora leva a um tipo de catarse da relação do eu-você. Gombrowicz vira de cabeça para baixo o tema das relações humanas fundadas em uma fascinação de Um pelo Outro. A psicologia subterrânea de Dostoiévski mostra em Gombrowicz sua face grotesca e ridícula. A solidão humana que aspira um contato e um acordo, não encontra nenhum reconforto no mundo dos humanos. A "missa interhumana" faz ouvir sua cacofonia.

Estamos em 2007, Hubert Aquin está sempre presente nos debates políticos no Quebec. Discute-se atualmente (início de novembro de 2006) sobre seu pensamento político. Seu ensaio "La fatigue culturelle du Canada français" é atual, segundo alguns nacionalistas quebequenses. O escritor Hubert Aquin desencoraja o leitor comum, para quem seus romances são sofisticados e complexos demais. Aquin-pensador e crítico ainda fascina. O projeto separatista está de volta. Um novo referendo será preparado em breve. O reconhecimento do Quebec como nação é também um assunto da atualidade. Aquin era

ENTRE AS CRÔNICAS DA MODERNIDADE... XXXV

um dos que buscavam seu verdadeiro país além da fronteira canadense. Esta ainda não existe, mas talvez surgirá em um futuro próximo. A obra romanesca de Aquin nos mostra como é difícil, ou mesmo impossível, evitar na arte narrativa a política, cada vez que o romance deve afrontar a situação específica da vida comunitária e que ele se propõe a contá-la. As vidas comunitárias canadense e quebequense são perturbadas pela história de um encontro que deu errado entre os franceses e os britânicos na terra canadense. O francês falado naturalmente e o inglês dando as ordens não poderiam entender-se. Colonizadores fracassados, os quebequenses reivindicam o estatuto de uma nação e a posse de um país independente.

A prosa romanesca de Aquin demonstra a força da vituperação extática e a mobilidade enunciativa do narrador-intelectual ferido e perturbado pelo barulho e pela violência da História. Este narrador furioso busca uma forma e uma história para contar que seriam também aptas a expressar e a resumir a ferida histórica do povo quebequense. Os romances de Aquin impressionam por sua fineza intelectual e pela representação paradoxal da busca do nacional e do identitário.

Durante os anos de 1970 e 1980, no momento em que o pós-modernismo tornou-se um assunto crítico na moda, a metaficção também foi um assunto muito falado. Sua prática tornou-se uma rotina do pós-moderno. Ao escolher algumas literaturas eslavas (russa, polonesa, tcheca e servo-croata), quis mostrar uma das etapas na evolução da metaficção, ou seja, a metaficção como dialetização das relações discursivas. Os romances discutidos dos escritores como Mikhail Bulgákov, Vladimir Nabokov, Karol Irzykowski, Stanisław Ignacy Witkiewicz, Gombrowicz, Vaclav Rezač, Milan Kundera e Danilo Kiš provam que a metaficção representa um papel de refletor cognitivo diante da complexidade dos problemas abordados. A metaficção implica o estabelecimento de uma dupla imagem, a do objeto narrativizado e a que dialeticamente se superpõe no primeiro discurso da narrativa.

Os exemplos escolhidos no capítulo sobre a metaficção nas literaturas eslavas convergem para a relação do reflexo que problematiza o próprio ato de narrar. É evidente que após a publicação e as leituras dos romances escolhidos, a metaficção progrediu muito. Por um lado, ela tornou-se quase uma obsessão temático-formal (ver John Barth) e, por outro lado, ela problematizou a relação entre o processo de leitura e a(s) forma(s) do romanesco (Italo Calvino).

Pensada como fábrica de transgressões, a literatura é uma construção, ao mesmo tempo histórica e imediatamente contemporânea. O novo pertence a um reservatório de sinais literários que podem surgir em qualquer momento para marcar a diferença entre o passado e o presente, compreendido como estágios de negócios literários. O novo é uma estrutura de mediação que dialetiza a situação de formas e de idéias a fim de introduzir ali sua diferença. A transgressão é, assim,

XXXVI   DIALÉTICAS DA TRANSGRESSÃO

uma força de mudança da matéria literária através do aparecimento de novas estruturas.

A leitura diferenciável de novos sinais é um imperativo crítico inevitável. A leitura diferenciável facilita o reconhecimento de forças transformadoras da literatura e fixa o jogo de diferenças que aparecem no longo ou curto prazo.

Nossas leituras diferenciáveis permitiram realizar algumas seleções na matéria literária do século XX a fim de indicar seus vetores. Às escolhas já mencionadas, acrescentamos a escolha de alguns sinais e tendências que marcam o papel do corpo transgressivo e da voz que enuncia as oposições face à condição humana institucionalizada. A transgressão desse corpo ultrapassa sistematicamente diferentes ortodoxias que situamos primeiramente no campo religioso e, em seguida, no campo literário. O "sonho americano" retido em sua estrutura mítica é revelador de uma série de decepções que marcam a literatura americana vista além de seus idealismos oníricos. O "sonho americano" é, também, indicador de uma situação idealizada ao máximo em um campo político e social do "paraíso americano". O poema-imagem de Décio Pignatari com a inscrição "Cr$isto é a Solução" e que mostra a cabeça de Cristo inscrita em uma nota de um dólar é, de uma certa maneira, uma síntese irônica do social americano. Sonhar nestas condições, significa crer que o dólar vence todos os obstáculos com a aprovação do Cristo.

O problema da viagem e da alteridade conclui o livro de uma maneira, ao mesmo tempo, paradoxal e dialética. Paradoxalmente, a viagem assinala a curiosidade voltada para um outro lugar impenetrável. É o caso do discurso de Joseph Conrad em *The Heart of Darkness* (O Coração das Trevas). Este texto capital mostra as feridas da modernidade na medida em que "Darkness" simboliza um espaço separado, e para sempre separável, entre raças. O mundo real fixou no espaço do mundo zonas onde se situa o cordão umbilical do miserável nos separando do outro, de um outro mundo. Intencionalmente, colocamos no texto de Conrad uma questão de uma dialética entre a alteridade degradada e a vontade de um encontro real e frutificante com o outro.

O NOVO ENTRE AS TEORIAS E AS PRÁTICAS

Nossa tentativa de auscultar a literatura do século XX revela (uma vez mais, sem dúvida) o fato de que as identidades da literatura são variáveis e que os movimentos simbolizam bem mais seus movimentos freqüentemente inconclusos, ao invés de resultados definitivos. Entretanto, vistas na perspectiva de uma série de chamadas, por anamnese, a literatura revela também cristalização de novidades. Gilles Deleuze mostra bem este problema.

ENTRE AS CRÔNICAS DA MODERNIDADE...

É desta forma que o filósofo Gilles Deleuze vê a novidade:

> Fiquei fascinado por Sartre. E, para mim, há uma novidade de Sartre que nunca será perdida, uma novidade para sempre. É como Bergson. Não se pode ler um grande autor sem encontrar nele uma novidade eterna. [...] E se não se sabe encontrar a novidade de um autor em sua época, perde-se também a eterna novidade que ele traz em si[9].

Para Deleuze, sempre houve novidades (do pensamento, da arte, da literatura) que marcaram e que marcam os avanços e as diferenças de sistemas filosóficos ou criações artísticas. A apreensão de novidades que foram constituídas em sinais de evolução ou de mudanças pressupõe que nós atribuímos a uma novidade qualidades excepcionais. Pode-se representá-las como se segue. Uma novidade inscreve-se em uma diversidade de contextos. Um contexto temporal onde um "agora" ultrapassa um "antes". O contexto espacial marca a relação: aqui *versus* nenhum outro lugar, e o contexto axiológico: o único *versus* o repetitivo. Parece ser necessário ir além a fim de melhor compreender as funções do novo em um vasto espectro de relações intra e inter-textuais. Propomos, assim, levar em consideração três princípios-guias que permitem realizar um certo número de operações de diferenciações funcionais.

Em primeiro lugar, o princípio de comparabilidade. A identificação do novo propõe uma perspectiva comparativa mais vasta possível, mas antes de mais nada pertinente. Assim, em nosso livro *Dialéticas da Transgressão* que trata do narrativo, optamos por Italo Svevo, W. Gombrowicz e H. Aquin a fim de mostrar como suas novidades marcaram a evolução do narrativo e do romanesco.

O segundo princípio é o da diferenciação axiológica. O princípio pressupõe a repartição das diferentes quantidades de valores associados a algumas novidades. Assim, a tematização grotesca da alteridade em Gombrowicz e a universalização do romanesco e do subjetivo em Svevo, a transformação do poético realizada pelos concretistas brasileiros, todas estas transgressões significam que estas três opções discursivas evidenciam algumas escolhas de valores que adquirem o estatuto de novidades.

O terceiro princípio serve de reconhecimento das tendências dominantes geradas e fixadas por novidades pontuais que dizem respeito tanto a formas que a mensagens. Assim, a posição dominante do sujeito permite identificar os traços e as presenças deste nos diferentes campos literários onde emergiram e foram fixadas as novidades.

Se a modernidade é uma estrutura atual e atualizável, em detrimento de suas flutuações, devemos reconhecer que sua persistência

---

9. Gilles Deleuze, Inédit: quand le grand philosophe disparu pensait à voix haute. Le "Je me souviens", *Le Nouvel Observateur*, Paris, n. 1619, p. 50, 16-22 nov. 1995.

na história e na arte se deixam compreender como emergências e retornos do novo. Ao contrário de uma convicção de G. Vattimo, que não é mais possível construir uma visão do moderno a partir de um *novum*, acreditamos que o novo continua sendo sempre uma *causa efficiens* da situação espaço-temporal e axiológica do moderno, compreendido como persistência e transformação do cognitivo.

LITERATURA, ANAMNESE E EVOLUÇÃO

Tentemos retomar brevemente algumas posturas para pensar e valorizar o novo, ressaltando a perspectiva evolutiva. Para Adorno "a novidade sempre renovada – *das jeweilige Neue*, literalmente, o que é a cada vez novo – é um produto dialético da história, da natureza arcaica"[10].

Nesta configuração o imperativo de renovação impulsiona, sem dúvida, um processo evolutivo. A arte muda e se transforma em estruturas diferenciais. A dialética que se estabelece, coloca o novo em um movimento de emergência e de integração. Edgar Morin define a evolução como resultado desta dialética. Vejamos sua formulação: "A evolução é, ao mesmo tempo, a ruptura da repetição pelo aparecimento do novo e a reconstituição da repetição pela integração do novo"[11].

Nossa anamnese, lembrete e trabalho de análise, *Durcharbeitung* (perlaboração) no sentido de Freud de alguns fenômenos literários do século XX reposicionam evolutivamente o novo e o moderno vistos em um movimento dialético. O novo é um estado excepcional de manifestação de um fenômeno artístico. Este está ligado ao moderno, na medida em que as modernidades múltiplas buscam produzir cada vez mais perspectivas cognitivas. A emanação e o aparecimento do novo corroboram e impulsionam a busca cognitiva do moderno.

Tudo isso não é uma progressão linear, ideal e observável. Tomemos, como testemunho destes processos o que diz Claude Lévi-Strauss: "O progresso não é nem necessário, nem contínuo; ele procede por saltos, por pulos, ou, como diriam os biólogos, por mutação. Estes saltos e estes pulos não consistem em ir sempre além na mesma direção. A humanidade em progresso não parece mais com um personagem que sobe uma escada"[12].

A visão de C. Lévi-Strauss descreve *nolens volens* (querendo ou não) os processos artísticos, logo, também as mutações na área da literatura.

---

10. Marc Jimenez, *Adorno et la modernité*: vers une esthétique négative, Paris: Klincksieck 1986, p. 155.

11. Edgar Morin, *La méthode 2*: La vie de la vie, Paris: Seuil, 1980, p. 344.

12. Race et histoire, *Anthropologie structurale deux*, Paris: 1973, p. 393-394.

ENTRE AS CRÔNICAS DA MODERNIDADE... XXXIX

Tentamos mostrar alguns casos específicos. É através deles que a literatura expressa e afirma suas mutações e suas evoluções, que situamos no tempo e no espaço literário do século XX. Em seus limites, o novo e o moderno são, ao mesmo tempo, vasos comunicantes e vetores que fixam a dinâmica literária do século que acabou de terminar. Suas heranças estão sempre presentes nas cenas dos teatros da literatura, "leitora hipócrita, nossa semelhante, nossa irmã".

BIBLIOGRAFIA SELETIVA

Esta bibliografia seletiva refere-se a uma rede de textos relacionados, de maneira direta ou indireta, à problemática do livro. Os títulos são indicativos das relações semânticas e das questões que se estabelecem entre a multiplicidade dos fatos literários modernos, as diferentes formas do novo e a problematização destes dados através de uma dialética da transgressão.

ADORNO, Theodor W. *Autour de la "Théorie esthétique"*: paralipomena, introduction première. Tradução de M. Jimenez e E. Kaufholz. Paris: Klincksieck, 1976.

_____. *Philosophie de la nouvelle musique*. Tradução de H. Hildenbrand et A. Lindenberg. Paris: Gallimard, 1962 (tradução brasileira de Magda França. 3ed. São Paulo: Perspectiva, 2007.

_____. *Théorie esthétique*. Tradução de M. Jimenez. Paris: Klincksieck, 1982.

ANTELO, Raúl, *Na Ilha de Marapatá (Mário de Andrade lê os hispanoamericanos),* São Paulo: Hucitec, 1986.

ARRIGUCCI JR., Davi. *O Escorpião Encalacrado*: a poética da destruição em Julio Cortázar. São Paulo: Perspectiva, 1973.

ÁVILA, Affonso. (Org.). [1975]. *O Modernismo*. 3ed. São Paulo: Perspectiva, 2007.

BARBOSA, João Alexandre. *A Leitura do Intervalo*. São Paulo: Illuminuras, 1990.

BEHLER, Ernst. *Irony and the Discourse of Modernity*. Seattle: University of Washington Press, 1990.

BENJAMIN, Walter. *Charles Baudelaire*: a lyric poet in the Era of high capitalism. London: New Left Books, 1973.

_____. *Ecrits français*. Paris: Gallimard, 1991.

BLUMENBERG, Hans. *The Legitimacy of the Modern Age*. Cambridge, Mass.: MIT Press, 1990.

BOLECKI, Włodzimierz . *Polowanie na postmodernistów* (*w Polsce*). [*A Caça aos Pós-Modernistas (na Polônia)*]. Cracovie: Wydawnictwo Literackie, 1999.

BRADBURY, Malcolm.; James McFarlane (eds.). *Modernism 1890-1930*. London: Penguin Books, 1976

BUCI-GLUCKSMANN, Christine. La raison baroque: de Baudelaire à Benjamin. Paris: Galilée, 1984.

XL DIALÉTICAS DA TRANSGRESSÃO

BÜRGER, Peter. *Prosa der Moderne*. Frankfurt: Suhkamp, 1988.

_____, *The Decline of Modernism*. Tradução N. Walker. University Park, Pennsylvania: The Pennsylvania State University Press, 1992.

CALINESCU, Matei. Modernity, Modernisme, Modernization: variations on modern theses, *The Turn of the Century| Le tournant du siècle. Modernism and Modernity in Literature and the Arts| Le modernisme et lamodernité dans la littérature et les arts*, et. Editado por C. Berg, F. Durieux, G. Lernout. Berlin/New-York: Walter de Gruyter, 1995, p. 33-52.

_____. *Five Faces of Modernity*: modernism, avant-garde, decadence, kitsch, postmodernism. Durham: Duke University Press, 1987.

CAMPOS, Augusto de; PIGNATARI, Décio; CAMPOS, Haroldo. *Mallarmé*. São Paulo: Perspectiva, 1980.

CAMPOS, Augusto de. *A Margem da Margem*. São Paulo: Companhia das Letras, 1989.

CAMPOS, Haroldo de. *A Arte no Horizonte do Provável*. São Paulo: Perspectiva, 1977.

_____. *A Operação do Texto*. São Paulo: Perspectiva, 1976.

_____, *Galaxies*. Prefácio de J. Roubaud, tradução francesa e apresentação de Inés Oseki-Dépré e do autor. La Souterraine: La Main Courante, 23300, 1998.

_____. *O Seqüestro do Barroco na Formação da Literatura Brasileira*: o caso Gregório de Mattos. Salvador: Fundação Casa de Jorge Amado, 1989, (Coleção Casa de Palavras).

CANDIDO, Antonio. *Literatura e Sociedade*. São Paulo: Companhia Editora Nacional, 1976.

_____. *Tese e Antitese*. São Paulo: Companhia Editora Nacional, 1978.

CARPENTIER, Alejo. *Tientos, differencias y otros ensayos*. Barcelona: Plaza & Janés Editores, 1987.

CARRILHO, Manuel Maria. *Rhétoriques de la modernité*. Paris: PUF, 1992.

CHIAMPI, Irlemar. (Coord.). *Fundadores da Modernidade*. São Paulo: Ática S.A., 1991.

COSTA LIMA, Luiz. *Terra Ignota*: A construção de *Os Sertões*. Rio de Janeiro: Civilização Brasileira, 1997.

D'HAEN, Theo; BERTENS, Hans., *Postmodern Fiction in Europe and in the Americas*. Amsterdam: Rodopi, 1988.

DEGUY, Michel. *La raison poétique*. Paris: Galilée, 2000.

DI SANTO, Alberto. *100 Capolavori della letteratura italiana*. Roma: L'Airone Editrice, 1997.

ECO, Umberto. *L'oeuvre ouverte*. Tradução C. Roux de Bézieux. Paris: Seuil, 1965.

EISENSTADT, Shmuel Noah. Multiple Modernities. *Doedalus*, v. 129, n. 1, p. 1-29, winter 2000.

ELLMANN, Richard; FEIDELSON JR., Charles. (Eds.). *The Modern Tradition*: backgrounds of modern literature. New York: Oxford University Press, 1965.

EYSTEINSSON, Astradur. *The Concept of Modernism*. Ithaca and London: Cornell University Press, 1990.

FERNÁNDEZ MORENO, César. (Coord.). *America Latina em sua Literatura*. São Paulo: Perspectiva, 1979.

ENTRE AS CRÔNICAS DA MODERNIDADE... XLI

FRYE, Northrop. *The Modern Century*. Toronto: Oxford University Press, 1991.

GNISCI, Armando. (Ed.). *La letteratura del mondo*. Roma: Sovera, 1993.

GUIMARÃES, Fernando. O*s Problemas da Modernidade*. Lisboa: Presença, 1994.

HABERMAS, Jürgen. La modernité: un projet inachevé. *Critique*, v. 37 n. 413, oct. 1981, Vingt ans de pensée allemande.

HASSAN, Ihab. *The Dismemberment of Orpheus*: toward a postmodern literature. Madison, Wisconsin: The University of Wisconsin Press, 1982.

HELLER, Agnes. *Can Modernity Survive?*. Berkeley, Los Angeles: University of California Press, 1990.

HORKHEIMER, Max; ADORNO, Theodor W. *La dialectique de la raison*: fragments philosophiques. Tradução de E. Kaufholz. Paris: Gallimard, 1974.

HUTCHEON, Linda. *A Poetics of Postmodernism*: history, theory, fiction. New York: Routledge, 1988.

HUYSSEN, Andreas; BATHRICK, David. (Eds.). *Modernity and the Text*: revisions of german modernism. New York/ Oxford: Columbia University Press, 1989.

IMBERT, Enrique Anderson. *Modernidad y posmodernidad*: ensayos. Buenos Aires: Torres Agüero Editor, 1997.

JACKSON, David. K. *A Vanguarda Literária no Brasil*: Bibliografia e Antologia Crítica. Frankfurt am Main: Vervuert, Madrid: Iberoamericana, 1998.

JAMESON, Fredric. *A Singular Modernity*: essay on the ontology of the present. London/ New York: Verso, 2002.

JAUSS, Hans, Robert. La "modernité" dans la tradition littéraire et la conscience d'aujourd'hui. *Pour une esthétique de la réception*. Tradução de C. Maillard, Paris: Gallimard, 1978, p. 158-209.

KOLAKOWSKI, Leszek. *Modernity on Endless Trial*. Chicago: Univeristy of Chicago Press, 1990.

KOSELLECK, Reinhart. Neuzeit: remarks on the semantics of the modern concepts of movement. *Futures Past*: on the semantics of historical time. Cambridge, Mass.: MIT Press, 1985, p. 231-266.

KRYSINSKI, Wladimir. *Comparación y sentido*: varias focalizaciones y convergencias literarias. Lima: Fondo Editorial de la Universidad Catolica Sedes Sapientiae, 2006.

_____. *Il romanzo e la modernità*. Roma: Armando Editore, 2003.

LIMA MENDONÇA, Antônio Sérgio; Sá, Álvaro de. *Poesia de Vanguarda no Brasil*: de Osvaldo de Andrade ao poema visual. Rio de Janeiro: Antares, 1983.

LUCAS, Fábio. *Vanguarda, Historia e Ideologia da Literatura*. São Paulo: Ícone, 1985.

LUPERINI, Romano. *L'allegoria del moderno*. Roma: Editori Riuniti, 1990.

LYOTARD, Jean-François. *L'inhumain*: causeries sur le temps. Paris: Galilée, 1988.

_____. *La condition postmoderne*. Paris: Minuit, 1979.

XLII   DIALÉTICAS DA TRANSGRESSÃO

MAGALDI, Sábato. Introdução. In: RODRIGUES, Nelson. *Teatro Completo, volume 4*: Tragédias Cariocas II. Rio de Janeiro: Nova Fronteira, 1989, p. 7-49.

MERQUIOR, José Guilherme. *O Fantasma Romântico e Outros Ensaios*. Petrópolis: Vozes, 1980.

MESCHONNIC, Henri. *Modernité Modernité*. Paris: Gallimard, 2005, (Coll. Folio).

MOLES, Abraham. *Le kitsch l'art du bonheur*. Paris: Maison Mame, 1971 (tradução brasileira de Sergio Miceli. 5ed. São Paulo: Perspectiva, 2001).

MORAES, Eduardo Jardim de. *A Brasilidade Modernista*: sua dimensão filosófica. Rio de Janeiro: Graal, 1978.

MORETTI, Franco. *Segni e stili del moderno*. Torino: Einaudi, 1987

MORIN, Edgar. *Introduction à la pensée complexe*. Paris: Seuil , 2005.

MOZEJKO, Edward. Modernizm literacki: niejasnosc terminu i dychotomia kierunku (O modernismo literário: a opacidade do termo e a dicotomia do movimento). *Teksty Drugie*, n. 5-6, p. 26-45, 1994.

MUSARRA-SCHROEDER, Ulla. *Il labirinto e la rete*: percorsi moderni e postmoderni nell'opera di Italo Calvino. Roma: Bulzoni, 1996.

NANNI, Luciano. (Ed.). *Leggere Svevo*: antologia della critica sveviana. Bologna: Zanichelli, 1975.

OSORIO, Nelson. *Manifiestos, proclamas y polemicas de la vanguardia literaria hispanoamericana*. Caracas: Biblioteca Ayacucho, 1988.

PAZ, Octavio. *Children of the Mire*: modern poetry from romanticism to the avant-garde. Cambridge, Mass.: Harvard University Press, 1974.

PERRONE-MOISÉS, Leyla. *Altas literaturas*: escolha e valor na obra crítica de escritores modernos. São Paulo: Companhia das Letras, 1998.

PÉRUS, Françoise. *Literatura y sociedad en America Latina*: el modernismo. La Habana: Casa de las Americas, 1976.

PETERSEN, Lene Waage. Le strutture dell'ironia ne la *Coscienza di Zeno* di Italo Svevo. *Revue Romane*, Copenhague, Akademisk Forlag, n. 20, 1979.

PIGNATARI, Décio. Semiotica del montaje. *Acta Poetica*, Universidad Autonoma de México, n. 6, p. 71-80, 1986.

_____. *Panteros*. Rio de Janeiro: Editora 34, 1992.

PIZARRO, Anna. (Ed.). *La Literatura latinoamericana como proceso*. Buenos Aires: Bibliotecas Universitarias/ Centro Editor de America Latina, 1985.

POGGIOLI, Renato. *The Theory of the Avant-garde*. New York: Evanston; Sans Francisco: ICON EDITIONS; London: Harper & Row Publishers, 1971.

PORTELLA, Eduardo. *Vanguarda e Cultura de Massa*. Rio de Janeiro: Tempo Brasileiro, 1978.

PRADEAU, Christophe.; SAMOYAULT, Tiphaine. (Eds.). *Où est la littérature mondiale?*. Paris: Presses Universitaires de Vincennes, 2005.

RABATE, Jean-Michel. *La pénultième est morte*: spectographie de la modernité (Malarmé, Breton, Beckett et quelques autres). Paris: Champ Vallon, 1993.

RANCIERE, Jacques. *Politique de la littérature*. Paris: Galilée, 2007.

REIJEN, Willem van; WESTSTEIJN, Willem Gerardus (Eds.). *Subjectivity*. Amsterdam-Atlanta, GA: Rodopi B.V., 2000, (Coleção Avant-Garde Critical Studies).

ENTRE AS CRÔNICAS DA MODERNIDADE... XLIII

ROCHLITZ, Rainer. (Ed.). *Théories esthétiques après Adorno*. Tradução do alemão por R. Rochlitz et C. Bouchindhomme. Arles: Actes Sud, 1990.

RORTY, Richard. *Contingency, Irony and Solidarity*. Cambridge: Cambridge University Press, 1989.

ROSENBERG, Harold. *La tradition du nouveau* Tradução de A. Marchand. Paris: Minuit, 1962.

ROSENFIELD, Kathrin Holzermayr. *The Waste Land* de T.S. Eliot: grammaire du chaos. *Les problèmes des genres littéraires // The Problems of Literary Genres* Łódż: Societas Scientiarum Lodziensis, 2002, p. 51-76.

_____. Os *Descaminhos do Demo*: tradição e ruptura em *Grande Sertão: Veredas*. São Paulo: Edusp, 1993.

SCHMELING, Manfred. (Ed.). *Weltliteratur heute, Konzepte und Perspectiven*. Würzburg: Königshausen & Neumann, 1995.

SCHWARZ, Roberto. *Misplaced Ideas, Essays on Brazilian Culture*. London/ New York: Verso, 1992.

_____. *Ao Vencedor as Batatas*: Forma literária e processo social nos inícios do romance brasileiro. São Paulo: Livraria Duas Cidades, 1988.

STALLYBRASS, Peter; WHITE, Allon. *The Politics and Poetics of Transgression*. Ithaca/ New York: Cornell University Press, 1986.

SUBIRATS, Eduardo. *Da Vanguarda ao Pós-Moderno*. São Paulo: Livraria Nobel, S. A., 1986.

SÜSSEKIND, Flora. *Papéis Colados*. Rio de Janeiro: Editora da UFRJ, 2002.

TAYLOR, Charles. *The Malaise of Modernity*. Concord: House of Anansi Press, 1992.

THÉOFILAKIS, Élie. (Ed.). *Modernes et après?*: les immatériaux. Paris: Éditions Autrement, 1985.

THEUNISSEN, Michael. *The Other*: studies in the social ontology of Husserl, Heidegger, Sartre, and Buber. Tradução de C. Macann. Cambridge, Massachusetts/ London: MIT Press, 1986.

URRUTIA, Jaime. *Lectura de lo oscuro*: una semiotica de Africa. Madrid: Biblioteca Nueva, 2000.

VATTIMO, Gianni; ROVATI, Angelo. (Eds.). *Il pensiero debole*. Milano: Feltrinelli, 1984.

VATTIMO, Gianni. *La fin de la modernité*: nihilisme et herméneutique dans la culture post-moderne. Tradução de C. Alunni. Paris: Seuil, 1987.

WASHBURN, Dennis C. *The Dilemma of the Modern in Japanese Fiction*. New Haven: Yale University Press, 1995.

WILLIAMS, Emmett. (Ed.). *An Anthology of Concrete Poetry*. New York: Villefranche/ Frankfurt: Something Else Press, Inc., 1967.

YURKIEVICH, Saúl. Estética de lo discontínuo y fragmentario: el "collage". *Acta Poetica*, Universidad Autonoma de México, n. 6, p. 53-69, 1986.

_____. *Celebración del modernismo*. Barcelona: Tusquets Editor, 1976.

ZARKA, Charles Yves. *L'autre voie de la subjectivité*: six études sur le sujet et le droit naturel au XVII siècle. Paris: Beauchesne, 2000.

Gestern wird sein, was morgen gewesen ist
(Ontem será o que foi amanhã)

GUNTER GRASS[1]

*Devemos nossa vida à diferença entre a estrutura eco-
nômica, o capitalismo avançado e a fachada política. Para
a teoria crítica essa diferença é insignificante: em todos os
lugares pode-se comprovar o caráter de aparência do que
se define pelo termo de opinião pública, o primado da economia nas verdadeiras decisões. Para inúmeros indivíduos,
todavia, esse envoltório fino e efêmero é a razão de toda sua
existência. Precisamente aqueles de cujo pensar e agir depende a transformação, a única coisa essencial, devem sua
existência ao inessencial, à aparência, àquilo que, segundo as grandes leis do desenvolvimento histórico, revela-se
como um mero acaso. Mas, com isso, não fica afetada toda
a construção da essência e da manifestação? Medido pelo
conceito, o individual tornou-se de fato tão nulo como já o
antecipava a filosofia de Hegel; sub specie individuationis,
porém, a contingência absoluta, essa sobrevida anormal e
tolerada, é ela própria o essencial. O mundo é o horror sis-
tematizado, mas quem ainda procura pensá-lo inteiramente
como um sistema faz-lhe uma excessiva honraria, pois seu
princípio unificador é a cisão, que reconcilia na medida em
que impõe pura e simplesmente o caráter irreconciliável do
universal e do particular. Sua essência (Wesen) é a ausência
de essência (Unwesen); porém sua aparência, a mentira,
graças à qual subsiste, é o lugar-tenente da verdade.*

THEODOR W. ADORNO[2]

*Se fosse possível estabelecer uma lei da evolução da nossa
vida espiritual, poderíamos talvez dizer que toda ela se rege
pela dialética do localismo e do cosmopolitismo, manifestada pelos modos mais diversos.*

ANTONIO CANDIDO [3]

1. *Das Trefen in Telgte,* Stuttgart, Philipp Reclam, jun. 1999, p.14.
2. *Mínima Moralia*: reflexões a partir da vida danificada, Tradução modificada de
Luiz Eduardo Bica, São Paulo: Ática, 1992, p. 98.
3. Literatura e Cultura de 1900 a 1945 (Panorama para Estrangeiros), *Literatura
e Sociedade*: estudos de teoria e história literária, São Paulo: Companhia Editora Nacional, 1965, p. 109.

O Engenheiro

A luz, o sol, o ar livre
envolvem o sonho do engenheiro.
O engenheiro sonha coisas claras:
superfícies, tênis, um copo de água.

O lápis, o esquadro, o papel;
o desenho, o projeto, o número:
o engenheiro pensa o mundo justo,
mundo que nenhum véu encobre.

(Em certas tardes nós subíamos
ao edifício. A cidade diária,
como um jornal que todos liam,
ganhava um pulmão de cimento e vidro).

A água, o vento, a claridade,
de um lado o rio, no alto as nuvens,
situavam na natureza o edifício
crescendo de suas forças simples

JOÃO CABRAL DE MELO NETO[4]

Cr$isto é a solução
Chr$ist is the answer

DÉCIO PIGNATARI

---

4. *Antologia Poética*, Rio de Janeiro: Editora do Autor, 1965; 8. edição, Rio de Janeiro: Editora José Olympio, 1991, p. 195-196.

1. Narrativa de Valores:
Os Novos Actantes
da Weltliteratur

Para Luiz Costa Lima

> *No entanto, é difícil hoje eludir as questões concernentes ao global, ao total, ao sentido, portanto, como dizes, "ao mundo". Obstinadamente, alguns "neo" aplicam a categoria de "totalidade" aos fragmentos: ao social, à produção, à biologia, à linguagem, à realidade física ou histórica, ao mental. A única réplica seria, portanto, encarar ou acarar o "todo". Como? Por qual via? Em que caminho? Como sabes, "penso" mais na poesia, na música, no teatro, na arquitetura do que no pensamento de tipo filosófico, para retomar tua formulação, chegando a fazer uso de conceitos que partilham os da filosofia para "compreender" a poesia, a música, o teatro, sem, contudo, abandonar a lucidez dita razoável ou racional, sem sacrificar o saber ao saltar para a transcendência.*

KOSTAS AXELOS[1]

1

Uma olhada rápida e minimamente crítica sobre a questão deveria fazer-nos admitir que a literatura mundial, no sentido em que Goethe a entendia no início do século XIX, não pode ser hoje senão uma hipótese de trabalho, sem dúvida tentadora, mas a ser verificada com relação às teorias e aos fatos literários que inexoravelmente se acumularam desde o momento em que Goethe a definiu em suas conversações com Eckermann. Todos os campos do saber tornaram-se consideravelmente complexos. O campo da literatura permanece não somente tributário das mutações epistemológicas, mas, por sua vez, torna-se complexo na medida em que, mais do que nunca, a época contemporânea assistiu ao estilhaçamento dos grandes cânones e à multiplicação de novos fatos literários, sobretudo no espaço das literaturas pós-coloniais. Em vez de seguir o fio condutor da *Weltliteratur* e de sua existência problemática, proponho-me explorar a hipótese de sua probabilidade empírica e discursiva, investida de valores especificamente "mundiais".

1.1

Tratarei, pois, de problematizá-la, sem, no entanto, exagerar quanto à sua possível fantomização. De antemão, deve-se interrogar

---

1. Entretien avec Henri Lefebvre, *Entretiens*, Paris: Fata Morgana, 1973, p. 72-73.

2 DIALÉTICAS DA TRANSGRESSÃO

o sentido ambiente de conceitos tais como mundial (*weltlich*), humano (*menschlich*) ou nacional. Não seria preciso admitir que esses conceitos se tornaram necessariamente metonímias ilusórias, metáforas ideologicamente conotadas? Voltemos um pouco para trás.

Quando Kant responde à questão "O que são as Luzes?" (*Was ist Aufklärung?*) e define as Luzes como "saída do homem para fora do estado de minoridade, em que ele se mantém por sua própria culpa"[2], poder-se-ia ter a impressão de que o filósofo pensa a humanidade como *Ding an sich* (coisa em si), mais como número que como um fenômeno objetivamente descrito. Sem dúvida, Kant concebe a humanidade intencionalmente *in toto* enquanto cada indivíduo-*socius* da espécie humana e cada coletividade específica na escala planetária. Mas os argumentos de Kant em favor de sua definição das Luzes pecam pela generalização e pelo psicologismo. Assim, são englobados na humanidade aqueles que se mantêm no estado de minoridade por sua própria culpa, por preguiça e frouxidão, e aqueles outros membros da espécie humana que sabem servir-se de seu entendimento por não serem preguiçosos. Para Kant, o problema da emancipação da humanidade é de vontade e de coragem (*Sapere aude*, Ousa saber), ao passo que o poder de uns sobre outros, em particular o poder monárquico, é descrito por Kant como aquele que "reúne toda a vontade do povo" na do monarca[3]. Quando Kant diz em latim *Caesar non est supra grammaticos* (César não está acima dos gramáticos), está idealizando o comportamento do monarca no poder. A saída do homem do estado de minoridade pode ser impedida tanto por sua própria frouxidão quanto por seus interesses e pelos interditos do poder. Hoje podemos dizer: *Stalin erat supra grammaticos*. Sua autoridade não encontrava limite na dos gramáticos ou dos sábios. A humanidade englobada por Kant a partir de Königsberg passa a ser uma espécie de ficção metafórico-ética e transforma-se em idéia pura, enquanto, na verdade, está dividida entre os que vigiam e os que são punidos. Parece-me evidente que, em Kant, noções como cidadãos razoáveis do mundo (*vernunftige Weltbürger*), no estudo *Idee zu einer Allgemeinen Geschichte in Weltbürgerlicher Absicht* (Idéia de uma História Mundial do Ponto de Vista Cosmopolita), bem comum (*das Weltbeste*), nossos governantes (*unsere Weltregierer*) estão impregnadas de um idealismo que deforma o estado de coisas em que se encontra a humanidade.

2. Emmanuel Kant, Réponse à la question: Qu'est-ce que les Lumières?, *Critique de la faculté de juger*, tradução francesa de A. J.-L. Delamarre, J.-R. Ladmiral, M. B. de Launay, J.-M. Vaysse, L. Ferry & H. Wismann, Paris: Gallimard, 1985, p. 497, (Col. Folio/Essais).

3. Idem, p. 502-503.

NARRATIVA DE VALORES: OS NOVOS ACTANTES DA *WELTLITERATUR*

1.2

No intuito de conceber hoje a literatura mundial em termos de estrutura coerente, de época, de sincronia, de patrimônio e de museu que vive e se renova sem parar, deve-se ligá-la à complexidade da realidade inter-humana que se desumanizou consideravelmente desde a celebração goethiana do cosmopolitismo, do qual a literatura mundial devia ser uma expressão sofisticada e pan-humana. A história evenemencial de nosso século destruiu sistematicamente os valores humanistas. Estes tornaram-se lembranças dos "bons velhos tempos", na exata medida em que se evidencia cada vez mais que não há nenhum implícito entre a igualdade, a fraternidade e a liberdade. Depois dos cataclismos históricos que abalaram o mundo, depois de Auschwitz, e depois do Vietnã e da Iugoslávia, será preciso promover a literatura mundial como uma espiritualidade superior, como uma superestrutura que abre caminho através de todas as negatividades do mundo? Ou será preciso pensá-la como uma outra idéia humanista de um humanismo atrasado? Em sua vertente problemática, a questão da *Weltliteratur* pode ser vista como uma das grandes metanarrativas da humanidade que Jean-François Lyotard identifica em *O Pós-Moderno*[4] enquanto instâncias de legitimação da modernidade. Se a hipótese de uma mudança radical do paradigma moderno para pós-moderno tem de ser levada a sério, cumpre indagar-nos se a literatura mundial do final do século XX deve ser pós-moderna; portanto, se pode distanciar-se das grandes metanarrativas da humanidade fixa em sua modernidade? Na falta de respostas imediatas e transparentes a todas essas questões, prefiro buscar solução ao problema da *Weltliteratur* com uma simpatia cognitiva e sem pretensão alguma de esgotar o assunto.

1.3

Coloco então que a literatura mundial se funda em uma dialética do reconhecimento cuja complexidade implica um movimento de cinco actantes: o *local,* o *nacional,* o *marginal,* o *institucional* e o *universal.* São os suportes actanciais e semânticos de uma narrativa de valores que se desdobra na escala do planeta e que garante à literatura mundial suas formas e seus conteúdos.

Espera-se que os exemplos variados, que devem ilustrar as qualidades diferenciais de cada um dos cinco actantes e que serão colhidos nos diferentes espaços literários (iugoslavo, italiano, canadense, polonês), mostrarem com bastante eloqüência que a *Weltliteratur* está em formação constante, que permanece em equilíbrio instável e que

---

4. Jean-François Lyotard, *O Pós-Moderno*, tradução de Ricardo Corrêa Barbosa, 3. ed., Rio de Janeiro: José Olympio, 1988.

4   DIALÉTICAS DA TRANSGRESSÃO

não pode ser senão uma utopia funcional a serviço de uma visão do mundo unitária que a realidade tem certa dificuldade em confirmar. Tentar-se-á então identificar alguns fenômenos globais como incertezas identitárias, reinvestimentos identitários, proliferação de nacionalismos e ressurgência do marginal.

2

Repensar hoje a questão da literatura mundial exige a consciência de problemas cuja enumeração seria bastante fastidiosa, e até improdutiva, pois é cada vez mais difícil, e talvez impossível, hierarquizar todos os aspectos da criação literária, de sua recepção e de sua teorização. A bela época das teorias como o formalismo, o *new criticism*, a sociologia literária, a sociocrítica, a crítica marxista, a semiótica, para mencionar apenas essas, passou. Todos esses movimentos críticos pareciam saber o que é a literatura. Hoje, pode-se, sem grande risco de erro, afirmar que as certezas epistemológicas flectiram consideravelmente. Graças a Bakhtin, compreendeu-se que o fato literário é fundamentalmente multivalente, dialógico, polifônico, e que ele se realiza através de uma interdiscursividade marcada de tensões ideológicas e axiológicas, bem como através de uma injunção dos contextos sociais, textuais e discursivos. Até a própria desconstrução se desconstruiu: entre um pós-modernismo triunfante e uma modernidade a ser reescrita, entre a resistência à teoria e as teorias fortes e ainda ativas, o campo problemático do literário esvaziou-se sistematicamente de certezas julgadoras. À força de desconstruir tudo e de pós-modernizar mais ou menos tudo, alguns críticos-filósofos, ou melhor, alguns filósofos-críticos efetuaram uma transferência impressionante de categorias e valores da área filosófica, hermenêutica ou sociológica para a área da literatura ou da teoria literária. Constata-se que as teorizações freqüentemente se substituíram ao texto. Abrir um caminho nesta *selva oscura* da teoria metateorizante é cada vez mais difícil e até mesmo arriscado.

2.1

Abordar nessa aura crítica a questão da *Weltliteratur* comporta um risco. Pode-se argumentar que a sabedoria de Goethe envelheceu; e, se, por outro lado, levarmos em conta o fato de que pós-modernistas zombaram abertamente daquilo que ele transmitia a Eckermann[5],

---

5. Donald Barthelme, Conversations with Goethe, *40 Stories*, New York/ London: Penguin Books, 1987, p. 67. As opiniões de Goethe, expressas sempre de modo metafórico, são de uma banalidade rebuscada; por exemplo: "A juventude, diz Goethe, é a manteiga de maçã untuosa no bom pão preto da possibilidade" (*Youth, Goethe said, is the silky apple butter on the good brown bread of possibility*); "A comida, diz Goe-

deveremos proceder com cautela ao endossar a idéia de *Weltliteratur*. Parafraseemos sem malícia: "Tudo o que passou não é só semelhança, mas também muitos problemas" (*Alles Vergängliche ist nicht nur ein Gleichniss, sondern auch viele Probleme*).

Deve-se, portanto, em primeiro lugar, indagar o que quer dizer hoje a noção de literatura mundial. Deve-se, a seguir, ver como, desde o fim da Segunda Guerra Mundial, se operou e se opera uma mutação de valores nos diferentes campos críticos e teóricos. Poder-se-á, finalmente, propor uma nova problematização dos cânones literários universais.

Ao ver a peça *Der Theatermacher* (O Fazedor de Teatro), de Thomas Bernhard, dei-me conta de que ela caricatura pateticamente a literatura mundial. Bruscon, o *Theatermacher*, obcecado pelo teatro e por sua própria grandeza, não hesita em estabelecer a classificação dos maiores homens do teatro. E isso dá uma lista de três pessoas: Shakespeare, Goethe e Bruscon. Esse mesmo louco pelo teatro deve apertar com força a mão de sua filha para que esta repita depois do pai: "O que é então teu pai?" (*Also was ist dein Vater?*). SARAH (contrariada): "O maior ator de todos os tempos" (*Der grösste Schauschpieler aller Zeiten*)[6]. Ao explicar essa estrutura em termos de parâmetros meus, pode-se admitir que o marginal e o local dependem muito de seu reconhecimento nacional, e que esse reconhecimento passa pelo veredicto e pela bênção do institucional antes de passar para o universal.

3

O corpo da literatura é imenso, mas inapreensível em sua totalidade. Como respira, como se desloca? Pode-se constatá-lo unicamente de modo metonímico, admitindo que o menor recanto do mundo reflete todas as escalas do jogo dos valores. A literatura é poliglota. Fala centenas, milhares de línguas. Nenhum Tirésias, nenhum Siro as compreenderá todas. Mas como é que várias dessas línguas são mundialmente compreendidas, escutadas, e forçam a tradução em escala de Torre de Babel? São essas operações translativas, que contribuem para a constituição do *corpus* mundial dos fatos literários, realizadas em nome de uma certeza absoluta dos valores respeitados, ou procedem de um ditame dos valores estabelecidos pela instituição do universal que está coligada com os valores de troca do mercado?

the, é a mais alta vela no candelabro dourado da existência" (*Food, said Goethe, is the topmost taper on the golden candelabrum of existence*).

6. Thomas Bernhard, *Der Theatermacher*, Frankfurt am Main: Suhrkamp, 1984, p. 87.

6 DIALÉTICAS DA TRANSGRESSÃO

4

Comecemos com o local, o marginal e o nacional. Voltemos à Iugoslávia dos anos de 1920. A Iugoslávia de então é inseparável, problematicamente inseparável da Croácia. A ação transcorre, aliás, antes na Croácia que na Iugoslávia, ou, para fazer justiça ao paradoxo iugoslavo, a ação transcorre ao mesmo tempo na Iugoslávia e na Croácia. Um grande escritor iugoslavo, porém croata, Miroslav Krleza, escreve em 1924 um texto fustigante que se intitula *A Mentira Literária Croata*. Krleza ataca a tradição literária croata que, segundo ele, funda-se no "falso patos do romantismo ilírico"[7]. Esse romantismo amaneirado soa-lhe como falsa literatura, uma literatura distanciada da vida e dos problemas da nação, do povo e da realidade cotidiana, e até mesmo da história da Croácia:

> Nossos pioneiros literários, diz Krleza, eram incapazes de avaliar de modo objetivo suas forças criadoras e de compreender sua missão cultural. Não ousavam confessar que nossa pretensa "tradição" se criou na prisão, nos postes, durante os combates, sob as bandeiras estrangeiras. Como tal, essa tradição nada mais era senão uma camuflagem diletante, fraca e fácil de ser denunciada[8].

Krleza ressalta que a arte e a literatura devem constituir uma síntese eficaz e convincente da realidade cotidiana. Nesse sentido, a literatura croata é um fracasso. Idealizadora, mentirosa, ela imita os modelos austro-húngaros, alemães ou italianos.

Krleza levanta então uma série de questões e formula postulados que nos permitem compreender melhor o que é, para ele, a literatura mundial. A condição *sine qua non* para aceder à universalidade é reconhecer sua própria identidade. Quem somos, nós, os croatas?, pergunta Krleza. Somos esnobes modelados sobre os grã-finos dos salões austro-húngaros e berlinenses depravados? Ou antes, "somos uma jovem raça campesina dos Bálcãs que, havendo saído das ruínas da história, segue agora sua própria estrada rumo à libertação e ao progresso"?[9]

Para Krleza, o problema da literatura mundial coloca-se de forma complexa, mas a situação política da Iugoslávia e da Croácia, tal como ele a analisa, deita luz sobre a dialética do reconhecimento que esboçamos entre o local, o nacional, o marginal e o universal. Krleza definiria o local como a vivência do real histórico e presente da comunidade croata. E essa vivência foi impedida, de um lado, pelos nacionalistas e, de outro, pelos literatos imitadores. A nação, cons-

---

7. Cito conforme a tradução polonesa do estudo de Miroslav Krleza, Chorwackie klamstwo literaćkie (A Mentira Literária Croata), *Dzienniki i eseje*, tradução e seleção de Jan Wierzbicki, Łódż: Wydawnictwo Łodzkie, 1984, p. 138.
8. Idem, ibidem.
9. Idem, p. 142.

NARRATIVA DE VALORES: OS NOVOS ACTANTES DA *WELTLITERATUR*

tata Krleza, é a "catástrofe de todos os velhos valores"[10]. É também a consciência de que nosso futuro histórico e social deve ser fundado em bases sólidas. A identidade croata enquanto identidade local e marginal deve ser submetida ao imperativo do universal, que, para a Croácia, passa pela Iugoslávia federada e, a seguir, por uma forma de pan-eslavismo. Krleza desenha este como ideal de uma comunidade em que poderiam encontrar-se todos os eslavos. A via da literatura seria menos o reinvestimento identitário do local e do marginal que a superação do nacionalismo. A obra literária ideal saberia tirar vantagem dessa imbricação entre elementos históricos e geopolíticos determinados, que ela transformaria em um idioma universal.

5

O próprio Krleza escreveu uma obra assim: *As Baladas de Petrica Kerempuh* (1936). É o paradigma único de uma obra que tende para a universalidade. Ela se arrima no local, no nacional e no marginal, que ela transforma, temática e formalmente, em uma linguagem universal. Em *As Baladas de Petrica Kerempuh*, Krleza utiliza o caicaviano, língua falada no noroeste da Croácia, sendo as duas outras línguas faladas e escritas na Croácia o chtocaviano, falado na maior parte do território croata, e o tchacaviano, falado na Ístria, em parte da costa dálmata e nas ilhas do Adriático.

Em 1836, Ljudevit Gaj, líder do movimento ilírico, "decide sacrificar o futuro do caicaviano em prol do chtocaviano"[11]. Em *As Baladas de Petrica Kerempuh*, Krzela opta pelo caicaviano porque essa língua é a "do croata oprimido e, além disso, a do homem esmagado e revoltado"[12]. Kerempuh, que fala essa língua nas baladas de Krleza, é a conhecidíssima figura da lenda popular, bem como um avatar do próprio Krleza, ora o poeta, ora um dos infelizes dos quais ele fala. Clérigo de profissão, homem revoltado e condenado, Kerempuh é um símbolo da revolta popular, cuja história representa alegoricamente a do povo croata. Como observa Janine Matillon, tradutora francesa das *Baladas*, "o que Kerempuh tem de particular é que ele toma a palavra *in* A.D. 1570, que a mantém *in* A.D. 1779 e que ainda a tem nos séculos XIX e XX"[13]. E Janine Matillon nota: "Homem de sempre, Kerempuh só pode falar uma língua situada fora do tempo. Sua língua é a do homem oprimido, torturado, assassinado no decurso dos séculos pelos príncipes deste mundo, quem quer que

10. Idem, p. 147.
11. Cf. Janine Matillon, *Les Ballades de Petrica Kerempuh*, de Miroslav Krzela, et leur adaptation en langue française, em Miroslav Krzela, *Littérature, politique, histoire*, Zaghreb: Le Pont/The Bridge, 1973, p. 229-230.
12. Idem, ibidem.
13. Idem, ibidem.

8 DIALÉTICAS DA TRANSGRESSÃO

sejam. É a língua da revolta mundial, e seria um erro explicá-la por uma particularidade histórica"[14].

O tom, o sistema de imagens e metáforas fazem com que dominem, em *As Baladas de Petrica Kerempuh*, acentos de "desespero bíblico: não é um conto campesino; é, ao mesmo tempo, o *Livro de Jó* e o *Apocalipse*. A cada instante, passa-se da balada para o salmo"[15].

6

Assim definida, a especificidade *de* As *Baladas de Petrica Kerempuh* remete a modelos universais, a arquétipos e a prototextos que constituem referências interpretativas sem dúvida justas, sem anular, no entanto, o local e o marginal que estão na origem do processo de Krleza. Esse processo chamou nossa atenção, bem como seu discurso crítico, pois adquirem hoje valor de símbolo. A Iugoslávia exaltada por Krleza não existe mais. Lá, os nacionalismos triunfaram provisoriamente, e parece estar ultrapassada a perspectiva de Krleza, pelos menos naquele recanto do mundo. Através de seu processo criador, bem como através do que ele critica sem concessão nenhuma na falsa literatura croata, por ele denunciada, Krleza antecipa-se à narrativa de valores do século xix e confirma o que nele se produz já nos anos de 1920.

6.1

Se no século xx a imagem da literatura mundial se turva, é porque o universal se define cada vez mais dificilmente e porque o surgimento de um certo número de fenômenos políticos, históricos, socioculturais e literários torna cada vez mais complexa a dialética do reconhecimento com cinco actantes.

Deve-se admitir que, grosso modo, desde o fim da Segunda Guerra Mundial, desde o momento em que se instalou a tão profunda crise do Estado-Nação e do Estado-Federação, desde o advento do nomadismo moderno que se constituiu em fenômeno planetário e em resultado do empobrecimento vertiginoso de uns e do enriquecimento de outros, resultado das múltiplas guerras locais e não tão locais, dos golpes militares e das ditaduras, deve-se admitir que o local e o marginal forçam o nacional, o institucional e, portanto, também o universal a agir. Com isso, o universal tem dificuldade para reencontrar-se numa unicidade de estruturas temáticas ou formais que pareciam evidentes para Goethe, mas que são indecidíveis hoje. Sendo-me impossível fazer análises detalhadas, tratarei acima de tudo de ressaltar alguns problemas que tornam cada vez mais complexa a questão da *Weltliteratur*.

14. Idem, ibidem.
15. Idem, p. 229.

7

Comecemos pela ressurgência do *marginal*. O nomadismo e sobretudo suas causas, tais como as defini, não permitem mais considerar a maioria das literaturas ditas nacionais como unidades homogêneas, estáveis, com parâmetros fixos. Se, em certos países, esse é ainda o caso, é preciso indagar-se sobre a boa-fé dos críticos e dos historiadores da literatura, bem como sobre a onipotência do *institucional*. Reconheçamos no *institucional* componentes tais como um "conjunto de normas que se aplicam a uma área de atividades particular e que definem uma legitimidade que se expressa por uma carta ou um código", bem como a "dominação" ou a "subordinação ideológica"[16].

O marginal é aquele que não tem o reconhecimento do centro. Isto é, do próprio institucional. É o institucional que exclui o marginal do "campo de legitimidade" e que o "isola [...] no interior desse campo"[17]. O centro dispõe de todos os meios institucionais "legitimamente" empregados: editoras, críticos, revistas, jornais, televisão, rádio, publicidade direta, prêmios literários e outros. Se um escritor passou por essa rede, pode-se apostar que ele terá tido sucesso, e que lhe será difícil deixar essa cena, se for mais ou menos disciplinado e se fornecer a mercadoria de maneira suficientemente sistemática. Nesse nível, ainda não se coloca o problema do universal. O Prêmio Nobel vem a seu tempo.

O marginal é freqüentemente aquele que não nasceu na língua do país em que ele ou seus ancestrais se instalaram. O marginal é, pois, aquele que não teve a sorte de passar por essa rede, que provisoriamente se denominará manipulativa. Talvez chegue sua hora, mas, por enquanto, ele permanecerá o que é aos olhos cegos do institucional, que aceita muitas vezes que o comercial lhe dite suas condições. E então, os valores se relativizam.

8

A antimarginalidade de Umberto Eco eclipsa dezenas de fenômenos literários marginais na Itália que, provavelmente, jamais se manifestarão e que, por conseguinte, não serão reconhecidos pelo centro. A promoção da antimarginalidade do autor de *O Pêndulo de Foucault*[18] é digna de interesse para quem quer que se interesse pelo problema da *Weltliteratur*. No momento em que deve ser publicado *O Pêndulo de Foucault*, vemos

16. Jacques Dubois, *L'institution de la littérature*: introduction à une sociologie, Bruxelles: Fernand Nathan/ Labor, 1978, p. 31 e 33.

17. Idem, p. 130.

18. Umberto Eco, *O Pêndulo de Foucault*, tradução de Ivo Barroso, Rio de Janeiro: Record, 1989.

10 DIALÉTICAS DA TRANSGRESSÃO

multiplicarem-se na imprensa italiana e estrangeira artigos, entrevistas, fotos que precondicionam a recepção desse romance. O implícito desse precondicionamento é que o valor de uso e o valor de troca do livro são grandes. Prepara-se a entrada em circulação do romance como uma vitualha incontornável. Nenhum Carlo Emilio Gadda, nenhum Italo Calvino foi beneficiado com semelhante condicionamento, com semelhante massagem publicitária da consciência do leitor potencial.

Vejamos os fatos de mais perto: *L'Espresso* dedica vinte páginas de fotos a *Ecofenomeno*. Trata-se de uma "viagem com o autor pelos lugares do romance"[19]. No mesmo número, o "grande historiador" (*grande storico*) Jacques Le Goff constata: "O diabo? É ele, Eco"[20]. Em 11 de fevereiro de 1990, é o semanário francês *Le Point* que publica, na primeira capa, uma grande foto do autor do *Pêndulo*, com o título: "O Mágico de 40 Milhões de Leitores". Com *O Nome da Rosa*, e agora com *O Pêndulo de Foucault*, esse universitário tornou-se o homem de saber mais conhecido do planeta. Retrato de um professor de semiótica grande mestre do best-seller"[21].

Os sucessos comerciais excepcionais dos romances de Umberto Eco ensinam-nos que a potência e a força de choque do institucional não conhecem limites. Por esse motivo, coloca-se, com os dois romances, o problema da *Weltliteratur* de hoje. Em que medida os valores que os dois romances e seus sucessos estão promovendo são "mundiais" hoje? E o que recobre exatamente esse termo? Em virtude de seu sucesso internacional, os romances de Eco entram necessariamente no cânone da literatura mundial?

9

Em certos países que acolheram nômades e refugiados, o marginal desejaria fazer-se reconhecer pelo centro. A comunidade albanesa da Itália faz-se descobrir por escritores tais como Carmine Abate, cujo romance *Il ballo tondo*[22] conta a história de Hora, uma comunidade dita *arberese*, uma ilhota da cultura albanesa na Itália que faz questão de salvaguardar sua identidade, a despeito do mundo que muda ao seu redor. Um rico quadro daquele universo complexo, repleto de mitos e lendas, constitui esse romance italiano. No entanto, sua temática o condena à marginalidade. É que, embora seja ítalo-albanês ou albano-italiano, Carmine Abate também é um *germanese*. Os *germanesi*[23] são

19. *L'Espresso*, n. 40, Roma, 9 out. 1988.

20. Il parere di un grande storico. Il diavolo? È lui, Eco, *L'Espresso*, Roma, 9 out. 1988, p. 108.

21. *Le Point*, n. 907, Paris, 11 fev. 1990,

22. Carmine Abate, *Il ballo tondo*, Genova: Marietti, 1991.

23. C. Abate; Meike. Behrmann, *I Germanesi*: storia e vita di una comunità calabrese e dei suoi emigranti, Cosenza: Pellegrini, 1986.

italianos que emigraram da Calábria para a Alemanha. Eles sofrem uma dupla alienação. Na Alemanha, são marginais porque vêm de alhures. De volta à Itália, desconfia-se deles, visto que na Alemanha mudaram. Afastaram-se demais de sua terra natal. Sua identidade é incerta, incompleta, flutuante, problemática. Antes mesmo de gravitar em torno do centro, os criadores *germanesi* devem fazer-se reconhecer por uma instância institucional qualquer. A dialética desse reconhecimento requer que se levem em consideração suas obras. É o primeiro passo rumo ao global e ao institucional que gera o universal, de acordo com as modalidades que definimos.

Deve a temática da obra de Abate, bem como aquela por meio da qual se representam os *germanesi*, obstar à universalidade de uma literatura institucionalmente não-reconhecida, portanto marginal, mas que, *de facto*, ultrapassa, e em muito, por sua qualidade literária e sua profundidade antropológica, certos romances que já adquiriram o reconhecimento do institucional? Coloca-se o mesmo problema para certos escritores marginais na Alemanha, aqueles que pertencem à comunidade turca, por exemplo, mas que escrevem em alemão. Qual é seu estatuto de vinculação e de reconhecimento institucional?

10

No Canadá, os escritores latino-americanos, em particular os chilenos ou os ítalo-canadenses, podem utilizar institucionalmente os recursos do Ministério do "Multiculturalismo". Dir-se-lhes-á que pertencem a diferentes "comunidades culturais". E assim o institucional terá, *ipso facto*, rejeitado para a margem de seu espaço obras que, de fato, não têm nada a invejar ao que foi institucionalizado em virtude da ideologia dominante que normatiza todos os usos intelectuais e artísticos. O mesmo fenômeno ocorre com romancistas e poetas franco-manitobenses, cujo reconhecimento pelo centro ou não se fez, ou tardou consideravelmente. Essas são as paradas da institucionalização da marginalidade que se estalebeleceu com força nesse país, onde é melhor vir ao mundo em Toronto do que em Winnipeg, em Montreal do que em Fredericton. Esse não-reconhecimento do marginal pelo centro está ligado à primazia dos valores ideológicos que impedem evidenciar as qualidades diferenciais dos escritores marginais. A ideologia "dos dois povos fundadores", francês e inglês, faz com que o centro de gravidade do institucional se desloque das diferentes províncias canadenses para o Quebec e para o Ontario e se fixe em cidades como Montreal, Quebec e Toronto. Assim, apesar da "boa vontade" do governo central, os marginais institucionalizados são condenados a viver e a criar, *de facto*, numa espécie de gueto, visto não poderem entrar no cânone da literatura canadense. Esta última é incapaz de reconhecer que ela possa ser escrita em várias línguas,

12 DIALÉTICAS DA TRANSGRESSÃO

através de temáticas e de formas diversas: a ideologia nacionalista dos dois povos fundadores da literatura canadense não o toleraria. De qualquer modo, os escritores marginais do Canadá, marginais devido à sua situação identitária ou devido à sua posição geopolítica, por assim dizer, já desestabilizaram consideravelmente a imagem harmoniosa dos blocos hegemônicos da literatura canadense. Esta tem certa dificuldade em definir-se claramente ou redefinir-se em função dos novos dados que investem a criação de complexidades identitárias e fazem ir pelos ares as certezas nacionalistas.

11

Para as literaturas nacionais, e particularmente as dos países ex-comunistas, a recanonização dos repertórios literários nacionais é um fato impressionante. Tomarei como exemplo a recente tentativa de constituir um novo cânone da literatura polonesa do século XX. O que impressiona nessa tentativa é a entrada no cânone de alguns escritores ainda vivos, ou mortos antes de 1945, e que assumiram repensar a cultura polonesa, revisar os valores nacionais ou nacionalistas. O novo cânone[24] proposto por certos críticos, teóricos, professores, mas também pelos leitores bem-avisados, engloba escritores como Witold Gombrowicz, crítico implacável da ideologia nacional, romântica e pequeno-burguesa. No mesmo cânone entram também Stanisław Ignacy Witkiewicz, escritor parodista e catastrofista, e Czesław Milosz, Prêmio Nobel de Literatura (1980), emigrado, poeta de síntese, os quais relativizam as atitudes trágico-romântico-nacionais. Entra igualmente nesse cânone renovado Gustaw Herling-Grudziński, escritor emigrado, ou melhor, exilado, ex-prisioneiro dos campos de concentração stalinistas. Sua obra principal, *Diário Escrito à Noite*[25], é uma reflexão intelectual a respeito do mal número um do século: os totalitarismos.

Globalmente falando, o novo cânone polonês "desromantiza" a literatura polonesa, tradicionalmente patriótica e trágica, e abandona o discurso sobre a nação polonesa. Trata-se antes de uma comunidade de pessoas que falam a língua polonesa e que, tendo sido tragicamente provadas pela Segunda Guerra Mundial, tentam compreender sua tragédia.

24. Kanon literatury polskiej XX wieku (Cânone da literatura polonesa do século XX), *Polityka*, n. 11, 13 mar. 1993 e n. 24, 12 jun. 1993.
25. Obra não traduzida em português. Existe, contudo, uma tradução em francês realizada por Thérèse Douchy: *Journal écrit la nuit*, Paris: L'Arpenteur, 1989. Essa tradução apresenta uma coletânea dos diários do autor, publicados em polonês sob os títulos de *Dziennik pisany noca 1971-1972*, *Dzienny pisany noca 1973-1979* e *Dziennik pisany noca 1980-1983*, Paris: Institut Littéraire, 1973, 1980 e 1984, respectivamente. Posteriormente, foram publicados dois outros volumes: *Dziennik pisany noca 1984-1985*, Paris: Institut Littéraire, 1989; e *Dziennik pisany noca 1989-1992*, Warzawa: Czytelnik, 1993.

NARRATIVA DE VALORES: OS NOVOS ACTANTES DA *WELTLITERATUR* 13

12

Nessa dialética do reconhecimento, a narrativa de valores pressupõe mecanismos que relegam ao segundo plano o local e o marginal. Esses mecanismos tornam complexa a questão da *Weltliteratur*, cujo espaço deveria alargar-se para acolher obras que, sem haver obtido as marcas do reconhecimento oficial, nem por isso são menos dignas de pertencer a seu cânone móvel e problemático.

"Jetz verschwindet das Bidet" (Agora desaparece o bidê): com essa constatação objetiva, Umberto Eco, *líder de opinião*, prevê a mundialização dos franceses. O bidê desaparece como símbolo das mudanças planetárias. Isso faz pensar sobre a literatura mundial como nova opção de valores. Simbolicamente então, a mundialização pressupõe o apagamento do nacional e do local. Contudo, pode-se confiar nos franceses, no chauvinismo dos franceses. Estes não deixarão de substituir o bidê por outro objeto prático.

Quando, em 31 de janeiro de 1827, Goethe comunicava a Eckermann o ideal da *Weltliteratur*, ele avançava que o modelo grego era intransponível, pois, nas obras dos antigos gregos, a beleza do homem era representada ("sondern im Bedürfnis von etwas Musterhaften müssen wir immer zu den alten Griechen zurückgehen, in deren Werken stets der schöne Mensch dargestellt ist"[26]). As poucas últimas décadas do século XX revelaram, porém, que "o ideal grego" é uma matriz temática cujas paradas discursivas se devem relativizar e dialetizar no contexto dos fenômenos globais que perturbam a dialética do reconhecimento. Cada vez mais intertextual e interdiscursiva, a literatura desse século investiu "o ideal grego" com momentos dialéticos que, nas obras de James Joyce, Thomas Mann, Eugene O'Neill, Alfred Döblin, Hermann Broch, João Guimarães Rosa, Augusto Roa Bastos e, recentemente, nos textos dramáticos de Heiner Müller, por exemplo, modificam as visões do mundo fundadas na função hermenêutica, explicativa do mito.

Assim como o projeto kantiano da emancipação da humanidade, que não deixa de ser hoje problemático, o projeto de Goethe deve ser repensado e recontextualizado. A narrativa de valores desenrola-se, repitamos, numa tensão permanente entre o marginal, o local, o nacional, o institucional e o universal. A incerteza generalizada dos valores que se renovam e se reformulam de acordo com a dialética do reconhecimento repõe em questão as obras promovidas pelo institucional. Estas são enfocadas através de obras ou atitudes criadoras polemicamente orientadas. Com isso, o espaço da literatura mundial se desestabiliza, mas ao mesmo tempo se abre a valores que corres-

---

26. Johann Peter Eckermann, *Gespräche mit Goethe in den letzten Jahren seines Lebens*, Wiesbaden: F. A. Brockhaus, 1959, p. 174.

pondem às convicções axiológicas de comunidades que querem aceder ao universal. Assim sendo, não será a *Weltliteratur* uma realidade aberta e potencial, um espaço discursivo onde a narrativa de valores se escreve sob a pressão e pela interação de novos actantes? Nem postulado ético-pragmático necessário, nem prática estética de evidência, a literatura mundial define-se antes pela heterogeneidade de suas obras, das línguas que ela fala e das paixões que a sustentam neste fim de século.

2. As Vanguardas de Ostentação e as Vanguardas de Fazer Cognitivo: Para uma Descrição das Linguagens Transgressivas

1

O que o deus Cronos não perdoa às vanguardas é o frescor e a espontaneidade de suas extravagâncias. As paixões, as motivações ideológicas e os narcisismos empanaram-se a ponto de a panóplia vanguardista das vituperações, injúrias e brutalidades verbais fazerem hoje figura de novela ruim, de uma *soap opera* que espectador algum pode levar a sério.

Eis que já há muito se pode visitar o museu imaginário das vanguardas, quer ele se situe no Palazzo Grassi, em Veneza, no Guggenheim, em Nova York, ou no Centre Pompidou, em Paris. Podemos deter-nos diante dos gestos e objetos museificados, como as exclamações e brutalidades futuristas, a nudez e o apartamento *kitsch* de Marinetti, as provocações de Tristan Tzara, a *Merz Opera* de Kurt Schwitters, o cadáver requintado dos surrealistas, os diferentes *ready-made* (pronto para usar) de Marcel Duchamp. Como nos falam hoje todos esses fragmentos de antologia? O que nos dizem, aqui, essas extravagantes ostentações verbais? Podemos realmente jurar pela barba de Karl Marx que tudo isso se fossilizou no patos ridículo da história, pois "tudo o que é estável e estabelecido se volatiliza, tudo o que é sagrado se encontra profanado"? Sim, são Marx e Engels que o dizem no célebre Manifesto: "Alles Ständische und Stehende verdampft". Esta frase será retomada por Marshall Berman como título de seu livro *Tudo que é Sólido Desmancha no*

16 DIALÉTICAS DA TRANSGRESSÃO

Ar[1]. Essa frase profética imprime a fatalidade do desaparecimento em todos os fenômenos humanos. A paisagem de todas as modernidades seria, portanto, então a das ruínas. E, se as alegorias de Walter Benjamin nela se instalam, é para salvar espiritualmente desse desastre fatal não tanto todas as solidezes, mas antes os produtos artísticos.

2

Para compreender de modo metacrítico o problema da vanguarda, teremos de refletir sobre o tempo e matizar certos parâmetros críticos e filosóficos para reinvestir a modernidade de uma aura de resistência e de finalidade contra os ventos e marés da História. Pois precisamos hoje de uma "história dos efeitos" – aquela *Wirkungsgeschichte* das vanguardas –, de uma história dos efeitos em que se deveriam inscrever as poéticas do dadaísmo, do futurismo e do surrealismo. O problema da vanguarda é polissêmico e politélico. Tentemos instaurar uma certa ordem na massa aflitiva das opiniões e dos julgamentos que ora enterraram, ora ressuscitaram a vanguarda. Mas passemos aos textos.

3

Eis algumas lembranças da casa assombrada das vanguardas. Primeiro, o que Antonio Saccone chama "a exorbitância oratória pela qual é governada a ideologia de Marinetti"[2]. Um pequeno fragmento do manifesto *Uccidiamo il Chiaro di Luna* (Assassinemos o Luar), de Filippo Tommaso Marinetti, que data do mês de abril de 1909:

> Hurra! Sejamos dignos finalmente de comandar o grande exército dos loucos e das feras desencadeadas!... Hurra! Nós dominamos nossa retaguarda: o Oceano com sua confusão de escumantes cavalarias!... Avante, loucos, loucas, leões, tigres, e panteras! Avante, esquadrões de ondas!... Nossos aeroplanos serão para vós, de vez em vez, bandeiras de guerra e amantes apaixonadas![3].

Duas pequenas estrofes do poema "E Lasciatemi Divertire" (E Deixem-me Divertir-me), de Aldo Palazzeschi:

---

1. Marshall Berman, *Tudo Que é Sólido Desmancha no Ar*: a aventura da modernidade, tradução de Carlos Felipe Moisés e Ana Maria L. Ioratti, São Paulo: Companhia das Letras, 1987.
2. "... l'esorbitanza oratoria de cui è governata l'ideologia di Marinetti". Antonio Saccone, *Marinetti e il futurismo*: materia per lo studio della letteratura italiana.
3. "Urrà! Siam degni finalmente di comandare il grande esercito dei pazzi e delle belve scatenate!... Urrà! Noi dominiamo la nostra retroguardia: l'Oceano col suo avviluppamento di schiumanti cavallerie!... Avanti, pazzi, pazze, leoni, tigri, e pantere! Avanti, squadroni di flutti!... I nostri aeroplani saranno per voi, a volta a volta, bandiere di guerra e amanti appassionate!", cf. Idem, p. 33.

AS VANGUARDAS DE OSTENTAÇÃO E AS VANGUARDAS DE FAZER... 17

> Cucu ruru
> ruru cucu
> cucucurucu!
> O que são essas indecências,
> Essas estrofes extravagantes?
> Licenças, licenças,
> licenças poéticas!
> São minha paixão.
>
> Farafarafarafa,
> Tarataratarata,
> Paraparaparapa,
> Laralaralarala!
> Sabeis o que são?
> São vestidos avançados,
> das outras poesias[4].

No que diz respeito ao dadaísmo, não citarei o poema de Hugo Ball "Gadji Beri Bimba" ("Gadji beri bimba glandridi laula lonni cadori") e tampouco, do mesmo poeta, "Karawane" ("KARAWANE jolifanto bambla ô falli bambla"). Tampouco citarei *Os Sete Sonetos Esquizofrênicos*. Nem "Opus Null", de Hans Arp: "Eu sou o grande esteestaisto / o rigoroso regimento / o caule de ozônio prima Qua / o anônimo um por cento" (Ich bin der grosse Derdiedas / das rigorose Regiment / der Ozonstengel prima Qua / der anonyme Einprozent). Citarei, porém, a pequena obra-prima programática *Primitiven* (Primitivos), de Richard Huelsenbeck:

> índigo índigo
> bonde saco de dormir
> percevejo e pulga
> índigo indigaí
> umbaliska
> bum DADAÍ[5]

E ainda uma outra lembrança, o manifesto de Fernando Pessoa, "Ultimatum", que data de 1917 e do qual seguem alguns extratos.

Mandado de despejo aos mandarins da Europa! Fora.
Fora tu, Anatole France, Epicuro da farmacopéia homeopática, tênia – Jaurès do Ancien Régime, salada de Renan-Flaubert em louça do século dezassete, falsificada!
[...]
Desfile das nações para o meu Desprezo!

---

4. "Cucu ruru / ruru cucu / cuccuccurucu! / Cosa sono queste indecenze, / queste strofe bisbetiche? / Licenze, licenze, / licenze poetiche! / Sono la mia passione. // Farafarafarafa, / Tarataratarata, / Paraparaparapa, / Laralaralarala! / Sapete cosa sono? / Sono robe avanzate, / delle altre poesie.". Cf. Idem, p. 47-48.

5. Karl Riha (org.), *113 Dada Gedichte*, Berlin: Klaus Wagenbach, 1987, p. 63: "indigo indigo / Trambahn Schlafsack / Wanz und Floh / indigo indigai / umabaliska / bumm DADAI".

18 DIALÉTICAS DA TRANSGRESSÃO

Tu, ambição italiana, cão de colo chamado César!
Tu, "esforço francês", galo depenado com a pele pintada de penas! (Não lhe dêem muita corda senão parte-se!)
[...]
Tu, cultura alemã, Sparta podre com azeite de cristismo e vinagre de nietzschização, colméia de lata, transbordamento imperialóide de servilismo engatado!
[...]
Tu, Von Bélgica, heróica à força, limpa a mão à parede que foste!
[...]
Tu, Estados Unidos da América, síntese-bastardia da baixa Europa, alho de açorda transatlântica, pronúncia nasal do modernismo inestético!
E tu, Portugal-centavos, resto da Monarquia a apodrecer República, extrema-unção-enxovalho da Desgraça, colaboração artificial na guerra com vergonhas naturais em África!
E tu, Brasil, "república-irmã", blague de Pedro Álvares Cabral, que nem te queria descobrir!
Ponham um pano por cima de tudo isso!
Fechem-me isso à chave e deitem a chave fora![6]

Visto que essas memórias nos divertem, ainda mais uma lembrança, "Ode ao Burguês", do poeta brasileiro Mário de Andrade:

> Eu insulto o burguês! O burguês-níquel,
> o burguês-burguês!
> A digestão bem feita de São Paulo!
> O homem-curva! O homem-nádegas!
> O homem que sendo francês, brasileiro, italiano,
> é sempre um cauteloso pouco-a-pouco![7]

4

Estão aí algumas amostras do discurso vanguardista. Os manifestos e os poemas citados são lembretes da atividade discursiva das vanguardas ditas históricas. Estas secretaram discursos, formas e conteúdos que, pela circularidade de sua sintaxe, por sua semântica e sua pragmática, tornaram-se paradigmas críticos por excelência da vanguarda, aquela que se descreve como uma modernolatria, como uma prática incondicional e ostentatória da novidade. Diferentes modelos de escritura foram por ela construídos, com características facilmente reconhecíveis: violência discursiva, ofensa, vituperação, absurdo, jogo verbal, *parole in libertà* (palavras em liberdade). A isso se devem acrescentar elementos codificados por Marinetti e vários autores futuristas no "Manifesto Técnico da Literatura Futurista", em "Suplemento ao Manifesto Técnico da Literatura Futurista" e em outros manifestos da literatura, da pintura e do teatro futuristas.

6. Fernando Pessoa, *Obras em Prosa*, organização, introdução e notas de Cleonice Berardinelli, Rio de Janeiro: Nova Aguilar, 1974, p. 509-511.
7. Mário de Andrade, *Poesias Completas*, Belo Horizonte: Itatiaia/ São Paulo: Universidade de São Paulo, 1987, p. 88.

AS VANGUARDAS DE OSTENTAÇÃO E AS VANGUARDAS DE FAZER... 19

O surrealismo, o dadaísmo, para não mencionar outros "ismos", também estabeleceram seus códigos semânticos e seus modelos de escritura. Esses modelos de escritura vanguardista constituíram-se em linguagens transgressivas que as vanguardas praticaram até, *grosso modo*, o final dos anos de 1930. Desde então, não se sabe com certeza o que foi feito da vanguarda. Ou então, é preciso admitir que certos grupos de artistas, de criadores literários, aqui e acolá pelo mundo afora, reuniram-se, produziram manifestos, denominaram-se vanguarda. Ora, ou a história se repete como comédia e caricatura, e então esse passaísmo vanguardista não merece nenhum interesse particular, ou é necessário levar a sério essas vanguardas pós-históricas. Mas então deve-se repensá-las e situá-las em seus *cronotopos* e em seus respectivos sistemas de signos.

5

Um dos mais importantes problemas teóricos e históricos que se devem colocar hoje é o seguinte: serão as linguagens transgressivas ainda possíveis? Senão, por quê? Em caso de afirmativa, em que condições, segundo quais parâmetros e quais modalidades de seu funcionamento? Pode parecer evidente que as linguagens transgressivas das vanguardas históricas envelheceram, que se desatualizaram, e não aderem mais ao real de nossa época. Entretanto, é legítimo indagar se uma intertextualidade e uma interdiscursividade ainda são ativas como modelos de escritura vanguardista, se esses modelos se teriam mantido, perpetuado, bem para além dos anos de 1930 e até no pós-modernismo, supondo-se que o pós-modernismo seja uma formação discursiva autônoma e coerente. Deve-se, pois, interrogar e talvez até mesmo forjar categorias críticas suficientemente englobadoras para poder fazer com que entrem nelas as diferentes estruturas, as diferentes funções herdadas das vanguardas históricas.

6

Eu definiria a paisagem cultural e teórica contemporânea como uma multiplicidade de espaços discursivos, axiológicos e interpretativos, espaços ao mesmo tempo conflituosos e complementares. A oposição entre o moderno e o pós-moderno, que atravessa essa paisagem, nem sempre lhes faz justiça, na medida em que ela os faz explodir em uma multiplicidade de discursos.

Se o problema da vanguarda se coloca hoje nos debates sobre a modernidade e o pós-modernismo, é num duplo sentido, o da morte e o da vida. Estará a vanguarda definitivamente morta como projeto, linguagem e estratégia, ou permanecerá ela operacional, atual? Serão seus retornos possíveis, e até mesmo necessários e reais? Colocado desse

20 DIALÉTICAS DA TRANSGRESSÃO

modo, o problema da vanguarda obriga-nos a repensar seus parâmetros definicionais, históricos, discursivos, críticos e argumentativos.

Se se pode admitir que o discurso de vanguarda representa uma espécie de princípio que permite compreender a modernidade como categoria estética e axiológica, deve-se então reconhecer que o discurso moderno, sem necessariamente se confundir com o discurso vanguardista, reescreve e dialetiza seus efeitos. Assim sendo, a exemplo da perlaboração freudiana (*Durcharbeitung*), a formação discursiva moderna, que se estende em seu tempo histórico, cultural e interdiscursivo, desde Cervantes até Heiner Müller, deixa-se perlaborar e reescrever pela vanguarda. Porém, é mister precisar as modalidades de ação e interação dessa vanguarda. Para interpretar a interação entre a vanguarda e a modernidade, parece-me necessário e produtivo compreender e problematizar a modernidade como um sistema de invariantes temático-formais, a saber, a subjetividade, a ironia, a fragmentação e a auto-reflexividade. Esses parâmetros fixam um horizonte hermenêutico suficientemente amplo para se ver como a escritura vanguardista e a escritura moderna se sustentam mutuamente, acavalam-se e se dialetizam.

A reescritura da modernidade definida por Jean-François Lyotard[8] é um processo histórico, axiológico e estético com dinâmicas variáveis, e cuja economia não pressupõe, evidentemente, nem a morte da história, nem a morte da modernidade, nem a morte da vanguarda. Todos nós somos perturbados pelo pesadelo da História, mas isso não quer dizer que seja preciso multiplicar desmedidamente os cemitérios simbólicos. A questão da vanguarda tem, portanto, de ser retomada e repensada em função de um certo número de dados objetivos, como diversidade, como mutação de discursos que não se devem forçosamente englobar no pós-modernismo. Por outro lado, certas práticas discursivas que se definem a si mesmas como vanguarda persistem incontestavelmente, e seria preciso questionar sua legitimidade. Por fim, seria preciso levar em consideração diferentes reteorizações da vanguarda que tiveram curso nos anos de 1960, 1970 e 1980.

Em nossos dias, certos horizontes críticos e teóricos fixam especificamente e ora desatualizam, ora relativizam ou, pelo contrário, atualizam o problema da vanguarda. Esses horizontes remetem às diferentes teorizações desse problema por Guillermo de Torre, Theodor W. Adorno, Renato Poggioli, Peter Bürger, Octavio Paz, Hans Magnus Enzensberger, Haroldo de Campos, Michel Zéraffa, Saul Yurkievich, Edoardo Sanguineti, Umberto Eco, Guy Scarpetta, Ihab Hassan, Jean-François Lyotard, Zdenko Skreb, Alberto Asor Rosa, Jean Weisgerber, Marjorie Perloff, Richard Kostelanetz, Eduardo Portella, Henri Meschonnic, Gianni Vattimo, Matei Calinescu, Ryszard

---

8. *O Inumano*: considerações sobre o tempo, tradução de Ana Cristina Seabra e Elisabete Alexandre, Lisboa: Estampa, 1997.

Kluszczynski, Grzegorz Gazda, Charles Russel, Paul Mann e Andrew Benjamin[9]. A publicação de uma nova revista, *L'Avant-Garde*, desde 1988, é igualmente significativa. Essa enumeração poderia ser ainda mais longa. De qualquer forma, os nomes que acabo de mencionar remetem a diferentes posicionamentos sobre a vanguarda. Desde o reconhecimento por Adorno da importância dos "ismos" na modernidade, desde a teoria da vanguarda de Poggioli, sem dúvida a mais englobadora, até a renegação pós-modernista da vanguarda e sua morte afirmada por Ihab Hassan, Guy Scarpetta e Paul Mann[10]. Desde a teoria de Peter Bürger, sólida mas ideologicamente marcada e restritiva, e desde a recusa da transgressão e da negatividade da arte moderna por Octavio Paz, até o refinamento da posição epistemológica de Jean-François Lyotard em relação à modernidade e à vanguarda, e até uma série de redefinições e reformulações dos parâmetros teóricos pelos pesquisadores da escola crítica da Universidade de Łódź, na Polônia, Grzegorz Gazda[11] e Ryszard Kluszczynski[12].

7

Gostaria de expor algumas idéias de pesquisa tocantes às vanguardas em sua movência histórica e em suas transformações. Em primeiro lugar, gostaria de esboçar uma tipologia das vanguardas; e, para tanto, basear-me-ei em certas compreensões novas da vanguarda. Em segundo lugar, proponho-me apresentar algumas hipóteses de trabalho acerca da descrição das linguagens transgressivas. Em terceiro lugar, tratarei de marcar alguns traços próprios das diferentes linguagens transgressivas que se constituíram no século XX e, mais particularmente, a partir do final dos anos 50.

8

Como vimos, o gesto vanguardista por excelência é a provocação verbal ou visual. Os criadores vanguardistas que se batizam de

9. Poupo o leitor da enumeração dos títulos de diferentes obras e artigos desses críticos, filósofos e teóricos que se empenharam, todos, em definir, redefinir e repensar a vanguarda nos diferentes contextos históricos, artísticos e epistemológicos.

10. Penso notadamente em *The Dismemberment of Orpheus: toward a postmodern literature*, de Ihab Hassan, *L'Impureté*, de Guy Scarpetta, e *The Theory-Death of the Avant-Garde*, de Paul Mann.

11. Cf. *Awangarda, nowoczesność i tradycja* (Vanguarda, Modernidade e Tradição), Łódź: Wydawnictwo Lodzkie, 1987.

12. Kluszczynski, que se debruçou particularmente sobre a "Grande Vanguarda", tentou redefinir a vanguarda de acordo com parâmetros novos (como, por exemplo, o "destrutivismo interno da obra" e o "destrutivismo anti-artístico") em seu estudo Qu'est-ce que l'avant-garde?, em *Les problèmes des genres littéraires*, 30, v. 1 (59), 1987, p. 21-37.

22 DIALÉTICAS DA TRANSGRESSÃO

futuristas, surrealistas, dadaístas, ultraístas, criacionistas, minima-
listas, maximalistas, proclamam sua diferença e operam a ruptura.
Cada vez que isso se produz, treme o edifício da arte e da literatura.
Presumivelmente. Pelo menos, os vanguardistas estimam-se suficientemente revolucionários e destruidores para que a arte e a literatura
não sejam mais as mesmas na seqüência de suas artimanhas ostentatórias. Nas vanguardas, sobretudo nas vanguardas históricas, o novo
volta, vangloriando-se de ser diferente a cada revezamento.

Este é, resumido em traços gerais, o problema da vanguarda. Sua
relação com o tempo e sua relação com o lugar, sua posição tópica
na história literária e na história sem mais, seus retornos e seus desa-
parecimentos. Sabe-se hoje que a vanguarda, vista como fanfarrona-
da, como provocação e como proclamação do novo, não pode mais
ser pensada como fenômeno impunemente estável e recorrente. As
vanguardas históricas foram não apenas aporéticas, mas também in-
gênuas. Incapazes de se fitarem nos olhos, não cessavam de alardear
sua novidade cada vez diferentemente nova. Mas a história e o tempo
engolem o novo. Entre o som e o furor de uma vanguarda e o silêncio
das ruínas, estendem-se o trabalho do tempo e a marcha da história.
Assim como as modas, as vanguardas são sazonais. Seu *corso* e *ri-
corso* medem-se da mesma maneira que os desfiles de moda que en-
gendram imitações efêmeras. Mas na próxima primavera os vestidos
e as saias já não terão a mesma força de atração. Serão relegados aos
armários ou então vendidos em liquidação.

9

Essa visão negativa do tempo, irreversível e devorador, deposita
a vanguarda no cemitério da História. Por isso, dever-se-ia lembrar o
ponto de vista de um Octavio Paz, que, por volta de 1976, constata:

> Somos hoje testemunhas de uma outra mutação: a arte moderna começa a perder
> seus poderes de negação. Há anos, suas negações são repetições rituais: a rebelião tor-
> nou-se procedimento; a crítica, retórica; a transgressão, cerimônia. A negação deixou
> de ser criadora. Não digo que vivemos o fim da arte: vivemos o fim da idéia de arte
> moderna[13].

O que, então, a arte moderna negava? Negava linguagens, escrituras institucionais, visões do mundo, a ordem estabelecida da arte e
da sociedade. Pela voz das vanguardas, a arte moderna subvertia os
códigos e a possibilidade das mensagens institucionais transmitidas
por intermédio desses códigos. A substância do novo das vanguardas
sempre foi polimorfa e polissêmica. É constituída por aquelas mensa-

13. Octavio Paz, *Point de convergence*: du romantisme à l'avant-garde, tradução
de R. Munier, Paris: Gallimard, 1967, p. 190.

AS VANGUARDAS DE OSTENTAÇÃO E AS VANGUARDAS DE FAZER... 23

gens transmitidas com violência pelos manifestos e pelas linguagens transgressivas. Recusar essa autoridade à modernidade equivale, portanto, a recolocá-la em seu lugar, a tirar-lhe suas ilusões. Em 1968, o mesmo Octavio Paz, num número especial da revista *Preuves* dedicada a Baudelaire e a crítica da arte, escreve o seguinte:

> Depois de mais de cem anos de modernidade, nossa situação é semelhante à do personagem de *Kantan*, essa peça de teatro Nô admiravelmente traduzida por Waley: um jovem peregrino entra em uma estalagem e, morto de cansaço, estende-se sobre uma esteira; enquanto o estalajadeiro lhe prepara uma tigela de arroz, ele adormece e sonha que sobe ao trono da China e que vive, *como se fosse imortal*: o tempo que o arroz leva para cozinhar e que ele desperte. Como o peregrino budista, podemos perguntar-nos: será que algo mudou? [...] Se respondemos afirmativamente, estamos em contradição conosco: nossa mudança consiste em dar-nos conta de que todas as mudanças são ilusórias, inclusive a nossa. A arte e a crítica do século XX foram prisioneiras desse paradoxo. A única resposta talvez consista em não colocar a questão, em levantar-se e pôr-se novamente em busca da presença, não como se nada tivesse acontecido, mas como se, de fato, tivesse acontecido *nada*[14].

10

Inscritas nessas metáforas budistas, a modernidade e a vanguarda participariam desse "nada", e os protagonistas da modernidade seriam, portanto, vítimas dessas ilusões niilistas. Nenhuma energia vanguardista, nenhuma intertextualidade do moderno seriam assim recuperáveis. A visão da criação artística e da história, sobre a qual se apóia Octavio Paz antes de receber o Prêmio Nobel, reconhece a intensidade do instante e sua evanescência inelutável. Em seu discurso de recebimento do Prêmio Nobel, o poeta mexicano ajusta seu tiro, tenta redefinir a modenidade e o faz de modo paradoxal e um tanto contraditório. Paz declara:

> [...] a modernidade não está fora, mas no interior de nós mesmos. Ela é hoje e a antigüidade mais antiga; é amanhã e o começo do mundo; tem mil anos e acaba de nascer. Fala *nauatle*, escreve ideogramas chineses do século IX e aparece na tela de televisão.[...] Simultaneidade de tempo e de presença: a modernidade rompe com o passado imediato somente para recuperar o passado milenar e transformar uma estatueta da fertilidade do Neolítico em contemporânea nossa. Perseguimos a modernidade em suas metamorfoses incessantes sem jamais conseguir captá-la. Ela sempre escapa: cada encontro é uma fuga. Nós a abraçamos, e logo ela se esvaece; era somente um pouco de ar. É o instante, este pássaro que está em todos os lugares e em lugar algum. Queremos pegá-lo vivo, mas ele abre as asas e se esvaece, transformado em um punhado de sílabas. Ficamos de mãos vazias. As portas da percepção entreabrem-se então e aparece o outro tempo, o verdadeiro, aquele que procurávamos sem saber, o presente, a presença[15].

14. O. Paz, Présence et présent, *Preuves*: Baudelaire et la critique d'art, n. 207, Paris, p. 14-15, maio 1968.

15. O. Paz, La quête du présent: discurso de recepção do Prêmio Nobel de Literatura, tradução francesa de Daniel Castillo Durante, *Tribune juive*, Montréal, v. 8, n. 6, p. 10, maio 1991.

11

Que lugar poderia ocupar a vanguarda nessa configuração metafórica, histórica e axiológica da modernidade? Eu disse que a maneira com que Paz circunscreve a modernidade é contraditória e paradoxal. Por um lado, a modernidade é incaptável, fugidia, procurada, mas inencontrável; por outro, está "no interior de nós", não vira as costas nem à história nem ao passado. "Ela é hoje e a antigüidade mais antiga; é amanhã e o começo do mundo; tem mil anos e acaba de nascer".

O que impressiona nessa captação não-captação da modernidade é a proximidade entre Octavio Paz e Baudelaire. Esse mesmo Baudelaire de quem Paz dizia, em 1968, justamente a propósito da modernidade:

> Compreende-se sem dificuldade a reticência de Baudelaire diante das definições: é impossível fundar e edificar um sistema sobre o valor do transitório e do particular, porque ambos escapam a qualquer definição; eles são a desconhecida que desagrega os sistemas[16].

A escritura crítica de Paz testemunha também essa reticência diante das definições. Mas Baudelaire define a modernidade, ao passo que Paz, mesmo querendo defini-la, multiplica os paradoxos e as metáforas. Contudo, ao reconhecer o valor do passado e da História, Paz associa-se a Baudelaire, que, em *O Pintor da Vida Moderna,* define a modernidade da seguinte forma: "A modernidade é o transitório, o fugitivo, o contingente, a metade da arte, cuja outra metade é o eterno e o imutável"[17]. Essa definição pressupõe uma simetria entre o presente, tão privilegiado por Octavio Paz, e a eternidade, da qual Paz desconfia, mas que ele também convoca, quase a contragosto, quando diz: "a modernidade só rompe com o passado imediato para recuperar o passado milenar e transformar uma estatueta da fertilidade do Neolítico em contemporânea nossa"[18].

Mas o que quer dizer "a modernidade só rompe com o passado imediato para recuperar o passado milenar"? Quais são os agentes ou as agências da modernidade que efetuam essas recuperações? São sem dúvidas os artistas, os criadores que formulam seus projetos cognitivos e que criam as linguagens que qualificamos de "transgressivas", às quais são integrados os elementos que, inicialmente, pertenceram ao passado milenar. O lugar da vanguarda na modernidade é a exaltação do presente e do transitório com a convicção de que pertencem à ordem e à continuidade do artístico e do literário. As

---

16. O. Paz, Présence et présent,. *Preuves*, op. cit., p. 10.

17. Charles Baudelaire, Le peintre de la vie moderne, *Œuvres complètes*, Paris: Gallimard, 1976, p. 695, (Col. Bibliothèque de la Pléiade).

18. O. Paz, La quête du présent, op. cit., p. 10.

AS VANGUARDAS DE OSTENTAÇÃO E AS VANGUARDAS DE FAZER... 25

vanguardas produzem assim porções de transitório e de eterno. É, portanto, tomando o tempo histórico em suas numerosas vertentes do devir, da duração, do acontecimento e do ciclo, da longa duração e da curta duração, do recomeço, da persistência, da memória voluntária, intelectual, e da memória involuntária, que podemos colocar nele estruturas, sincronias e diacronias que se podem chamar respectivamente modernidade, vanguarda, transgressão, evolução, ruptura.

12

Aqui vem à lembrança outra analogia, a do discurso de Walter Benjamin acerca do Anjo da História que

tem o rosto voltado para o passado. [...] Ele bem que gostaria de poder parar, de acordar os mortos e de reconstruir o destruído. Mas uma tempestade sopra do Paraíso, aninhando-se em suas asas, e ela é tão forte que ele não consegue mais cerrá-las. Essa tempestade impele-o incessantemente para o futuro, ao qual ele dá as costas, enquanto o monte de escombros cresce ante ele até o céu. Aquilo que chamamos de Progresso é *essa* tempestade[19].

"O Anjo da História lacera a duração e dá acesso, através dessa laceração, a uma experiência do mundo que faz o tempo vacilar", escreve Catherine David acerca do livro *L'Ange de l'Histoire: Rosenzweig, Benjamin, Scholem*, de Stefan Mosès[20]. Na cabala, os anjos são criados aos montes, a cada segundo, e vivem um breve instante, o tempo de cantar a glória do Senhor. É por isso que cada instante é único e "faz com que apareça um novo estado do mundo. Ora, não se podem adicionar nem os anjos, nem os momentos do tempo, nem os estados de alma: em uma visão do mundo que leva em conta a subjetividade, a totalidade é impensável – e o totalitarismo não tem sentido algum"[21].

Guardadas todas as proporções, essa analogia permite que se veja a modernidade como uma estrutura ao mesmo tempo pontual e estendida no tempo. Se a experiência da modernidade é, antes de mais nada, a do presente, as vanguardas deixam entrever os novos estados do mundo. Seus discursos evidenciam a ordem subjetiva e antitotalitária da arte, embora demonstrando os estados tabulares e não-lineares do espaço literário.

13

Uma tipologia das vanguardas visa a salientar os deslocamentos de intensidades nas linguagens transgressivas. A oposição entre as

19. Walter Benjamin, Teses sobre Filosofia da História, em *Sociologia*, organização, introdução e tradução de Flávio R. Kothe, São Paulo: Ática, 1985, p. 158-159.
20. Catherine David, *Le Nouvel Observateur*, n. 1432, p. 57, 16-22 abr. 1992.
21. Idem, p. 57.

26 DIALÉTICAS DA TRANSGRESSÃO

vanguardas de ostentação e as vanguardas de fazer cognitivo é absolutamente relativa. No entanto, ela chama a atenção para as modulações das formas e dos conteúdos comprometidos em cada projeto vanguardista. Antes de apresentar nossa tipologia, lembremo-nos da necessidade de redefinir a vanguarda para além das práticas verbais ostentatórias dos manifestos.

14

Façamos um jogo de palavras fácil, mas instrutivo. Perguntemonos que sentido particular, histórico, estético, literário ou social tiveram todos os "avante" e os "retro" das diferentes "guardas" desse exército que avança no tempo e no espaço para travar combates em nome do progresso da arte e da literatura. As conseqüências semântico-ideológicas da metáfora militar levam bastante longe e marcam com ambigüidade o problema da vanguarda. Pode-se admitir até que é devido à polissemia do termo engendrada pelo sema persistente do militarismo que os debates em torno da vanguarda se emaranham e se complicam mais e mais. Resumamos e problematizemos: se uma vanguarda representa um exército, este também tem suas retaguardas. É às retaguardas que se opõe uma vanguarda? Ou são as retaguardas esquecidas em benefício da vanguarda? E que exército é esse representado por uma vanguarda? É o corpo polimorfo da literatura em que se joga uma multiplicidade de discursos e em que estão engajadas linguagens transgressivas variáveis. Nesse polimorfismo literário, as vanguardas se destacam por marcarem, cada vez, o advento de uma linguagem nova. As vanguardas que reescrevem e perlaboram a modernidade também garantem sua sobrevivência para além de suas descontinuidades.

Há alguns anos, Richard Kostelanetz propôs uma definição da vanguarda que permite compreender melhor a dialética da modernidade. Tendo lembrado o sentido militar do termo, não lhe deu maior importância, mas reteve seu sema topológico: a posição particular em relação a todos aqueles que, por quaisquer motivos, não se encontram no mesmo espaço. Em sua definição, Kostelanetz desloca o acento do manifesto e do grupo para a própria obra. É assim que ele define a vanguarda:

Utilizado de maneira precisa, o termo vanguarda deve definir antes de mais nada uma obra rara que satisfaz os três critérios discriminatórios seguintes: ela transcende de forma essencial as convenções correntes, estabelecendo uma distância entre si e a massa de práticas correntes; essa obra deverá levar muito tempo antes de encontrar seu público máximo; vai também inspirar empreendimentos artísticos futuros tão avançados quanto ela[22].

22. Richard Kostelanetz, Avant-garde, *Avant-Garde*, n. 3, p. 109, 1989.

AS VANGUARDAS DE OSTENTAÇÃO E AS VANGUARDAS DE FAZER... 27

Essa maneira de ver o problema permite-nos distinguir uma obra de vanguarda das demais obras. O que me parece significativo nesse posicionamento é a implicação de um projeto cognitivo, de uma estratégia de escritura que permita às obras de vanguarda ocuparem, num espaço literário, um lugar preciso. É óbvio que esse lugar nem sempre depende de um consenso institucional nem de um consenso do público. O que se diferencia como discurso de vanguarda repousa em uma leitura comparativa e axiológica. Esta leva em consideração características formais e semânticas proeminentes da obra.

As vanguardas históricas distinguiram-se pela produção de um número considerável de manifestos que são, de certa forma, suas carteiras de identidade. De 1909 até 1925, as identidades vanguardistas futurista, surrealista e dadaísta constituíram-se, em primeiro lugar, através da escritura manifestária. As obras seguiram ou então acompanharam os manifestos. A leitura comparativa e axiológica deve levar em conta o fato de que cada manifesto surge em um dado lugar, em um dado momento da História e em uma interdiscursividade. Se podemos reconhecer a ostentação verbal do manifesto como *differentia specifica* e denominador comum de um número considerável de vanguardas, precisamos, todavia, admitir que cada vanguarda tem algo de específico. Essa especificidade é um projeto cognitivo que se situa em relação à modernidade e que reescreve a modernidade. Assim, como constata Alberto Asor Rosa, "a vanguarda é uma espécie de trabalho (e de comportamento) intelectual"[23].

Laura Mancinelli, ao analisar a atividade ostentatória e poética do dadaísmo, conclui com uma mensagem racional que faz intervir em uma relação tensional os cinco parâmetros seguintes: linguagem, pensamento, experiência, invenção e a história[24].

A vida da literatura e da arte não pode ser pensada fora de uma dinâmica permanente, ininterrompida pelo surgimento, enfraquecimento e evanescência de linguagens transgressivas. A linguagem transgressiva é uma linguagem que estabelece múltiplas tensões entre a obra como linguagem-discurso, seus referentes e seus auto-referentes. Entre esses referentes, deve-se levar em consideração o referente social e político, o referente interestético, ou seja, a interdiscursividade da forma, e o referente intra-estético, ou seja, a intradiscursividade da forma. Toda linguagem transgressiva negativiza, problematiza e até mesmo desarticula o referente social e político. A síntese concisa de *Ulisses*, de Joyce, feita por Richard Ellmann, constitui uma excelente tela de fundo para explicar o surgimento de linguagens transgressivas: "As maiores impli-

---

23. Alberto Asor Rosa, Avanguardia, em *Enciclopedia Einaudi*, Torino: Einaudi, 1978, v. 2, p. 195.
24. Laura Mancinelli, *Il messaggio razionale dell'avanguardia*, Torino: Einaudi, 1978, p. 123.

28 DIALÉTICAS DA TRANSGRESSÃO

cações de *Ulisses* advêm do acordo de Bloom e de Stephen quanto ao amor. Ambos são contra a tirania da Igreja e do Estado e a tirania das tiranias-chauvinismo que fazem da história um pesadelo do qual Bloom, como Stephen, está tentando despertar"[25]. Essa definição de *Ulisses* autoriza-nos a postular que o surgimento sucessivo das linguagens transgressivas está ligado principalmente a esse desacordo, a essa tensão entre o artista e o referente social e político. É assim que uma série de obras de vanguarda que demarcam o percurso da literatura moderna coloca a obra em relação crítica e dialética com o social, o estatal e o institucional. É exatamente através dessa relação, dinamicamente colocada como dialética, que se efetua o fazer cognitivo, se definirmos este último, à maneira de Greimas, como uma "transformação que modifica a relação do sujeito com o objeto-saber". Nesse sentido, o programa do fazer cognitivo dos poetas italianos ditos *novissimi* (novíssimos) foi bem definido por Alfredo Giuliani já em 1959, a propósito do livro de Franco Fortini *Poesia ed errore* (Poesia e Erro):

> A poesia não tem unicamente a meta autobiográfica de chorar sobre a desgraça histórica. O direito da poesia é justamente o de deslocar os limites do *objetivo*. Será que a poesia de Dante ou de Leopardi (poesias políticas, arquipolíticas) não significará outra coisa senão a transformação do estilo *dolce* em comédia social, a transformação da arcádia em drama?[26]

Poderíamos citar numerosas obras de vanguarda que entram na definição de Kostelanetz. Essas obras agem no horizonte do século XX como signos de nossa memória cultural e estética, mas também como intensidades discursivas destinadas à máquina do pesadelo histórico.

O Processo, de Kafka, *A Insaciabilidade*, de Witkiewicz, *Nós Outros,* de Zamiatine, *Viagem ao Fim da Noite*, de Céline, *A Classe Morta*, de Tadeusz Kantor, *A Estética da Resistência*, de Peter Weiss, *A Violência Ilustrada* e *Os Invisíveis*, de Nanni Balestrini, *Hamlet-Máquina*, de Heiner Müller, *O Naufrágio do Titanic*, de Hans Magnus Enzensberger, *Galáxias*, de Haroldo de Campos, *Novissimum Testamentum* e *Bisbidis*, de Edoardo Sanguineti.

A linguagem diversificada dessas obras poderia ser analisada como uma conjunção semiótica, uma espécie de metassemiose das quatro estruturas já mencionadas: a subjetividade, a ironia, a fragmentação e a auto-reflexividade. Tais invariantes são mobilizadas na escritura da modernidade efetuada por essas obras.

A reescritura da modernidade está, portanto, coligada com a transgressão, que não é uma negatividade hegeliana, um revezamento. Não é

---

25. Richard Ellmann, Preface, em James Joyce, *Ulysses*, The Corrected Text, Editado por Hans Walter Gabler, London: Penguin Books, 1986, p. xiii.
26. Alfredo Giuliani, Poesia ed errore, em Renato Barilli; Angelo Guglielmi (orgs.), *Gruppo 63*: critica e teoria, Milano: Feltrinelli, 1976, p. 56.

AS VANGUARDAS DE OSTENTAÇÃO E AS VANGUARDAS DE FAZER... 29

uma *Aufhebung* que, num momento dialético, destrói, mantém e muda. As linguagens transgressivas são antes signos dialógicos destinados a todos e a ninguém, e que são, ao mesmo tempo, signos precursores de uma conscientização múltipla. De uma conscientização da alienação do artista e do indivíduo pegos no torno da massificação. É a conscientização de uma utopia potencialmente problemática, mas que se realiza como um sonho insistente. É também uma conscientização da natureza política e axiológica da linguagem. Há 35 anos, Edoardo Sanguineti dizia isto a respeito da vanguarda revolucionária: "O que, acima de tudo, a vanguarda contém de fecundo é essa consciência, no mínimo virtual, e historicamente concreta, do caráter histórico da linguagem"[27]. Convencido de que a linguagem é sempre uma deslocação, Sanguineti ressalta que as linguagens de vanguarda são sempre um "modo de interpretar o real". Esse modo é transgressivo se assumir as estruturas discursivas e axiológicas que descrevi.

No próprio Sanguineti, desde há uns trinta anos, efetua-se uma problematização poética do sujeito como autor, como eu (*moi*) lírico e como eu (*moi*) experimental. Essa problematização das diferentes instâncias tópicas da subjetividade intensifica-se particularmente em *Novissimum Testamentum* e em *Bisbidis*. Em *Novissimum Testamentum*, há um texto bilíngüe escrito em italiano e em francês. Parafraseando o Marquês de Sade, Sanguineti o intitula "A Filosofia no Teatro". Nesse texto, Sanguineti introduz vigorosamente a dimensão passional e sensível de seu eu (*moi*) dividido entre a primeira e a terceira pessoa:

eu queria retornar ao ser sensível e ao sentir (à questão de alma e à questão de juízo: tentei um esboço, há tempos, de um paradoxo do autor (escrever na primeira pessoa, viver na terceira, à Brecht, ser um *outro*): pode-se chegar, nessa estrada, à nossa questão, acredito, verdadeira (em que planeta se fala assim?)[28].

A dialetização do subjetivo prossegue em *Bisbidis*, palavra onomatopéica tomada ao poeta italiano Immanuel Romano, do início do século XIV, a qual significa um cochichar muito vivo, *un vivace bisbigliare di genti*. Sanguineti ironiza primeiramente seu eu, apresentando-o como um senhor *Myself*. A seguir, há um processo discursivo acumulativo, enumerativo, que é uma tentativa de recentrar o eu:

eu sou o sopro asmático, fantasmático, mecânico e automático e patético e paródico patológico, psicológico pneumático, de uma voz vivaz em contraluz, com filigrana honesta, de intriga e trigo e trama, e tristonha, tão arcaico, e tão apotropaico...[29]

27. Edoardo Sanguineti, Pour une avant-garde révolutionnaire, tradução francesa de Jean Thibaudeau, *Tel Quel*, n. 29, p. 84. Este texto foi publicado em *Il mestiere di poeta*, coletânea de entrevistas de Ferdinando Camon com diversos poetas italianos, Milano: Lerici, 1965.

28. *Novissimum Testamentum*, Lecce: Piero Manni, 1986, p. 38.

29. *Bisbidis*, Milano: Feltrinelli, 1989, p. 74.

30   DIALÉTICAS DA TRANSGRESSÃO

A obra poética de Sanguineti persegue um discurso da auto-representação lírica e metalírica do sujeito que se coloca em uma voz da alteridade que o social não pode englobar. Ela é, certamente, um produto do social, mas ao mesmo tempo é uma subjetividade irredutível que significa constantemente sua diferença. Esta tem um valor estratégico. Marca a antítese de uma dialética do sujeito que se coloca como qualidade diferencial de um processo não histórico, mas antes comunitário, sociopolítico em uma pólis da cultura onde o sujeito significa, através de suas estases líricas, sua oposição aos múltiplos processos de massificação. O jogo lírico e a ironia de Sanguineti relativizam esse processo. O valor cognitivo da poesia de Sanguineti reside justamente nessas maquinações lírico-irônicas da substância socioindividual da poesia.

A Estética da Resistência, de Peter Weiss, é uma "história das utopias desenganadas, do fim das 'grandes narrativas' humanistas e revolucionárias, história dos estigmas que uma cultura vilipendiada pela barbárie totalitária lega ao presente, tragicamente"[30]. É assim que Marc Jimenez apresenta esse romance monumental do escritor alemão. E acrescenta:

> Mas o político não é a última palavra da obra. A "estética da resistência" é também a arte como resistência, não refúgio, nem lugar de fantasmas. Desveladas, libertadas de sua ganga idealista, acadêmica, as obras de arte podem não mais ser olhadas como peças de museu, "bens culturais". Convidam à descoberta da experiência estética – para além da crítica erudita –, para renovar a experiência global do mundo, da vida, dos outros saberes[31].

A vanguarda é então um discurso que reescreve constantemente a experiência estética. Assim sendo, a vanguarda mantém uma relação ativa com a modernidade. Nessa dialética pode-se introduzir o pósmodernismo, mas como uma estrutura diferencial, e não como o fim da modernidade.

---

30. Marc Jimenez, Avertissement, em Peter Weiss, *L'esthétique de la résistance*, tradução francesa de E. Kaufholz-Messmer, Paris: Klincksieck, 1989, p. 9.
31. Idem, p. 9-10.

3. Os Fins Infinitos das Linguagens da Poesia: Entre Experimentos e Buscas Cognitivas

1

Começarei levantando algumas questões semiprovocativas e semi-ingênuas. Primeiro: precisamos ainda de termos tais como "a vanguarda"? De categorias tais como "transgressão" e "ruptura"? Como "inovação" e "o novo"? Segundo: podemos dar um significado inequívoco ao termo "experimentação" e à categoria geral de "poesia experimental"? E terceiro: como se pode determinar onde termina a linguagem artística? Essas questões orientam meu propósito crítico, que pode ser resumido assim: revisitar alguns momentos e realizações significativos da pretensa poesia experimental e/ou de vanguarda no intuito tanto de relativizar quanto de realçar a validade crítica e histórica dos termos acima mencionados. É óbvio que atualmente eles ou guiam reflexões críticas sobre a poesia, a arte e a literatura, ou têm sido simplesmente rejeitados. Não tenho a intenção de favorecer o bem conhecido dogma pós-moderno, de acordo com o qual a vanguarda estaria morta. Nem quero enfatizar demais a importância da vanguarda e seus elementos de sustentação, isto é, a transgressão, a ruptura, o novo ou a inovação. Prefiro antes tentar revisitar e repensar certos fatos criativos concretos e visões críticas.

As duas citações a seguir darão uma boa base para realizar um mapeamento cognitivo aproximado dos diferentes problemas e fenômemos ligados à emergência da poesia concreta, visual ou espacial nos anos de 1960. Minha primeira citação é um poema "concreto", e a segunda é um comentário crítico. O poema concreto é o famoso "Pós-Tudo", de Augusto de Campos[1], de 1984:

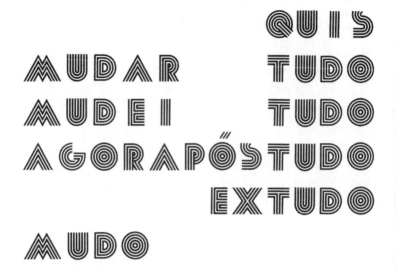

O comentário crítico vem de *On Innovative Art(ist)s,* de Richard Kostelanetz. Kostelanetz diz: "Não há fim na arte contemporânea, mas somente uma infinita corrente de novos começos"[2].

O poema "Pós-Tudo" pode ser considerado uma alegoria da situação discursiva da arte moderna e pós-moderna no sentido mais amplo da palavra. Engloba literatura, pintura, música, poesia, teatro. "Pós-Tudo" realiza uma síntese intelectual e poética do presente, uma configuração epocal de discursos artísticos e, com isso, do que eu chamaria de enunciados e metaenunciados poéticos, isto é, a totalidade dos discursos poéticos produzidos como uma série enorme de declarações intencionalmente líricas, paralíricas, metapoéticas, concretas, visuais ou sonoras. Entretanto, "Pós-Tudo" contém uma significativa ambigüidade na última linha, exatamente na última palavra. De fato, *mudo* significa tanto "silencioso", "calado" quanto "modifico(-me)". Assim, no espírito da alegoria, podemos interpretar esse poema como uma espécie de declaração clínica, como diagnóstico médico, e como um programa, uma expressão da idéia de que a poesia continua, a despeito do fato de vivermos numa era "pós-tudo". De certa forma, podemos considerar que o poema de Augusto de Campos chega quase a expressar o que Kostelanetz diz em outras palavras: "Não há fim

1. *Despoesia*, São Paulo: Perspectiva, 1994, p. 35.
2. Richard Kostelanetz, The End of Art [1969], *On Innovative Art(ist)s*, Jefferson, North Carolina/London: Mc Farland and Cia., 1992, p. 265.

OS FINS INFINITOS DAS LINGUAGENS DA POESIA   33

na arte contemporânea, mas somente uma infinita corrente de novos começos". Aceitar essa afirmação quer dizer que ainda se acredita na validade funcional da vanguarda e da inovação. Sinto que Haroldo de Campos concordaria, embora ele alegue que a poesia moderna é uma poesia da pós-utopia. Mas, ao mesmo tempo, como seu livro *Metalinguagem & Outras Metas* testemunha, Haroldo aposta na *obra de invenção* da literatura ou da arte[3]. Eu também concordaria com Kostelanetz, desde que repensemos os parâmetros críticos da persistência e da validade da vanguarda[4]. Com esse intuito, deveríamos lembrar e revisitar alguns fatos literários e críticos de tipo histórico e sincrônico[5]. Como este é um assunto diferente de per si, enfrentarei momentaneamente essa questão colocando problemas e referindo-me ao mesmo tempo a alguns gestos estéticos criativos concretos.

3. Haroldo de Campos, *Metalinguagem & Outras Metas*, São Paulo: Perspectiva, 1992, p. 12.

4. O problema da vanguarda como um conceito ainda necessário ou como uma categoria crítica não-válida parece atravessar numerosos escritos. A "morte da vanguarda" é um lugar-comum do discurso pós-moderno ou de qualquer discurso crítico que enfatiza o fim da modernidade ou, pelo menos, dá a entender que características específicas do texto "moderno", tais como a transgressão, a negação ou a novidade, perderam a maior parte de sua pertinência. Em um dos subcapítulos (The Twilight of Avant-Garde) de seu livro *Children of the Mire*, Octavio Paz escreve o seguinte: "A negação já não é criativa. Não estou dizendo que estamos vivendo o fim da arte: estamos vivendo o fim *da idéia da arte moderna*", em *Children of the Mire*: modern poetry from Romanticism to the avant-garde, Cambridge, Massachusetts/ London: Harvard University Press, 1974, p. 149. Teorias proclamando a morte da vanguarda parecem basear sua afirmação na forte redução ideológica da vanguarda a um único padrão de comportamento criativo ou social, assim como foi estabelecido pelas denominadas "vanguardas históricas". Entretanto, como sugere Paul Mann, a vanguarda é um conceito sem clara delimitação de seu conteúdo. É também um fenômeno que não é singular. "Devemos distinguir entre movimentos num leque de vanguardas", em Paul Mann, *The Theory-Death of Avant-Garde*, Bloomington/ Indianapolis: Indiana University Press, 1991, p. 8. Num debate entre Philippe Sollers e Marcelin Pleynet, Sollers lembra o valor tático do termo. Propõe que algumas obras de vanguarda do século XX não têm sido recuperadas pela classe burguesa, notadamente a de Maiakóvski, em Marcelin Pleynet, L'Avant-Garde aujourd'hui, *Écrire... Pour quoi? Pour qui?*, Grenoble: Presses Universitaires de Grenoble, 1974, p. 92. Acima e além de qualquer definição unificadora, deve-se reconhecer que a vanguarda ainda tem uma forte validade atrativa e funcional como denominação. Para além das vanguardas históricas, o termo mantém sua função explicativa e heurística num número considerável de obras literárias ou artísticas (ver análises críticas de: Lamberto Pignotti, *Istruzioni per l'uso degli ultimi modelli di poesia*, Roma: Lerici, 1968; Charles Russel, (org.), *The Avant-Garde Today*: an international anthology, Urbana/ Chicago/ London: University of Illinois Press, 1981; R. Kostelanetz, op. cit.; Stefan Morawski, On the Avant-Garde, Neo-Avant-Garde and the case of Postmodernism, *Literary Studies in Poland*, Wroclaw/ Warzawa/ Kraków/ Łódź: Zakład Narodowy im. Ossolinskich, n. 21, p. 81-106, 1989. O mesmo vale para movimentos tais como Noigandres, no Brasil, I Novissimi e Gruppo 63, na Itália, ou Tel Quel e Change, na França.

5. Wladimir Krysinski, The Metatext of the Avant-Garde, *Texte*, n. 15-16. p. 111-135, 1994.

34 DIALÉTICAS DA TRANSGRESSÃO

2

Nos anos de 1960, vanguarda não é uma palavra esquecida ou antiquada. Pelo contrário, ela suscita alguns problemas específicos ligados ao reconhecimento da dimensão evolutiva da arte moderna. Especificamente, na literatura, isso advém do fato de que tanto a poesia quanto a prosa sofrem operações discursivas que confirmam o propósito funcional e a significação da vanguarda. Os grupos Noigandres, no Brasil, I Novissimi, na Itália, Tel Quel e Change, na França, tentam reinventar, com sucesso, as linguagens da poesia e da prosa. Seus postulados criativos específicos provêm da intenção tanto de estender o processo poético iniciado com *Um Lance de Dados*, de Mallarmé, quanto de realizar uma poesia "interformal" e interdiscursiva.

Enquanto movimentos de vanguarda, eles compartilham algumas pressuposições artísticas e axiológicas e agem durante um momento "intersemiótico" bastante longo, para lembrar a expressão de Haroldo de Campos em seu estudo "Europe Under the Sign of Devoration"[6]. Eles reconhecem a importância e a necessidade da tradição que indica um modelo cognitivo da inteligibilidade artística e ideológica do mundo e da linguagem. Nesse sentido, os manifestos "Plano-Piloto para Poesia Concreta", "Prefazione", de Alfredo Giuliani, para a antologia de *I novissimi, poesie per gli anni 60*, "Programme", de Philippe Sollers, e "Déclaration du collectif *Change* à la Havane"[7] constituem novas abordagens do problema das vanguardas e do discurso literário. O modelo não é mais a vanguarda "bombástica", futurística, da agressividade assertiva e ostentosa[8]. Ele confia mais na função cognitiva e combinatória da poesia e da literatura compreendidas *stricto sensu* como linguagens concomitantes que sofrem constantemente mudanças funcionais em vista dos eventos cognitivos, semânticos e semióticos do texto. E esses eventos semânticos e semióticos ocorrem e emergem como formas e mensagens significativas.

É precisamente nos anos de 1960 que os diferentes grupos acima mencionados redefinem os novos parâmetros para a vanguarda. Os poetas concretistas brasileiros clamam pela prática do concretismo entendido como discurso poético constelatório. Sua redefinição do

---

6. H. de Campos, The Rule of Anthropophagy: Europe under the sign of devoration, *Latin American Literary Review*, Special Issue, *Brazilian Literature*, Pittsburgh: University of Pittsburgh, v. 27, n. 14, p. 51, 1986.

7. A. de Campos; H. de Campos; Décio Pignatari, *Teoria da Poesia Concreta*: textos críticos e manifestos 1950-1960, São Paulo: Brasiliense, 1987; Alfredo Giuliani, Prefazione alla presente edizione [1961], em *I Novissimi*: Poesie per gli anni ´60, Torino: Einaudi, 1965, p. 15-32; Philippe Sollers, Programme, *Logiques*, Paris: Seuil, 1968, p. 9-14; Jean-Pierre Faye, Déclaration du collectif *Change* à la Havane, 8 jan. 1968, *Change*: première suite, Paris: U.G.E., 1974, p. 2, (Col. 10/18).

8. W. Krysinski, op. cit., p. 111-135.

OS FINS INFINITOS DAS LINGUAGENS DA POESIA

novo ciclo da poesia, que vem após o ciclo do verso visto em termos da unidade de ritmo e forma, provém de uma releitura cognitiva e de uma nova compreensão de fenômenos artísticos tais como a espacialidade de Mallarmé, a interpenetração orgânica do tempo e do espaço em Joyce, o método ideogramático de Pound, a atomização das palavras de Cummings, a música dodecafônica e concreta de Webern, Boulez e Stockhausen[9].

I Novissimi argumenta que a inteligibilidade da palavra pode ser atingida somente através da criação de novas linguagens artísticas. Na medida em que ela diz respeito à poesia, tem de ser "contemporânea". E suas novas linguagens devem dialogar com os idiomas midiáticos da sociedade de espírito tecnocrático. A percepção crítica do mundo social enquanto estruturas esquizomórficas e esquizofrênicas[10] impõe a Pagliarani, Sanguineti, Giuliani, Balestrini e Porta a necessidade de inventar novas formas poéticas. Essas formas são variáveis, mas tendem a uma expressão adequada e tensional da total alienação do sujeito humano imerso na sociedade industrial atual e na futura sociedade pós-industrial.

Em 1967, Sollers publica "Programme", que, na realidade, é o manifesto de Tel Quel, *Première Manière*. Para Sollers, a nova escritura é "textual" e se constrói sobre uma tradição seletivamente escolhida de "textos da ruptura". Dante, Sade, Lautréamont, Mallarmé, Artaud, Bataille são os mais importantes representantes e modelos da "escritura textual". Eles produziram textos com um forte coeficiente de "contestação teórica e formal"[11]. Sollers estabelece uma relação funcional e dialética entre leitura e escritura. Os textos da ruptura não são redutíveis ao conceito clássico e mimético do texto escrito no âmbito da "escritura textual". Diz Sollers a respeito da escritura "que reconhece a ruptura":

o que ela escreve não é jamais senão uma parte dela própria. Ela faz da ruptura a interseção entre dois conjuntos (dois estatutos inconciliáveis de linguagem). Como leitura, ela remete ao ato declarado pelo qual a escritura escolhe seus campos de leitura (recorte [*découpage*], sintaxe, lógica), as "superfícies" em que opera, seus *deslizamentos* nesses campos, nessas superfícies [12].

9. Todos esses métodos e procedimentos ressaltam as atividades artísticas dos poetas concretistas brasileiros. Eles podem constituir uma espécie de metacomentário e uma grade de leitura de seu idioma poético inovador. Enquanto tais, focalizam a função cognitiva e a inteligibilidade semiótica da "poesia concreta" como um projeto intelectual e estético.

10. Giuliani coloca em sua "Prefazione": "Ao enfatizar o traço comum de I Novissimi através da noção de 'visão esquizofrênica', fiquei fascinado pelas óbvias implicações sociais e culturais da esquizofrenia como uma modalidade de existência, na qual a subjetividade e a objetividade do mundo são simultaneamente impossíveis". A. Giuliani, op. cit., p. 9.

11. P. Sollers, op. cit., p. 9-10.

12. Idem, p. 12.

36 DIALÉTICAS DA TRANSGRESSÃO

Em 1968, o grupo Change declara o seguinte:

O mundo em que vivemos é o mundo de inúmeras portinholas onde tudo pode ser mudado para alguma outra coisa por intermédio desta função da mudança: a função da linguagem e da escritura. A escritura é precisamente aquela imensa rede onde circulam as imagens do mundo e os gestos humanos: nosso projeto consiste em demonstrar essa mudança[13].

3

Nos anos de 1960, a idéia emergente e a prática da experimentação, ou melhor, do experimentalismo (*sperimentalismo*) lançam nova luz sobre o problema das vanguardas. Em resumo: de um lado, há uma afirmação do fato de que o processo das vanguardas está, de uma certa maneira, terminado e que o processo da experimentação começa, marcando um novo começo no campo da criação artística. Em 1963, Angelo Guglielmi sustenta que na literatura italiana não existe o que chama de "situação do vanguardismo"[14]. Guglielmi salienta que "o experimentalismo é o estilo da cultura moderna". Enquanto a revolta dos artistas vanguardistas foi de natureza temática e emocional, o novo experimentalismo está mais orientado para a forma[15]. Para Guglielmi, "doravante a linguagem como representação é um mecanismo louco (*congegno matto*). Todavia, reconhecer a realidade é o propósito da escritura"[16].

3.1

A relação entre o problema da vanguarda e o da experimentação pode ser vista de duas maneiras, complementares ou mutuamente exclusivas. Elas se equivalem como integração recíproca, inclusão funcional, ou como exclusão e um novo início. Portanto, ser poeta ou escritor experimental implica ou ser poeta vanguardista ou não ser poeta vanguardista. Pode-se ver aqui uma nova aporia da vanguarda. E quando retornamos às declarações e práticas de escritores como E. Sanguineti, N. Balestrini, A. Porta, na Itália, Ph. Sollers, M. Pleynet, J.-P. Faye, Maurice Roche e Jacques Roubaud, na França, A. Hatherly e E. M. de Melo e Castro, em Portugal, R. Kostelanetz, R. Federman, John Barth e John Ashbery, nos Estados Unidos, Haroldo e Augusto de Campos e Décio Pignatari, no Brasil[17], observamos que qualquer elemento pode

13. J.-P. Faye, op. cit., p. 2.

14. Angelo Guglielmi, Avanguardia e sperimentalismo, em Renato Barilli; Angelo Guglielmi (orgs.), *Gruppo 63*: crítica e teoria. Milano: Feltrinelli, 1976, p. 334.

15. Idem, p. 332.

16. Idem, p. 331.

17. Esses poetas e escritores têm ao menos uma coisa em comum: assumem que a linguagem é o material fundamental da "literatura" ou da "poesia"; portanto, ela deve ser posicionada, tanto formal quanto semanticamente, numa perspectiva histórica. Decorre

OS FINS INFINITOS DAS LINGUAGENS DA POESIA   37

ser destacado e salientado. Em todo caso, deveríamos observar que ambos os termos são, senão necessários, pelo menos funcionais, e sua utilização ainda tem um futuro muito brilhante enquanto novos termos não forem inventados. Parece-me que Jean-François Lyotard viu perfeitamente o problema da vanguarda ao atribuir-lhe o papel de "reescrever a modernidade". E a idéia de reescrever a modernidade provém do conceito freudiano da perlaboração (*Durcharbeitung*). Nesse sentido, o experimentalismo poderia ser considerado um meio e a vanguarda, um contexto, em termos de valores. Isto é, em termos de compreensão da modernidade por Lyotard, como se ela fosse precedida pelo pós-modernismo e reescrita como reconstrução e reelaboração da tradição e do material formal, temático e ideológico[18].

O que é surpreendente nas atividades criativas e teóricas dos grupos acima mencionados é terem repensado e reescrito a poética de Mallarmé. Isso ocorre como uma extensão interdiscursiva e intertextual ampliada das intuições e dos princípios de Mallarmé, como a escritura constelatória, a expansão do ego poético despersonalizado, a inscrição expansiva dos efeitos que as coisas produzem, e não a inscrição da própria coisa.

4

Devemos reconhecer que, nas diferentes áreas do experimentalismo, ocorre um processo contínuo e notavelmente coerente do que eu chamaria de auto-realização da poesia através dos operadores mallarmeanos, tais como o "desaparecimento elocutório do poeta", a organização tipográfica e espacial do texto, a re- e contra-escritura dialética da prosa e da poesia. Os poetas experimentais são numerosos. Entre os mais notáveis estão Helmut Heissenbüttel, Haroldo e Augusto de Campos, Décio Pignatari e Jacques Roubaud.

No volume *Mallarmé*, publicado em 1980 pelos irmãos Campos e Décio Pignatari, Haroldo de Campos cita uma passagem de *The Poetry of Ezra Pound,* de Hugh Kenner. Essa citação dá uma boa

daí que a textualidade da prosa e da poesia implica uma mudança de perspectivas, por meio da manipulação de suas estruturas lingüísticas. Tratando-se de um tal processo, a textualidade também implica uma reflexão da situação histórica da prosa e da poesia na medida em que maneia a linguagem como um material historicamente dado, usado para transmitir as mensagens tópicas. Edoardo Sanguineti discute claramente esse problema numa entrevista com Ferdinando Camon. Diz ele: "O que é antes de mais nada frutífero na vanguarda é a consciência, pelo menos virtual, e historicamente concreta, da natureza histórica da linguagem". Cf. Pour une avant-garde révolutionnaire, tradução francesa de Jean Thibaudeau, *Tel Quel*, n. 29, p. 84, primavera de 1967.

18. Jean-François Lyotard, Réécrire la modernité, *L'inhumain*: causeries sur le temps, Paris: Galilée, 1988, p. 33, 34 e 35, respectivamente. Edição em língua portuguesa: *O Inumano*: considerações sobre o tempo, tradução de Ana Cristina Seabra e Elisabete Alexandre, Lisboa: Estampa, 1997.

38 DIALÉTICAS DA TRANSGRESSÃO

idéia dos modos como a reescritura de Mallarmé passa para a poesia concreta brasileira. Diz Kenner: "A fragmentação da idéia estética em imagens alotrópicas, como foi inicialmente teorizado por Mallarmé, foi uma descoberta cuja importância para o artista corresponde à da fissão nuclear para o físico"[19]. Eu sugeriria que as imagens alotrópicas constituem um denominador comum da inventiva poesia concreta brasileira em expansão.

5

A obra poética de Haroldo de Campos é uma "obra de invenção" contínua convincentemente engendrada por vários operadores, mas basicamente pelo dos princípios poéticos de Mallarmé. A obra de Haroldo vai desde *Xadrez de Estrelas* até *Galáxias*. Nessas obras, os experimentos ocorrem no sentido de testar material como potencialmente verbal e espacial, combinações descontínuas do discurso poético, de imagens, de metáforas, de ritmos e de ícones semânticos. Nesse sentido, o poema-antipoema "Mallarmargem" de Haroldo[20] expressa com relevância tipográfica, gráfica e espacial o projeto meta-mallarmeano de uma reescritura concretizante de *Um Lance de Dados*. Como assevera Severo Sarduy em seu ensaio "Towards Concreteness":

constante mudança, movimento e permutação de fonemas, deslizamento e evasão constante que é, acima de tudo, manifestada quando o texto voluntariamente limita seu espaço, desenhando uma geometria precisa na página, um contorno claro, uma margem firme, ou um cercado formal cujo desenho detém o fervor interno dos signos, o estalido dos sons, o barulho constante das letras que aparecem mecanicamente a intervalos regulares como um telex, ou que mudam como as telas eletrônicas nos aeroportos, até que isso forme, depois de múltiplas metamorfoses no limite da significação ou da legibilidade, uma mensagem clara, óbvia, imediatamente decifrável e efetiva[21].

Se o experimento é um ato, uma operação ou um processo destinado a descobrir alguma verdade, princípio ou efeito desconhecido, ou a testar uma hipótese, o que sucede dentro e através dos textos de Haroldo de Campos pode ser descrito como um alargamento constante do espaço e do discurso poéticos, compreendidos ambos como verbal e espacialmente determinados e como uma operação sem limites. O operador lúdico também desempenha um papel importante nessa operação.

19. A. de Campos; H. de Campos; D. Pignatari, *Mallarmé*, São Paulo: Perspectiva, 1980, p. 178.
20. Idem, p. 17.
21. Severo Sarduy, Towards Concreteness, *Latin American Literary Review*: Special Issue, Brazilian Literature, Pittsburgh: University of Pittsburgh, 1986, v. 27, n. 14, p. 64, 1986.

Ele pode ser uma expansão aleatória de uma palavra, de uma imagem, de uma metáfora e de uma citação, como no poema "Stone":

> stone
> this lady
> who
>
> sables!
>
> words
> words
> words
>
> I swirl the
> sky
> for a
> squirrel
>
> stone
> lady
> paper
> trompe
> l'œil
>
> all
> paradise
> in para-
> ffin[22]

E no "proema" e "poema" "Servidão de Passagem", as citações das frases de Hoelderlin e de Heidegger, assim como as de Feuerbach e de Brecht, salientam o desenvolvimento do texto por repetição e permutação. As frases em questão são: de Hoelderlin: "Und wozu Dichter in dürftiger Zeit?" (E para que poesia em tempo de escassez?); de Heidegger: "A poesia é a fundação do ser através da palavra"; de Feuerbach: "Der Mensch ist war er isst" (O homem é o que ele come); de Brecht: "Erst kommt das Fressen dann kommt die Moral" (Primeiro vem a comilança, e depois vem a moral)[23].

Citarei uma passagem do poema em que é enfatizada a permutação das palavras-chaves das frases supramencionadas:

> poesia em tempo de fome
> fome em tempo de poesia
>
> poesia em lugar do homem
>
> pronome em lugar do nome
>
> homem em lugar de poesia
> nome em lugar do pronome

---

22. H. de Campos, Stone, *Latin American Literary Review*, op. cit., p. 73.

23. H. de Campos, Servidão de Passagem, em Emanuel. Brasil; Willian. J. Smith (orgs.), *Brazilian Poetry, 1950-1980*, Middletown: Wesleyan University Press, 1983, p. 57.

40 DIALÉTICAS DA TRANSGRESSÃO

poesia de dar o nome

nomear é dar o nome

nomeio o nome
nomeio o homem
no meio a fome

nomeio a fome[24]

Como se pode ver, Haroldo de Campos escreveu um texto "rápido", por assim dizer, baseado em uma série de frases curtas e em uma combinação de termos, em seu aparecimento permutativo e repetitivo no proema/poema. Todos os termos que permutam convergem para uma suposição, de que a poesia pura é um mito puro da poesia. O poema deveria ser lido de acordo com o código definido pelo próprio Haroldo de Campos nos seguintes termos: "Uma poesia comprometida, sem desistir dos dispositivos e realizações técnicas da poesia concreta"[25].

6

No entanto, surge aqui uma questão: qual é a linguagem da poesia vista na perspectiva dos concretistas brasileiros e de alguns poetas europeus que, ao mesmo tempo, praticam a denominada poesia espacial e outros tipos de poesia, tais como a visual, a objetiva, a mecanística ou permutacional, a fônica ou fonética? É evidente que a bem conhecida definição jakobsoniana de função poética não pode ajudar-nos a compreender o sentido da revolução concretista que produz uma compreensão totalmente nova da poesia. Para Jakobson, a assim denominada função poética "projeta o princípio de equivalência do eixo de seleção sobre o eixo de combinação"[26]. Essa definição confina a poesia que os concretistas brasileiros chamam de ciclo de verso. E a poesia concreta inicia um novo ciclo, isto é, o ciclo da poesia de meta e paraverso. Ao utilizar esses termos, estou tentando sugerir que, a despeito das declarações programáticas dos poetas concretistas brasileiros, a poesia deles, especialmente poemas, não escapa necessariamente ao princípio de fazer versos entendidos como um *continuum* seqüencial de palavras. Em poemas tais como "Servidão de Passagem ou Sketches for a Nekuia", de Haroldo de Campos, "O Quasar", "Memos", "A Rosa Doente", de Augusto de Campos, "Noosfera", "Beba Coca-Cola", de Décio Pignatari, deve-se reconhecer que tais *continua* seqüenciais de palavras são ainda mais ou menos funcionais. Entretanto, o que é "meta" e "para" em relação ao verso advém do

24. Idem, p. 53.
25. Idem, p. 57.
26. Roman Jakobson, Lingüística e Poética, *Lingüística e Comunicação*, tradução de Izidoro Blikstein e José Paulo Paes, 9. ed., São Paulo: Cultrix, 1977, p. 130.

que eu denominaria "pulsão espacial e icônica". Os *continua* de palavras são relegados a um papel relativamente secundário. A linguagem da poesia concreta é, portanto, uma simbiose semiótica do verbal, do visual, do icônico, do fonético e do vocal. A simbiose semiótica reside no fato de que todos esses elementos coincidem na transmissão da mensagem. Através da forma, da visualização de signos, do princípio de espacialização, a poesia concreta aborda o mundo referencial do que é visível, audível e oral.

7

Podemos admitir com Mihai Nadin, que lida com o problema da poesia concreta em seu artigo "Sur le sens de la poésie concrète"[27], que pode haver duas definições dessa poesia, uma negativa e outra positiva. A definição negativa salienta que a poesia concreta "se opõe à poesia tradicional, ao individualismo, à expressão de sentimentos pessoais, ao subjetivismo, ao mimetismo, à representação e ao esteticismo". A definição positiva diz que a poesia concreta é uma "forma de objetivação poética, pertinente por seu aspecto construtivo, bem como por sua expansão em direção ao visual, ao vocal e ao movimento".

O que parece ser problemático, todavia, nessas definições é a ausência de uma definição realmente objetiva que compreenda todos os elementos significantes. Enquanto se admitir a simbiose funcional dos elementos enumerados por Nadin, não se pode esquecer que a concretude da poesia concreta não pode ser univocamente definida. Por vezes ela requer o recurso ao verbal e à explicação do verbal pelo icônico. Assim, eu gostaria de sugerir que, por sua polivalência bem estrutural, formal, semântica e semiótica, a poesia concreta cumpre uma individuação significativa da mensagem. Não no sentido de um comprometimento subjetivo do sujeito criativo, mas porque a variedade de modalidades para combinar o visual, o icônico, o verbal e o vocal contribui para uma diferenciação muito nítida do que é transmitido em termos de signos e de sua interpretação.

8

Se tentarmos definir a linguagem da poesia concreta com base nos componentes pragmáticos, semânticos e sintáticos, deveremos reconhecer o seguinte: na dimensão pragmática, a presença do sujeito como instância enunciadora é relativizada bastante significativamente. A implicação do sujeito em suas relações com os signos é

---

27. Mihai Nadin, Sur le sens de la poésie concrète, *Poétique*, n. 42, p. 250-264, 1980.

42 DIALÉTICAS DA TRANSGRESSÃO

sobretudo limitada à manipulação do material verbal, visual e vocal, e pressupõe uma escolha na sempre crescente quantidade de signos que funcionam no espaço social. *Ars animae* se torna *ars combinatoria*. *Subjectus lyricus* é transformado em *subjectus inventor*.

Na dimensão semântica, percebe-se uma série de entidades básicas tomadas do meio ambiente. Objetos, fotos, vários ícones, publicidades, signos ou palavras reproduzidos de mensagens sociais anteriores. E na dimensão sintática, seria preciso enfrentar as várias redes combinatórias de signos heterodoxos. Não há sintaxe absoluta na poesia concreta. Ela existe antes como um princípio predominante de juntar o verbal, o visual e o vocal. O problema da semiose na poesia concreta é, portanto, um tanto ambíguo. O poema funciona como um conjunto de signos, e não como um *continuum* de palavras. Como observa Nadin: "É quase impossível elaborar uma teoria que explique a produção da significação na poesia concreta"[28].

9

Agora, como se podem identificar os signos da transgressão e os signos do experimentalismo na poesia concreta? Obviamente as normas ou estruturas transgredidas são dificilmente identificáveis. A poesia concreta é um texto móvel e artístico que se auto-inventa constantemente e que é metatextualmente e paratextualmente orientado. Nesse sentido, constantemente ele tanto estabelece quanto quebra suas normas. O mesmo pode ser dito acerca da dimensão experimental da poesia concreta. Como poesia experimental, deveria ser compreendida como uma invenção constante de forma enquanto veículo de mensagem. Nesse sentido, é uma operação ambígua que não fixa claramente sua finalidade experimental. O contrário pode ser dito acerca de alguns empreendimentos, em particular de escrituras literárias ou metaliterárias na poesia moderna, por exemplo, em Helmut Heissenbüttel, Jacques Roubaud ou Edoardo Sanguineti. Eles perseguem uma série de experiências claramente definidas.

Eu citaria apenas a afirmação de Heissenbüttel sobre o escopo de sua escritura experimental. Em suas *Frankfurt Lectures*, Heissenbüttel nos lembra que "a transformação anti-gramatical, anti-sintática, e a reprodução da linguagem são princípios efetivos na literatura do século XX [...]. Pessoalmente, considero o conceito de literatura experimental como um produto da política educacional, um recurso tático, sem nenhuma validade factual. Ainda assim, pode ser usado como um meio para nos fazermos entender"[29].

28. Idem, p. 258.
29. Helmut Heissenbüttel, *Texts*, tradução inglesa de Michael Hamburger, London: Marion Boyars, 1977, p. 9-10.

OS FINS INFINITOS DAS LINGUAGENS DA POESIA 43

Heissenbüttel supera o material autobiográfico e lírico ao usá-lo, não para auto-expressão, mas para experimentar a linguagem. Como afirma Michael Hamburger:

Cada vez mais, são os processos verbais que contam. Esses processos verbais, por sua vez, servem para revelar possibilidades de significação, possibilidades de verdade, inerentes à própria linguagem mais do que à consciência e à sensibilidade individuais que esperamos encontrar nos poemas, novelas, romances e peças de escritores menos austeramente, menos rigorosamente experimentais[30].

Se admitirmos que a escritura de Heissenbüttel é um experimento sistematicamente conduzido com a linguagem e a literatura como uma metalinguagem específica[31], temos de reconhecer que a constituição da cena textual de Heissenbüttel usa a concepção wittgensteiniana de linguagem. Nas obras de Heissenbüttel, essa concepção afeta uma demonstração rigorosa do "jogo da linguagem". Ao referir-se à famosa frase do *Tractatus Logico-Philosophicus*, "Os limites de minha linguagem são os limites de meu mundo", o autor-performer-experimentador joga com a linguagem numa perspectiva múltipla: como uma asserção que é repetitiva, permutacional, citacional, narrativa e logicamente em progresso, auto-reflexiva, lógica, paralógica, lexical, semântica, semiótica e literária. Ao anunciar seu projeto performativo e experimental

30. Michael Hamburger, Introduction, em H. Heissenbüttel, op. cit., p. 10.
31. O problema da literatura, da poesia, do teatro, da música e da arte experimentais é que eles envolvem um número considerável de abordagens no ato da experimentação. No entanto, o processo de experimentação pressupõe a ultrapassagem ou a colocação entre parênteses dos estados pré-experimentais das diferentes artes. A poesia concreta, por exemplo, acarreta uma nova estruturação do texto "poético"; os textos de Heissenbüttel agem como uma metalinguagem da linguagem da literatura; I Novissimi ou Tel Quel reconhecem que eles vão para além da poesia lírica enquanto estado definitivamente ultrapassado da poesia, ou para além de um estado realístico do romance. Heissenbüttel assinala que, de acordo com a *Programmierung des Schönen* (Programação da Beleza), de Max Bense, "a informação estética nunca pode negar seu caráter provisório; somente pode ser representada através do experimento". No horizonte do fazer (*im Horizont des Machens*), sobre o qual a civilização também repousa, o experimento e a tendência (*Tendenz*) não são apenas as categorias de beleza mais puras, mas são igualmente aquelas que menos ocultam sua significação criativa (*die den artistischen Sinn des Schöpferischen am wenigsten unterdrücken*), em H. Heissenbüttel, Keine Experimente? Anmerkungen zu einem Schlagwort, *Zur Tradition der Moderne*: Aufsatze und Anmerkungen 1964-1971, Neuwied/ Berlin: Luchterhand, 1972, p. 131. E. M. de Melo e Castro define poesia experimental em termos de "radicalismo morfológico, palavra como objeto, texto como material, visualização, sintaxe combinatória, significante/significado, uma outra semântica". Ele observa: "Com a Poesia Experimental pode dizer-se que se propunha pela primeira vez em Portugal uma posição ética ao mesmo tempo de recusa e de pesquisa [...] essa pesquisa é em si própria um meio de destruição do obsoleto, uma desmistificação da mentira, uma abertura metodológica para a produção criativa", em E. M. de Melo e Castro, [1980], *As Vanguardas na Poesia Portuguesa do Século Vinte*, 2. ed., Lisboa: Instituto de Cultura e Língua Portuguesa, Ministério da Educação, 1987, p. 81-82, (Col. Biblioteca Breve, 52).

44 DIALÉTICAS DA TRANSGRESSÃO

dizendo: "Enunciar o enunciável, repetir o repetível, recapitular o recapitulável é meu tema", Heissenbüttel postula termos dialéticos contraditórios: "O que é não recapitulável" (*Nicht Rekapitulierbares*).
Esses termos conduzem ao espetáculo do jogo da linguagem, com
característica de acontecimento polidimensional, em que o *One Man
Show* tenta afirmar-se como um operador fundamental da indeterminância da linguagem, paradoxalmente e dialeticamente sobredeterminada por atividades de jogo, como poesia, romance, filosofia, política,
psicanálise, música, teatro. O espetáculo da linguagem apresentado
por Heissenbüttel tem potencialmente o efeito de uma anticatarse; ele
desmistifica a metafísica de um logocentrismo estático. A linguagem
jogada pertence a todos e a ninguém. Ela não reforça as relações entre
objetos e linguagem. Confirma o estado permanente de determinação
tautológica do homem no mundo:

> a sombra que lancei é a sombra que lancei
> a situação em que entrei é a situação em que entrei
> a situação em que entrei é sim e não
> situação minha situação minha especial situação...[32]

10

À luz dessas e de considerações anteriores, como podemos responder à série inicial de questões provocativas e semi-ingênuas? A
necessidade de termos como "vanguarda", "transgressão", "inovação", "experimentalismo" e "o novo" passa a ser a conclusão de uma
abordagem e análise global possível para a multiplicidade de fenômenos subsumidos pela poesia concreta e experimental. No entanto,
a fim de mediar todos esses termos, temos de reinvesti-los de novos
conteúdos. A vanguarda não prolonga as ambições quase imperialis-
tas presentes nas assim chamadas vanguardas históricas. Elas querem
mudar o mundo e erradicar a tradição literária. As vanguardas "pós-
históricas" são antes as buscas cognitivas que interrogam a histori-
cidade da linguagem. Os signos da transgressão não são facilmente
visíveis. A poesia concreta não transgride as normas tradicionais, ela
inicia antes com algumas normas novas, mas não rígidas. A inovação
não é globalmente afirmada como a religião da vanguarda. Torna-se
muito mais pontual e não pode ser medida em termos de novidade
absoluta. Embora cada poema seja algo diferente, cada poema não é
absolutamente novo ou inovador. Na medida em que ele diz respeito
à vanguarda e à novidade, estas devem ser entendidas no âmbito de
uma obra particular que é uma obra de invenção em termos de es-

---

32. H. Heissenbüttel, op. cit., p. 30.

truturas formais e lingüísticas. Tal é o caso da obra de Carlo Emilio Gadda na Itália e de João Guimarães Rosa no Brasil[33].

O experimento, hoje, no campo da poesia implica, portanto, a consciência da instabilidade e do caráter histórico da linguagem com a qual se defronta o poeta, que não é mais um indivíduo livre subjetivo, mas antes um participante ativo de invenções.

---

33. Como categoria crítica, a noção de "obra de invenção" remete às propriedades tanto da forma como da mensagem que podem ser atribuídas a algumas obras "significantes". A "inventividade" de uma determinada obra deveria ser avaliada do ponto de vista de sua axiologia relativizante. No caso do romance ou da poesia, obras de invenção somente podem ser reconhecidas enquanto tais depois de terem sido comparadas e confrontadas com outras obras pertencentes ao mesmo gênero. São exemplos *Laborintus*, de Edoardo Sanguineti; *Galáxias*, de Haroldo de Campos; *Violenza Illustrata*, de Nanni Balestrini; e *Paradis*, de Philippe Sollers.

4. A Sinfosofia de Yale: Sobre Poesia Experimental, Visual e Concreta desde 1960[1]

Que dimensões da poética contemporânea estão diretamente ligadas ao concretismo?

A época heróica da poesia concreta parece ter passado. Embora hoje não haja uma poética unificadora, deve-se reconhecer que várias poéticas contemporâneas contêm elementos persistentes e importantes do concretismo. Sendo o conceito de concretismo ambíguo e difícil de definir com base em parâmetros críticos estáveis, eu preferiria chamar esses elementos de "operações concretas": princípio de repetição, jogo permutacional de palavras, jogo diferencial tipográfico, inscrição dos signos iconográficos, manipulação de citações ou unidades citadas. As operações concretas ocorrem regularmente em poetas tais como Augusto de Campos, Haroldo de Campos e Décio Pignatari. Suas práticas poéticas presentes tendem a ser mais individualizadas do que durante o brilhante período de Noigandres. Todos eles estendem e, em certa medida, repetem a poesia experimental de Noigandres. No entanto, a prática poética recente de Haroldo parece voltar aos *topoi* clássicos (Homero) que,

---

1. Em 1995, o professor David Jackson organizou na Universidade de Yale um simpósio internacional para celebrar a obra de Haroldo de Campos, cujo tema foi "Poesia Experimental, Visual e Concreta desde 1960" e, ao final, algumas perguntas relacionadas ao tema foram encaminhadas aos participantes. Esse texto é a reprodução de minhas respostas a esses questionamentos.

48 DIALÉTICAS DA TRANSGRESSÃO

ao longo de seu discurso poético, passam por numerosas operações permutacionais.

As práticas dos dois poetas portugueses E. M. de Melo e Castro e Ana Hatherly estão profundamente fundamentadas em operações concretas (deve-se acrescentar Alberto Pimenta, Álvaro Neto [*Gramática Histórica*] e alguns outros escritores). Sua escritura é baseada em um forte destaque dado à linguagem como material concreto cujos elementos manipuláveis são colocados em circulação textual: repetições, permutações, jogos de linguagem etc. A idéia de experimento como exploração constante da linguagem em suas numerosas manifestações (gramática, sintaxe, semântica, morfologia, fonética, sintagmas, paradigmas, visualidade) fundamenta a prática de escritura de E. M. de Melo e Castro (veja os seus notabilíssimos *Corpos Radiantes* [1982] e *O Fogo Frio do Texto* [1989]) e de Ana Hatherly. A poesia visual de Ana Hatherly é concreta por excelência, porque demonstra a tangibilidade de formas cujas variações são dadas para serem vistas e compreendidas como poesia.

Gostaria também de considerar várias práticas poéticas italianas como sendo ligadas ao concretismo. *Stracciafoglio*, de E. Sanguineti, com seus *giochi verbali* (jogos verbais). A poética de prosa-poesia de N. Balestrini em manifestações conjuntivas (*Blackout*), de *neutralizzazione del materiale verbale* (neutralização do material verbal); decomposição, espacialização, repetição, jogo de linguagem, trocadilho. A. Porta, A. Giuliani, L. Pignotti, A. Zanzotto, T. Scialoja, C. Ruffato, G. Toti, M. Graffi e muitos outros. Refiro-me ao livro de Renato Barilli: *Viaggio al termine della parola: la ricerca intraverbale* (Viagem ao Fim da Palavra: a busca intraverbal)[2]. Gostaria de salientar a importância das buscas poéticas concretas de Enzo Minarelli; sua poesia utiliza vigorosamente conceitos e realizações do concretismo, tais como poesia vinculada, poesia intersemiótica e polipoesia.

Como você vê os precedentes históricos de seu próprio trabalho concreto? Se você não estiver discutindo seu próprio trabalho, selecione, por favor, um texto específico para basear seus comentários.

Considerando alguns poemas de Haroldo de Campos, tais como "Orfeu e o Discípulo", "A Naja Vertebral" e "A Invencível Armada" (*Xadrez de Estrelas*), eu deveria acentuar a importância dos precedentes históricos que têm origem na poética específica de Mallarmé e Apollinaire. O que vemos nesses poemas é um desenvolvimento da poética da espacialização e da constelação de Mallarmé ("Orfeu" e "A Invencível Armada"), bem como o princípio de "Caligramas" de Apollinaire ("A Naja Vertebral").

2. Milano: Feltrinelli, 1981.

Quais são os fundamentos teóricos que distinguem seu trabalho de trabalhos históricos precedentes ou contemporâneos? Se não estiver discutindo seu próprio trabalho, por favor, baseie seus comentários em poetas e obras específicas.

Os fundamentos teóricos que caracterizam as obras de Helmut Heissenbüttel, em particular a série de seu *Texte*, são, por um lado, a concepção de repetição e transformação verbal de Gertrude Stein e, por outro, a idéia de linguagem e jogo da linguagem (*das sprachliche Spiel*) de Wittgenstein. O que, ao mesmo tempo, distingue o concretismo poético de Heissenbüttel é o jogo que se estabelece em seus textos entre a linguagem natural e a metalinguagem.

Em que medida o trabalho que você está discutindo é diferente do trabalho dos poetas concretos dos anos de 1950 e 1960? Como?

A obra de Heissenbüttel é diferente da obra dos poetas concretos dos anos 50 e 60 na medida em que contém muito menos elementos ambientais, icônicos e galhofeiros. Ela utiliza muito mais a exploração sistemática da relação linguagem-metalinguagem e a intertextualidade ou a interdiscursividade filosófica, o que significa que o poeta considera seu espaço discursivo como sendo retrospectiva e potencialmente determinado pela compreensão filosófica da linguagem e da sociedade (Hegel, Wittgenstein, Bense, Adorno).

Existe uma poética do concretismo? Ou a poesia concreta é mais um instrumento formal do que uma premissa conceptual?

Não penso que haja uma poética do concretismo. Seja como for, não pode ser uma poética normativa, ainda que, como *corpus* teórico, seja comparável aos manifestos futurista ou surrealista. O concretismo é um movimento ou tendência que pode resumir seus princípios ou máximas (tal é primitivamente a função do manifesto *Plano Piloto para Poesia Concreta*, 1958). No entanto, não é uma poética baseada em regras específicas para produzir o texto artístico (no sentido de Iuri Lotman) concretista. Provém da vontade de vir a ser uma nova poesia como "produto de uma evolução crítica de formas".

Tese: "O Concretismo, uma das mais radicais tendências de vanguarda deste século engajadas em uma reavaliação crítica tanto do objeto artístico quanto de seu lugar na sociedade, teve uma maneira nova de olhar e ler a tradição. Foi um precursor das tendências neobarrocas tardias e pós-modernas".

Por favor, dê sua avaliação ou julgamento a respeito da perspectiva desse artista do seu ponto de vista, como artista ou participante, no que diz respeito ao seu próprio trabalho ou poética, ou ao seu julgamento crítico ou experimentação concreta.

Minha avaliação da tese de que "o concretismo [...] foi o precursor das tendências neobarroca e pós-moderna tardias" será bastante cética. O conceito do neobarroco é altamente problemático e discutível. Ele capta somente um dos aspectos de algumas escrituras modernas no seu desenvolvimento expansivo, ou seja, sua exuberância, que provém, provavelmente, da inspiração surrealista. A poesia exuberante e de caráter subjetivo de Pablo de Rokha, alguns poemas de Pablo Neruda ou de César Vallejo, *Galáxias,* de Haroldo de Campos, por exemplo, ou *Bisbidis,* de Edoardo Sanguineti, ou a poesia de Andrea Zanzotto podem parecer muito barrocos à primeira vista, mas, sob um olhar crítico, suas especificidades formais, semióticas e semânticas, assim como suas finalidades discursivas, são de natureza diferente.

Levará o concretismo à tendência pós-moderna de discurso literário contemporâneo? Dado que o pós-modernismo é, em certa medida, um conceito *anything goes*, eu não atribuiria ao concretismo o mérito (problemático) de ser um precursor das tendências pós-modernas. Entretanto, estou de acordo com a opinião de que o concretismo foi (ou ainda é) "umas das mais radicais tendências de vanguarda deste século engajadas em uma reavaliação crítica tanto do objeto artístico quanto de seu lugar na sociedade", e de que ele "teve uma maneira nova de olhar e ler a tradição".

5. Questões Sobre o Sujeito e Suas Incidências no Texto Literário

SUJEITO: A PALAVRA E O CONCEITO

*Será possível que eu, sujeito de Jacó El-Mansur, morra
como tiveram de morrer as rosas e Aristóteles?*

JORGE LUIS BORGES

Comecemos com um esclarecimento. Etimologicamente, o sujeito remete ao termo *subjectus*, particípio passado do verbo *subjicere*, cujos diferentes sentidos convergem para a idéia de submissão, de subordinação e de sujeição. Assim, o sujeito é determinado por uma ação que lhe é exterior e à qual ele deve se submeter. *Subjicere* é um verbo de múltiplos sentidos materiais que designam ações tais como *colocar sob, expor, entregar, englobar*, como nas expressões *subjicere cervices securi* (pousar a cabeça no cepo), *subjicere partes generibus* (incluir as espécies nos gêneros). Para que o *subjectus* de submissão e de sujeição se torne uma categoria antropomorfa por completo, categoria filosófica, jurídica, sociológica etc., foi preciso fazê-lo sofrer certas operações discursivas e ideológicas que, do papel de paciente, elevaram-no ao papel de agente. Estudar essas operações desde Descartes e Hume até Heidegger e Lévinas, passando por uma multidão de filósofos, seria uma tarefa considerável. Uma tal pesquisa revelaria uma arqueologia das ideologias do sujeito. Não é esse nosso objetivo. Todavia, antes de inscrever o sujeito numa grade de leitura comparativa e textual, devemos reconhecer aqueles deslizamentos significativos da palavra para o conceito (*Begriff*) que marcam uma franquia nocional e uma complexificação semântica. O sujeito-agente adquire uma autonomia contextual relativamente grande, mas seu estatuto semântico se amplia indefinidamente, porque ele comanda discursos divergentes que o pensam numa multiplicidade de parâmetros. A título de exemplo, observemos que neles se incluem, senão por obrigação, pelo menos por necessidade epistemológica e empírica, os signos do eu, da consciência, da pessoa, do inconsciente, da interioridade, da identidade, da ideologia e da alteridade. Aprofundar-se-á essa multiplicidade de remissões e as perspectivas críticas que dela se depreendem lá onde se encontram o texto e o sujeito. Não há dúvida de que o sujeito é um agente primordial da obra, que ele está representado nela, que ele é um de seus componentes fundamentais. Procurar-se-á demonstrar segundo que modalidades e em virtude de que deslocamentos textuais.

DESTINO DO SUJEITO NAS TEORIAS LITERÁRIAS

> *O eixo dialético da crítica tem, portanto, como um de seus pólos a aceitação integral dos dados da literatura e, como o outro, a aceitação integral dos valores potenciais desses dados.*

NORTHROP FRYE

O sujeito não é um componente sistemático das teorias literárias. Embora se trate de um conceito importante na filosofia, na psicanálise e na hermenêutica, ele só aparece na crítica literária através de uma importação daqueles saberes que lhe são laterais, marcando assim uma indeterminação, e até mesmo uma abertura da teoria literária. Graças ao retorno a Freud proclamado por Jacques Lacan nos anos de 1960, graças também ao pensamento de Heidegger e de Adorno, o sujeito irrompe em numerosos trabalhos, e Michel Foucault retomará a questão.

Lembremos sucintamente o valor que dão ao sujeito as diferentes teorias literárias, desde Ingarden até Northrop Frye. Inspirada na fenomenologia, num formalismo mais ou menos estrutural ou no *close reading* do *new criticism*, a apreensão científica da obra literária não garante ao sujeito senão um estatuto de criador "inspirado", "genial" ou "original", simples fazedor da obra que aparece ora sob seu nome próprio (Shakespeare, Sterne, Balzac, Goethe, Rilke...), ora como autor. É evidente que um sujeito humano está na origem da obra, que ele é seu artesão, mas seu papel se limita àquele que "concebeu", "construiu" ou "criou" a obra. O que conta é o resultado em seus múltiplos estratos (Ingarden), formas, motivos, temas, singularizações e funções (Chklóvski, Tomachevski, Propp, Jakobson), procedimentos tais como a ironia e o paradoxo (Cleanth Brooks). A última teoria literária global, *Anatomy of Criticism* (Anatomia da Crítica), de Northrop

QUESTÕES SOBRE O SUJEITO E SUAS INCIDÊNCIAS...   53

Frye, disseca o corpo da obra ou, mais exatamente, a alotropia da literatura. A literatura é uma, mas ela se encarna em formas e organismos diversos. O crítico anatomista não se interessa pela fisiologia da obra. Ele enumera os criadores, os poetas, os romancistas ou os contistas e as diferentes configurações da obra. Implicitamente, o criador ou o autor é um sujeito que investe a obra de sua problemática subjetiva. Nenhum dos movimentos ou dos críticos se interessa pelos fundamentos subjetivos da obra. A subjetividade da obra que passasse pelo autor-sujeito e se concretizasse na obra não é considerada.

Retenhamos, todavia, a pesquisa estilística de Viktor Vinogradov (1930), para quem "a imagem do autor" se torna um denominador comum e um ponto de fuga para a apreensão do estilo da obra. Retenhamos ainda a tentativa de Jan Mukarovsky, que, em 1944, dedica um estudo ao papel da personalidade na arte. Mukarovsky[1] não pretende que a personalidade e a subjetividade do criador se dissolvem na obra. Insiste antes em sua necessária transformação, uma vez que a obra é um fato social, um processo comunicacional e um signo. Entre o destinador e o destinatário se exerce fatalmente uma dialética que impõe ao criador um respeito pelos códigos do receptor. Assim, a subjetividade do criador transforma-se em signos que o receptor deverá poder decifrar. Parece que Mukarovsky quer objetivar ao máximo o conteúdo, a forma e a mensagem da obra, esquecendo que não há conteúdos, formas ou mensagens absolutamente sociais no sentido em que o podem ser um guia telefônico ou um horário dos trens. A dialética da escritura e da mensagem implica um dialogismo e uma interdiscursividade que se jogam entre os sujeitos e as ideologias. A parte do sujeito pode ser determinante e apreendida pelo receptor, sem que o criador tenha procurado dotar sua mensagem de uma socialidade absoluta.

Recoloquemos a questão do sujeito em suas múltiplas determinações teóricas para fazer com que o declive do mundo remonte à obra e a seus discursos.

DA ANTROPOLOGIA À ANTROPOLOGIA FILOSÓFICA

> *O si, na medida em que pode ser considerado um objeto para si mesmo, é essencialmente uma estrutura social e nasce da experiência social. Uma vez que um si nasceu, em certo sentido ele fornece a si mesmo suas experiências sociais, e, portanto, podemos conceber um si absolutamente solitário.*
>
> GEORGE H. MEAD

Situada no cruzamento de diferentes disciplinas, a categoria do sujeito atravessa-as todas, produzindo efeitos de conhecimento diversos.

---

1. *The Word and the Verbal Art*: selected essays, New Haven: Yale University Press, 1977, p. 150-168.

54 DIALÉTICAS DA TRANSGRESSÃO

A antropologia, a psicologia, a psicanálise, a etnologia, a sociologia, a lingüística, a história e, recentemente, a semiótica inscrevem o sujeito e suas instâncias correlativas em campos críticos variados, cujos denominadores comuns são ora observações empíricas, ora discursos analíticos que buscam constituir-se em verdadeira ciência do sujeito. Se, no campo antropológico, a personalidade é uma das instâncias correlativas ao sujeito, ela pode adquirir significações e funções diferentes, conforme o observador dos dados empíricos a submeta a uma valorização que responda a certos critérios. Observa Edward Sapir:

> O interesse que as palavras *cultura* e *personalidade* fazem nascer permite um desenvolvimento inteligente e útil, porque cada uma delas é fundada num modo de participação entre o observador e a vida que o cerca. O observador pode dramatizar as condutas que registra em função de um conjunto de valores, de uma consciência que ultrapassa o eu (*moi*) e à qual ele deve se conformar, no modo real ou imaginário, se quiser guardar seu lugar no mundo da autoridade ou da necessidade social impessoal[2].

A "pessoa", a "personalidade", o "indivíduo", a "individualidade" são empiricamente observáveis e se inscrevem nas diferentes grades de interpretação da antropologia, da sociologia ou da estética. O mesmo ocorre com o sujeito. Embora de proveniência filosófica, o sujeito é uma categoria interdiscursiva diversamente interpretada. Transposto para o campo crítico da literatura ou da teoria literária, o sujeito só dificilmente pode adquirir um estatuto autônomo "textual" ou "literário". Seu estatuto interdiscursivo produz por ricochete efeitos de sentido que desequilibram muitas vezes o alcance de um discurso crítico em prol de uma psicanálise ou de uma filosofia, mas em detrimento da inscrição textual do sujeito em uma narrativa, um poema ou um romance. Esse estado de coisas não deve ser deplorado, pois o paradoxo do sujeito faz com que, sob formas diferentes, empíricas, sociais, filosóficas, ele possua um modo de existência polivalente, até ambíguo, e não possa escapar a interpretações cujos parâmetros confirmem a instabilidade da relação entre o observador e o sujeito, seja este uma personalidade, um eu, uma interioridade, ou um inconsciente.

Da antropologia à teoria literária, os caminhos levam a campos conexos em que se acentua a diversidade das concepções do sujeito. É verdade que a antropologia pode ensinar-nos a apreender o sujeito a partir de dados objetivos de sua participação no mundo, levando-nos até a repensar a literatura no modo elementar de experiências humanas do mundo. A emergência da cultura no campo antropológico pressupõe a constituição de um sentido do corpo e daquilo que o corpo enfrenta. Observa com razão Margaret Mead:

---

2. Edward Sapir, Émergence du concept de personnalité, *Anthropologie*, Paris: Minuit, 1967, p. 78-79.

QUESTÕES SOBRE O SUJEITO E SUAS INCIDÊNCIAS...   55

Pode-se conceber a cultura como um sistema de tradições em que as sensações elementares que vêm do corpo – a aceleração do pulso, a contração dos músculos da garganta, a umidade das mãos – ou aquelas cuja origem se situa fora do corpo – o levantar progressivo da lua ou o brusco clarão de uma lâmpada elétrica, o perfil de uma árvore ou de um poste contra o céu de inverno, o grito de um pássaro ou o mecanismo de trituração de um caminhão de lixo doméstico –, todas recebem um sentido[3].

O sujeito é um mediador, um criador do sentido já no primeiro nível de sua situação no mundo como estrutura-receptáculo das sensações e como seu tradutor. Enquanto atividade cultural, a literatura tem sua origem no corpo do sujeito. A reflexão e a sublimação engendram-se na e pela relação dinâmica entre o sujeito e o mundo.

Os requintes filosóficos da antropologia realçam o estatuto do sujeito quando este se torna uma denominação filosófica do homem. Com efeito, as filosofias antropológicas de Kant e de Maine de Biran constroem o campo reflexivo e crítico do sujeito quando o homem se torna *essência, natureza* ou *condição* e quando é tomado "antes de mais nada como objeto de análise"[4]. A revolução kantiana constitui o homem em sujeito conhecedor:

A crítica kantiana mostra que, para se compreender a ordem do real, convém constituir o homem, sujeito abstrato, conhecedor, como pivô daquilo que a metafísica chama o Ser. Com isso, tudo balança: o Ser, Deus, a Natureza são descartados como conceitos secundários ou ilusórios. O centro é o sujeito constitutivo do conhecimento e do conhecido[5].

Maine de Biran restabelece as condições e as formas do ser do sujeito como si e como experiência imediata do mundo:

Maine de Biran tem a coragem de reconduzir o assunto a seu solo empírico: o sujeito-objeto da reflexão é e só pode ser, se nos colocamos na lógica da demonstração explícita fornecida pela *Primeira Meditação Metafísica*, de Descartes, o homem que se sente como consciência em luta com a materialidade. O "eu" não é *dado* na ordem da criação ou da lógica: ele se constrói no combate vivido[6].

Maine de Biran coloca a necessidade de instituir o Eu (*Moi*) e dá uma atenção totalmente subjetiva aos movimentos da subjetividade. Sua psicofilosofia estabelece os campos problemáticos da subjetividade e da psicologia. O sujeito atinge um autoconhecimento científico.

3. Margaret Mead, Cultural Basis for Understanding Literature, *Anthropology*: selected papers, Princeton: D. Van Nostrand, 1964, p. 214.
4. François Châtelet, Réflexion sur l'anthropologie: pour une science de l'homme, *Anthropologie*, Verviers: Editions Marabout, Paris, 1974, p. 610.
5. Idem, p. 613.
6. Idem, p. 616.

56   DIALÉTICAS DA TRANSGRESSÃO

OS FILOSOFEMAS DO SUJEITO

> *Enfim, não se poderá resolver aqui o problema do eu,*
> *dando um sentido à esperança de Hume? Podemos dizer*
> *agora o que é a idéia da subjetividade. O sujeito não é uma*
> *qualidade, mas a qualificação de uma coleção de idéias.*
> *Dizer que a imaginação é afetada pelos princípios significa*
> *que um conjunto qualquer é qualificado como um sujeito*
> *parcial, atual. A idéia da subjetividade é então a reflexão da*
> *afetação na imaginação, é a própria regra geral.*
>
> GILLES DELEUZE

O sujeito dos filósofos não é uniformemente unitário ou autônomo.
É uma rede de investimentos ideológicos ou reflexivos, de extrapolações
conceptuais efetuadas em função de filosofemas tais como o *cogito* carte-
siano, a *identidade dos indiscerníveis* de Leibniz, a *consciência de si* de
Hegel, o *imperativo categórico* de Kant, o *Dasein* de Heidegger, o *para-
si* e o *em-si* de Sartre ou a *morte do homem* de Foucault. O sujeito acha-
se conceptualizado em *Monadologia, Fenomelogia do Espírito, O Ser e
o Nada, As Palavras e as Coisas*, que afirmam seu estatuto de "mônada",
de "conceito até que existe concretamente de maneira empiricamente
perceptível" (*der daseiende Begriff*), de "paixão inútil" e seu próprio desaparecimento. É evidente que as filosofias do ser constituem reservató-
rios de conceitos e de tematizações do sujeito que permitem interpretar
a obra literária à maneira hegeliana, kierkegaardiana, heideggeriana ou
sartriana. Essas interpretações são, na maioria dos casos, extrapolações
de sistemas conceptuais abstratos cujos valores submergem o texto analisado. Sendo a obra literária uma modelização secundária do real, as
teorias filosóficas não podem captar este naquela a não ser parcialmente.
A filosofia ou a psicanálise somente dão conta dos quatro componentes
da obra literária (retórico, temático, sociocultural e semiótico) de modo
aproximativo e modificando consideravelmente os dados da obra. O sujeito entra igualmente na *dispositio*, na *elocutio* ou na *narratio*, mas, enquanto autor, ele é produtor do sentido. Para chegar a esse papel, ele deve
apagar-se diante das injunções da criação literária, que é regida pelo respeito aos códigos artísticos e aos imperativos da comunicação social. O
sujeito representa para o observador um relé problemático entre a teoria
e a empiria. Enquanto tal, permite explicar a obra literária em relação às
suas sobredeterminações filosóficas, psicanalíticas ou sociológicas. Não
se deve esquecer, no entanto, que essas sobredeterminações da crítica
atenuam a dinâmica do texto, rede polivalente de relações que encerra
uma densidade considerável de signos intertextuais, retóricos, ideológicos e dialógicos. Assim sendo, a subjetividade pensada à maneira de
Kierkegaard, o *ser-aí* ou o *ente* de Heidegger e o eu (*moi*) *transcendental*
de Husserl neutralizam a complexidade do texto enquanto produção, sistema e processo. Delineia-se um conflito das interpretações entre a subjetividade filosófica e o real modalizado no segundo ou no *n*-ésimo grau

QUESTÕES SOBRE O SUJEITO E SUAS INCIDÊNCIAS...   57

em que a narrativa e o discurso têm uma função determinante. A evolução do fato literário moderno desde o romantismo e as contribuições da crítica (Bakhtin) desestabilizam certas categorias filosóficas a serviço do sujeito, que se dissolve, de certa forma, no jogo das injunções textuais. A interioridade, o eu, a identidade, o inconsciente não resistem ao que se chama de modelização textual do sujeito. É preciso reconhecer que o sujeito requer uma reformulação no espaço de uma crítica epistemológica e de uma literatura consciente de si mesma.

DAS TEORIAS DO SUJEITO ÀS TEORIAS DO TEXTO

> *Uma vez reconhecida no inconsciente a estrutura da linguagem, que tipo de sujeito podemos conceber para ela?*
> *Pode-se aqui tentar, com uma preocupação de método, partir da definição estritamente lingüística do Eu (Je) como significante: onde ele não é nada mais que o shifter ou indicativo que no sujeito do enunciado designa o sujeito enquanto fala atualmente.*

JACQUES LACAN

Certas teorias modernas do sujeito circunscrevem bem a instabilidade e a multiplicidade dos signos que o caracterizam. Essas teorias se completam e situam o sujeito nas suas relações com a linguagem, com os outros e com a escritura. Elas abalam as visões totalizantes do sujeito devido aos conjuntos imprecisos que o definem. Deve-se salientar o paralelismo e a complementaridade das tomadas de posição de Nietzsche, Freud, Bakhtin, Lacan, Ricœur e Derrida, para os quais o sujeito seria uma espécie de indeterminação determinada, se é que se pode exprimir por meio desse oximoro as diferentes maneiras com que eles ressaltam a instabilidade e a dinâmica complexa, bio-ideológica, com que está marcado o sujeito.

Nietzsche avança a idéia da multiplicidade do sujeito (*Das Subjekt als Vielheit*) tomado no sentido de uma vontade de ser e de um receptáculo fortuito dos diversos sentidos do mundo. O múltiplo destrói a concepção de uma presumida unidade fundadora do sujeito. Assim como o mundo é composto de um número indefinido de significados (*sie hat keinen Sinn hinter sich, sondern unzählige Sinne*), o sujeito está submetido ao jogo das perspectivas. O múltiplo não é uma falha do ser. Ele está fatalmente inscrito no mundo e na cultura. Nietzsche subverte com isso a idéia de uma origem que asseguraria ao sujeito uma permanência das representações de si.

A psicanálise funda o sujeito como projeto de uma personalidade e de um equilíbrio pulsional que devem advir. Inscreve-o em uma dialética idealmente progressiva, mas, na realidade, dificilmente apreensível, dos tópicos em que o isto, o eu (*moi*) e o supereu (*surmoi*), assim como o pré-consciente, o inconsciente e o consciente, são determinantes que cercam o sujeito, como a falta, a clivagem e as pulsões. A máxima freudiana *Wo es war, soll Ich werden* opõe simetricamente um isto e seu passado a um eu (*moi*) e seu futuro. Essa simetria retórica reflete uma realidade complexa e tensional cujos pólos e núcleos conflituosos pululam. Seria útil seguir a carreira epistêmica daquela fórmula que, de Jacques Lacan a Ilya Prigogine, adquire sentidos particulares e redefine sob formas paradoxais a dura tarefa freudiana.

Lacan afirma que Freud não escreve *Das Ich*, mas *Ich*. Este pronome pessoal não é, portanto, nada mais que um embreante (*shifter*). Não assegura nenhuma autonomia ao eu, e Lacan propõe a seguinte tradução: *Là où c'était, là dois-je advenir* (Lá onde isto era, lá devo eu advir). Como observa Catherine Clément, Lacan indica ao mesmo tempo a subjetividade absoluta do sujeito e o mundo não pensante do isto:

> A inversão sintática do *soll Ich* é respeitada e, com isso, o eu (*je*) se torna mais manifestamente o produto de um trabalho, o da própria análise. A potência do eu (*moi*) restringe-se, limitada pela ordem das palavras; o projeto freudiano torna-se uma "desconstrução do sujeito"[7].

Essa desconstrução do sujeito empreendida por Lacan e prosseguida pelos lacanianos torna-se um projeto labiríntico no qual a recorrência quase obsessiva de certos conceitos situa o sujeito na permanência de sua(s) falta(s) e de suas ilusões. A psicanálise lacaniana, que deve ser uma "ciência das miragens", sabe que seu projeto é infinitesimal e que ela não poderá fazer milagres. Para Lacan, "o inconsciente é o discurso do Outro". O Outro e o outro passam a ser signos fantasmas, criptas em que o sujeito aprisiona seus semelhantes. A alteridade superdetermina assim o futuro problemático do eu (*moi*) que ocupa o lugar da miragem no sujeito. Esse lugar é definido como função "imaginária". A estrutura do sujeito delineada por Lacan é a célebre figura "em chicana", cujos termos definem as modalidades do não-ser ou, se se preferir, do ser negativo do sujeito. Lembremos que a letra Z, a última do alfabeto, por sua própria displicência, diz de *a* a *z* a história do fracasso do sujeito no mundo. Lacan posiciona nela as seguintes estruturas:

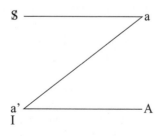

7. Catherine Clément, Le Moi et la "déconstruction" du sujet, em *Encyclopaedia Universalis*, v. 2, Paris, 1978, p. 175.

QUESTÕES SOBRE O SUJEITO E SUAS INCIDÊNCIAS...

"S", sujeito atravessado pela barra que significa sua clivagem (*Ichspaltung*); "a", objeto do desejo, objeto parcial e incessantemente movente, "pivô da clivagem interna-externa, oco na estrutura plena do sujeito"[8]; "A", o "grande Outro", representa as figuras diversas do simbólico: a lei paterna, a lei de grupo, o interdito, o pai e ainda o inconsciente, ou seja, precisamente, o Outro; "a'", o "lugar do eu" onde "se projetam as determinações que são os pontos "a" e "A", isto é, o objeto do desejo e a ordem simbólica"; "I", o imaginário, o ideal do eu (*moi*) e o *Infans*, isto é, "a criança que não fala e que se encontra determinada em sua futurição por um objeto de amor inapreensível e uma lei injuntiva – figuras paterna e materna"[9].

Essa figura constitui um paradigma possível dos percursos críticos do texto literário, qualquer que seja a estrutura deste. Pode-se considerá-la como uma espécie de metanarrativa que engendra, generaliza e reflete a parada dos investimentos temáticos do texto literário. Seria preciso, sem dúvida, diferenciar a noção de texto literário em poema, romance, narrativa, autobiografia, diário íntimo, teatro, e colocar a existência de formas mais privilegiadas, mais *naturalmente* aptas a acolher investimentos temáticos que a figura lacaniana modaliza e pressupõe. O poema lírico seria então a forma subjetiva por excelência, o molde textual ideal do lugar imaginário do eu (*moi*) no sujeito. Assim como o diário íntimo e a autobiografia corresponderiam àquelas formas seminarrativas, semi-auto-reflexivas nas quais o sujeito autonarrador daria livre curso ao jogo das injunções psicanalíticas. Uma redução à injunção das fatalidades do sujeito de acordo com o paradigma lacaniano foi uma das operações críticas freqüentes dos anos de 1970. Ela ocasionou uma série de estudos, todos de inspiração freudiana ou lacaniana, que problematizam menos a forma e o conteúdo do que a significância do texto literário. A noção de sujeito adquire aí um sentido ao mesmo tempo específico e geral; ela é alçada ao nível de uma metacategoria que subsume uma multiplicidade de intrigas, de forças temáticas e actanciais, bem como formas discursivas diferentes[10]. Por outro lado, a metáfora do espelho rege, ao que parece, as análises textuais de inspiração freudiana ou estruturalista à maneira de Lacan. Nelas, a literatura é constituída como espaço discursivo de múltiplas práticas, nas quais os diferentes espelhos do sujeito captam-no em suas configurações psicanalíticas do desejo, do inconsciente, das pulsões, do recalque e, evidentemente,

8. Idem, p. 174.
9. Idem, ibidem.
10. Pensamos nos trabalhos de J. Kristeva (*La révolution du langage poétique, Polylogue*), C. Clément (*Miroirs du sujet*), Sh. Feldman (*La folie et la chose littéraire*), F. Orlando (*Per una teoria freudiana della letteratura*), M. Lavaggeto (*Freud, la letteratura e altro*), S. Agosti (*Cinque analisi, Il testo della poesia*) e H. Finter (*Semiotik des Avantgardetextes*).

60 DIALÉTICAS DA TRANSGRESSÃO

do Édipo. A matriz especular dessa apreensão do sujeito é bem definida por Catherine Clément:

> *Espelhos do Sujeito*: se escolhi esse título ambíguo, sem que se saiba realmente
> se o sujeito se reflete nele ou se ele reflete para ele outra coisa que não ele, é porque
> o termo *espelho*, em sua função constitutiva e protetora, designa o modo inicial das
> relações entre simbólico, imaginário e real; com isso, ele leva a pensar no fantasma do
> qual é o suporte e o mito. A etapa teórica pela qual se deve passar para ir mais adiante é
> o *estágio do espelho* tal como Jacques Lacan, já em 1932, o definia[11].

O catálogo psicanalítico revela-se relativamente redutor e repetitivo.
Sua força incontestável reside, todavia, em sua capacidade de colocar o
sujeito como objeto circunscritível a partir de categorias suficientemente
universais para permitir compreender os determinismos temáticos gerais
do texto literário. Entretanto, se o texto reflete o sujeito, se o sujeito é a
mira do texto, enquanto sujeito de escritura este se torna uma espécie de
manipulador de espelhos. O discurso literário relativiza seu próprio alcance psicanalítico, na medida em que é dialógico, intertextual, estético e
intercognitivo, isto é, na medida em que está coligado com os diferentes
saberes. Nesse sentido, o texto literário escapa às generalidades estáveis,
sejam elas psicanalíticas, filosóficas ou sociológicas.

À fórmula de Freud *Wo es war, soll Ich werden* e à sua reformulação por Lacan, pode-se replicar com *Là où c'était plusieurs sont ve-
nus* (Lá onde isto era, vários vieram), como lembram Ilya Prigogine e
Isabelle Stengers, ao ressaltarem sua solidariedade com "as diferentes
correntes da onda cultural dita estruturalista e com a problemática do
eu (*moi*) dissolvido"[12]. O sujeito é, portanto, por excelência, uma estrutura dissipativa. A ordem e o desperdício nela se conjugam. O *quid* da
pureza subjetiva é necessariamente perturbado por ruídos de fundo de
natureza social, intersubjetiva, histórica e de linguagem. Com mais razão ainda, é assim o sujeito do texto literário. O pensamento de Bakhtin
nos ajudará, direta e indiretamente, a remontar a partir do subjetivo e
do social até a uma literariedade do sujeito.

TENSÕES DO SOCIAL E CAMINHOS DA LITERATURA

> *As artes constituem, num certo sentido, esforços para*
> *comunicar por diversos meios certos aspectos de uma re-*
> *presentação privada do mundo.*
>
> FRANÇOIS JACOB

Para Bakhtin, a linguagem e o conteúdo da literatura têm uma
origem fundamentalmente social. Em uma sociedade, os indivíduos

---

11. C. Clément, Le Moi et la "déconstruction" du sujet, op. cit., p. 17.

12. Ilya Prigogine; Isabelle Stengers, *La nouvelle alliance*: métamorphose de la
science, Paris, Gallimard, 1979, p. 269.

QUESTÕES SOBRE O SUJEITO E SUAS INCIDÊNCIAS...   61

estão no mesmo barco de uma pluralidade de discursos, aqueles com que se defrontam ou que produzem constantemente. O social traduz-se por uma perda da energia subjetiva, solipsista, sem a qual a sociedade renunciaria à sua razão de ser. O determinismo social do subjetivo é, pois, antes de tudo, discursivo e dialógico. O sujeito torna-se um signo num espaço onde outros signos aparecem e se fazem respeitar. Embora se possa duvidar da idéia bakhtiniana do *grande diálogo* que se realizaria idealmente na sociedade, deve-se reconhecer a validade do paradigma ideológico que define a posição e a finalidade do sujeito, inclusive o do discurso artístico. O que o sujeito comunica entra no circuito das mediações entre a ideologia e a subjetividade, sendo esta uma simples configuração da linguagem formada no cruzamento dos discursos de outrem. O sujeito que Bakhtin inscreve em sua grade de análise dos romances de Dostoiévski e de Rabelais ou da criação verbal é um signo de dependência em relação ao Outro. Ele está assestado para a linguagem do Outro. Para Bakhtin, as leis da criação artística são de natureza coletiva.

A obra crítica de Bakhtin é uma teorização completa da criação romanesca em Dostoiévski. O crítico russo generaliza a estrutura da forma e do conteúdo dessa criação, observando-a de um ângulo particular. Ao dialogismo de Dostoiévski, ele opõe o monologismo de Tolstói, cuja obra não entra em sua grade axiológica. Quando Bakhtin constata que as personagens de Tolstói "estão inseridas no *todo monolítico-monológico* do romance que remata *a todas elas*, romance esse que, em Tolstói, nunca é um 'grande diálogo' como em Dostoiévski"[13], ele valoriza a escritura e a estética de Dostoiévski em relação às de Tolstói, que, implicitamente, são julgadas inferiores. A oposição entre o romance polifônico e o romance monológico resume-se no fato de que, no primeiro, "o enfoque dialógico é possível a qualquer parte significante do enunciado, inclusive a uma palavra isolada [...]"[14] e "há relações dialógicas entre todos os elementos da estrutura romanesca"[15], ao passo que, no segundo, a narrativa não é "nem polifônica nem contrapontística", e "há apenas um *sujeito capaz de cognição*, sendo os demais meros *objetos* do seu conhecimento"[16]. Essa característica da técnica de Tolstói pressupõe, quanto parece, que o verdadeiro conhecimento é dialógico e que o sujeito individual, seja ele escritor, narrador ou personagem, caso caia no monologismo, sem mediação dialógica, situa-se num nível inferior do conhecimento e da criação artísticos. Essa petição

13. Mikhail Bakhtin, *Problemas da Poética de Dostoiévski*, tradução de Paulo Bezerra, Rio de Janeiro: Forense-Universitária, 1981, p. 61.
14. Idem, p. 160.
15. Idem, p. 34.
16. Idem, p. 61.

62 DIALÉTICAS DA TRANSGRESSÃO

de princípio só pode explicar-se por uma certa idealização das relações dialógicas que, na análise de Bakhtin, oblitera outros elementos do texto romanesco, principalmente a narração e a narratividade. Por narração, entendemos um modo verbal de exposição da narrativa por uma voz narrativa. A narratividade define-se como a valorização do fio dos acontecimentos (ou fio da narrativa) em sua continuidade ou sua descontinuidade espaciotemporal. O pandialogismo de Bakhtin ignora que o monologismo é não somente um método, uma atitude criadora (em que ele acantona Tolstói), mas também uma modalidade da narração. Ele engaja, portanto, o sujeito na construção de um microuniverso semântico que se indexa segundo seu ponto de vista e que relega o dialogismo ao segundo plano. Sem dúvida, esse microuniverso semântico é mediatizado pelos outros: estes fazem parte do universo humano em que está implicado e se implica o sujeito, que nem por isso renuncia à sua subjetividade. Para Bakhtin, o real não é suficientemente conflituoso ou violento para engendrar no sujeito anomias e idiossincrasias. No entanto, como o comprova o caminho da literatura, o sujeito desempenha na obra o papel de destinatário do real e o de destinador das mensagens. Estas últimas, embora sejam engendradas pelo real, mais violento e agressivo do que dialógico, são investidas de conteúdos idiossincráticos pelo sujeito em conflito com o real. Nesse sentido, a socialidade do sujeito realiza-se como uma ruptura em relação à norma dialógica que Bakhtin estabelece e que ele desejaria constituir em modelo absoluto da obra romanesca. Não se pode dar razão a Bakhtin quando ele afirma que "o que o 'homem do subsolo' mais pensa é no que outros pensam e podem pensar a seu respeito" e que ele "procura antecipar-se a cada consciência de outros, a cada idéia de outros a seu respeito, a cada opinião sobre sua pessoa"[17]. A narrativa do subsolo é, a nosso ver, bem mais polêmica e agônica (*agônia*: luta) do que dialógica no sentido em que a entende Bakhtin. O subsolo comunica seu desencanto e seu desacordo, seus fantasmas e suas manias, seu discurso, enfim, que se inscreve em uma relação metadialógica com o mundo: ele é a comunicação subjetiva de uma visão do mundo destinada a todos e a ninguém, ao Outro e à própria consciência do subsolo. A ficção dialógica sobre a qual repousa a estrutura do *Subsolo* (a referência constante a "Senhores" mudos e invisíveis) reforça mais a posição subjetiva do que a intersubjetiva de seu discurso.

O real não é, pois, dialógico. É cacofônico. E é o sujeito que o transforma em discurso, do qual ele mesmo é a causa e o efeito. Nesse sentido, o efeito-sujeito do discurso literário nos parece fundamental na medida em que a criação literária, embora ela se jogue no cruzamento dos discursos ideológicos, políticos, estéticos, religio-

17. Idem, p. 44.

sos, éticos etc., é um ato individual resultante da implicação de uma subjetividade no universo social das mensagens. Pela mesma razão, a causa-sujeito do discurso é determinante, pois rege o conteúdo, a forma e a *differentia specifica* da obra.

A PERTINÊNCIA DO SUJEITO NO LITERÁRIO

> *O ato estético engendra a existência em um plano novo dos valores do mundo: nasce um homem novo e um contexto novo dos valores – um plano novo do pensamento do homem sobre o mundo.*
>
> BAKHTIN

A categoria do sujeito é central na análise literária, mas deve ser recolocada na perspectiva da obra, que é especificamente contextual. Para tanto, deve-se levar em consideração a tematização literária do que chamamos de instâncias correlativas do sujeito, a saber, a subjetividade, o inconsciente, o eu, a interioridade e a identidade. Deve-se ainda levar em conta a literariedade do sujeito. Esses elementos remetem a articulações complexas e mais que seculares. Em vez de fazer funcionar as referências teóricas inabaláveis da filosofia, da sociologia ou da psicanálise, seria preciso postular que esses campos teóricos sejam correlacionados com o discurso literário. Deve-se admitir que o ser ontológico do sujeito-eu(*moi*)-identidade-interioridade-consciência, no texto do poema ou do romance, somente pode ser uma ficção da filosofia, e esta não tem jurisdição sobre o texto literário. Os princípios de inteligibilidade deste último são, notadamente, a ficcionalidade, a narratividade, a narrativa, o narrador e o eu (*moi*) lírico. O sujeito e suas instâncias correlativas devem ser colocados em correspondência com esses princípios, a fim de se obter uma pertinência ótima da função do sujeito nos discursos da obra. É evidente, por outro lado, que essa pertinência é realizável desde que se reconheça que a dimensão cognitiva da literatura está ligada a outros discursos e que sua literariedade não se concretiza isoladamente. Ao evocar a narração e a narratividade à margem da análise bakhtiniana, desejaríamos mostrar quais são as categorias especificamente literárias e formalizantes e como elas fazem ver o sujeito enquanto presença individualizante.

O narrador é uma voz do autor, sujeito humano que ocupa um lugar polêmico, e até conflituoso, no mundo real e que transmite seu ponto de vista ao leitor. Esse ponto de vista chama um dialogismo cognitivo, pois, visando ao leitor, o autor se apóia na particularidade subjetiva de sua mensagem, que deve ser objetivada. Nesse sentido, Gógol e Dostoiévski, Proust e Joyce, Musil e Broch, Unamuno e Pirandello, Gadda e Faulkner, Calvino e Bernhard engajam táticas narrativas diversas, mas são também sujeitos cuja consciência de si, cuja subjetividade e cuja intencionalidade estão implicadas no processo complexo da criação estética. A narração é um discurso do sujeito. É um dispositivo da linguagem complexo que modela enunciados narrativos, discursivos e dialógicos e que indica a posição do sujeito num conjunto social e literário. A subjetividade age como agente e receptor de uma visão. É nesse sentido que Adorno[18] fala da posição (*Standort*) do narrador no romance moderno. Na época moderna, essa posição engaja muito particularmente uma subjetividade e faz do romance o testemunho (*Zeugnis*) de um estado de coisas (*eines Zustands*) em que o indivíduo se liquida a si mesmo e em que deve defrontar-se com o pré-individual (*in dem das Individuum sich selbst liquidiert und der sich begegnet mit dem Vorindividuellen*). O sujeito criador não é, portanto, um sujeito coletivo. Ele traz a mensagem de uma ou de várias coletividades às quais pode ser associado.

A narratividade de um texto remete à estrutura da narrativa, à sua fábula (*fabula*) e ao seu sujeito (*sjužet*) no sentido dado a esses termos pelos formalistas russos, aos sintagmas ou programas narrativos e às configurações actanciais; ela remete ainda à constituição e à dinâmica do sujeito, quer este seja visto como personagem, narrador ou autor. Não é, pois, de surpreender que a evolução epistemológica da semiótica textual moderna vá desde a actancialidade até as modalidades e as paixões. Num percurso semântico e sistêmico da narrativa, as configurações variáveis dos seis actantes (destinador/destinatário, sujeito/objeto, adjuvante/oponente) revelam as forças temáticas que agem. Nas modalidades e nas paixões, essas mesmas configurações actanciais são acompanhadas de um certo número de características modais e passionais que fundam o sujeito. Elas dependem de uma pluralidade psíquica sociocultural e discursiva dos sujeitos que adquirem diferentes traços específicos, modais e páticos, segundo as concomitâncias das modalidades e paixões que os fundam. Jean-Claude Coquet e Herman Parret demonstraram que, em seus respectivos universos, as modalidades e as paixões se conjugam. Parret divide as paixões em *quiásmicas* (as da estruturação e do estabelecimento de correlações do sujeito, ao todo dezesseis, desde a curiosidade até a indecisão, passando pela angústia e o tédio), *orgásmicas* (intersubjetivantes, ao todo doze, como a solicitude, o desprezo e o amor) e *entusiásmicas* ("as paixões da paixão", ao todo oito, como o entusiasmo, o êxtase, a admiração e a esperança). Com as modalidades do querer, do saber, do poder e do dever, essas paixões convergem para uma tipologia semiótica dos sujeitos cujas classes são definidas com base em arranjos modais ou páticos. Assim, por exemplo, aos diferentes sujeitos (autônomo, pessoal, atual, virtual, instaurador, sujeito de

---

18. Theodor W. Adorno, Standort des Erzählers im zeitgenössischen Roman, *Noten zur Literatur I*, Frankfurt: Suhrkamp, 1965, p. 71.

QUESTÕES SOBRE O SUJEITO E SUAS INCIDÊNCIAS...   65

busca ou da igualdade) correspondem disposições de modalidades e de paixões que estruturam a especificidade de cada um.

Duas observações, à margem dessa valorização do sujeito pelo viés das modalidades e das paixões, levar-nos-ão a entrever as perspectivas de uma análise literária e comparativa. Em primeiro lugar, os diferentes tipos de sujeitos, bem como as configurações modais e páticas, fazem eco ao discurso filosófico sobre o ser. As formas do sujeito, variáveis mas recorrentes, recortam o que Heidegger denomina de "caráter determinado do ser" e que ele elucidou a partir das quatro cissões do ser em suas correlações com o devir, a aparência, o pensar e o dever. O que define o ser enquanto permanência, identidade, subsistência e projacência. A reflexão filosófica um tanto abstrata é enriquecida pela semiotização rigorosa e particularizante do sujeito e, conseqüentemente, das quatro categorias de Heidegger.

Num *corpus* literário que se pode estruturar diferentemente de acordo com os critérios de um gênero, de uma visão do mundo ou de um estilo, a diversidade do discurso depende essencialmente das estruturas modais e passionais do sujeito. Essas estruturas estão na origem da enunciação. Parret constata que "é realmente o sujeito como paixão que se enuncia no discurso"[19]. Coquet observa, por sua vez, que "o sujeito percorre um espaço multidimensional e 'poliisotópico' [...] ele se apresenta [...] quer sob a forma de um termo complexo, sujeito *e* não-sujeito, quer sob a forma de um termo simples, sujeito *ou* não-sujeito"[20]. Essas afirmações abrem um caminho para a análise literária que permitiria compreender o texto como processo e como sistema, e ver o discurso como "um encadeamento de enunciações produzidas em contexto dialógico e comunitário"[21]. Em oposição a Bakhtin, uma tal análise deveria poder demonstrar que o dialogismo forma o sujeito, e não que o sujeito se mira na palavra do Outro.

PERSPECTIVAS COMPARATISTAS: *CORPUS* DE SUBJETIVIDADES

> *O individual opõe-se ao puro que ele concebe; opõe-se à forma que lhe sucede, opõe-se como individual ao que a alternância implica de geral.*
>
> HOELDERLIN

O sujeito é um operador heurístico fundamental da análise literária. Esta não se pode satisfazer plenamente com os percursos filosóficos

19. Herman Parret, *Les passions*: essai sur la mise en discours de la subjectivité, Bruxelles: Mardaga, 1986, p. 7.

20. Jean-Claude Coquet, *Le discours et son sujet*: essai de grammaire modale, Paris: Klincksieck, 1984, p. 206.

21. H. Parret, op. cit., p. 7.

ou psicanalíticos nem com as macrocategorias como a ideologia ou o dialogismo, a polifonia ou o monologismo. O percurso do sujeito no discurso impõe que se considerem a diversidade e a dinâmica discursivas do texto literário, embora reconhecendo que o sujeito é uma determinação múltipla e que seus investimentos se realizam no contexto comunitário.

Uma recalibragem dos parâmetros críticos que levar em conta uma certa plasticidade de categorias, tais como sujeito, identidade, subjetividade, eu, narrador, autor e enunciação, requer que se reconheçam as incidências do sujeito nos discursos da obra que o instalam nela como sujeito da escritura e como sujeito na escritura. Essa distinção permite encarar percursos de um *corpus* comparativo sob estes dois aspectos: problematização e tematização do sujeito. No primeiro caso, o sujeito é um autor-criador, e sua relação com a obra faz dele um *narrador semiótico*[22], organizador de um universo axiológico coerente e referível a uma subjetividade problemática, em expansão cognitiva. Poder-se-ia então considerar um estabelecimento de correlações entre as categorias modais e páticas e os universos axiológicos de *Dom Quixote*, *Tristram Shandy*, *O Sobrinho de Rameau*, *Madame Bovary*, *A Comédia Humana*, *Em Busca do Tempo Perdido*, *Ulisses*, *O Homem sem Qualidades*, *Ferdydurke*, *A Náusea*, *Eu*, *o Supremo* ou *Grande Sertão*: *Veredas*. As correlações assim estabelecidas mostrariam nessas obras a parte do sujeito estético, ideológico, axiológico, irônico, polêmico etc. A tematização do sujeito realiza-se por uma manipulação e uma mediação dos códigos estéticos, culturais e literários. Segundo caso: a isotopia do sujeito torna-se central em certos textos poéticos ou narrativos dentre os mais importantes, como os de Santo Agostinho, Petrarca, Leopardi, Hoelderlin, Baudelaire, Pessoa, Artaud, Celan, Clarice Lispector... O sujeito em posição assuntiva tematiza sua busca de identidade, seu eu (*moi*) e sua interioridade, bem como seu inconsciente. A subjetividade no texto não é a subjetividade do texto. Ela se funda em configurações modais em que conjuntos dinâmicos do querer, do poder e do saber se constituem em formas do sujeito que se poderiam definir como sujeito de desejo, de falta, de ilusões, de meditação, de combate ou de gozo. Essas formas do sujeito encarnam-se num discurso que dramatiza, mediatiza ou ironiza a relação tripartite: cosmos, logos, ântropos.

No espaço literário, a tematização do sujeito e de suas identidades é inseparável de uma retórica do eu, como o comprovam as anáforas do "eu" (*je* e *moi*) em Jules Laforgue, Walt Whitman ou Fernando Pessoa. No entanto, a identidade do texto é tributária de

---

22. Wladimir Krysinski, *Carrefours de signes*: essai sur le roman moderne, La Haye: Mouton, 1981, p. 117.

uma formatação do sujeito[23]. No espaço evolutivo, ou seja, diacrônico, a identidade do texto marca uma multiplicidade de discrepâncias identificatórias em relação às normas de um gênero. O sujeito do discurso literário relativiza o absoluto literário. Assim sendo, pode-se dizer que não há poesia ou romance, mas discursos do sujeito no romance ou no poema. A literatura está sempre em devir sob a influência do sujeito, cujo discurso a redetermina cada vez.

---

23. Karlheinz Stierle, Identité du discours et transgression lyrique, *Poétique*, n. 32, 1977, p. 422-441.

6. Estruturas Metaficcionais em Literaturas Eslavas: Por uma Arqueologia da Metaficção

PREÂMBULOS ÀS ESTRUTURAS METAFICCIONAIS E ÀS LITERATURAS ESLAVAS

Um escrutínio exaustivo do uso de estruturas metaficcionais na área da literatura eslava revela as várias funções e, além disso, a relatividade da metaficção. Nas literaturas eslavas, o pós-modernismo não pode, de forma alguma, ser usado como um denominador comum e uma superestrutura ideológica para todo discurso metaficcional. Decorre daí que o que se tornou lugar-comum de um certo criticismo literário, principalmente na América do Norte, refere-se a uma série de dispositivos e temas literários que, na literatura eslava, apontam para funções específicas da auto-reflexividade no texto e, especialmente, de tematizações particulares do processo de escrita. Ademais, isso significa que as estruturas metaficcionais que pretendo identificar permitem que se estabeleça um tipo de arqueologia da metaficção. Ao mesmo tempo, isso também demonstra a relatividade do conteúdo fortemente ideológico de que é investida a metaficção.

Minha intenção é: 1) examinar os ponto cruciais dessa arqueologia da metaficção, descrevendo as conexões metaficcionais eslavas; 2) selecionar alguns fenômenos literários das literaturas eslavas a fim de distinguir diferentes tipos de metaficção, já que sua função unificadora como categoria crítica é bastante instável; 3) relativizar o conceito de pós-modernismo tal como é definido e determinado pela metaficção.

70 DIALÉTICAS DA TRANSGRESSÃO

Se reconhecemos que a metaficção advém de e se refere a entidades conceptuais tais como metalinguagem, digressão e metatexto, temos de ter em mente que sua "arqueologia do conhecimento" pode ser remetida ao perspectivismo de Cervantes[1] e à ironia romântica como paradigma específico da escrita. Na tradição romântica, implica uma atitude digressiva do autor/narrador e enfatiza a indeterminância do texto. Definida por Friedrich Schlegel como parábase permanente[2], a ironia implica uma tensão temática e estrutural entre as estruturas narrativa e digressiva. Até certo ponto, essa tensão pode ser considerada uma fonte da metaficção moderna e pós-moderna, na medida em que a intencionalidade discursiva é transferida do modo narrativo para o modo reflexivo e auto-referencial. Em casos extremos, o processo literário e de escrita torna-se o tema e o objetivo em si mesmo. No entanto, pretender que a metaficção constitua uma feição distinta do pós-modernismo seria uma afirmação exagerada e ideológica. O que me parece mais significativo é explicar as funções específicas e axiológicas desencadeadas pelas estruturas metaficcionais. Nesse sentido, as literaturas eslavas constituem um importante campo de estruturas narrativas e discursivas experimentais e inovadoras que perpetuam sistemas específicos de valores. Nesse caso, o modelo irônico romântico revela-se como base sólida para uma tradição literária válida da metaficção.

O POEMA ÉPICO ROMÂNTICO E O PARADIGMA DIGRESSIVO: PÚCHKIN E SŁOWACKI

Gostaria de enfatizar a importância do modo digressivo em poetas tão grandes quanto Alexander Púchkin e Juliusz Słowacki. Podemos tomar suas obras-primas, *Eugênio Oneguin*, de Púchkin, e *Beniowski*, de Słowacki, como dois exemplos de expansão dos estratos digressivos do texto a ponto de se tornarem mais importantes e autofuncionais do que os estratos narrativos.

Escritos na primeira metade do século XIX, *Eugênio Oneguin* e *Beniowski* seguem o padrão byroniano do poema épico romântico. As aventuras dos protagonistas Eugênio Oneguin e Beniowski, como as de Don Juan no texto de Byron, são nada mais que um pretexto discursivo para o narrador-poeta. O discurso extensamente transmitido é um jogo de digressões que estão potencialmente abertas e podem tratar com qualquer elemento da história. Com efeito, o que

---

1. Leo Spitzer, On the Significance of *Don Quijote*, em Lowry Nelson Jr. (org.), *Cervantes*: a collection of critical essays, New Jersey: Prentice Hall, 1969, p. 95.

2. Zur Philosophie, n. 668 [1797], em *Kritische Schlegel Ausgabe*, Wien/ Zürich: [S.l.], 1963, v. 18, p. 85. *Philosophische Lehrjahre*. Para a interpretação da definição de ironia por Schlegel em termos de estruturas narrativas, v. Paul De Man, The Rhetoric of Temporality, em Charles S. Singleton (org.), *Interpretation Theory and Practice*, Baltimore: The Johns Hopkins Press, 1969, p. 200.

ESTRUTURAS METAFICCIONAIS EM LITERATURAS ESLAVAS... 71

Byron efetua em *Don Juan*, ou seja, a constante extensão do seu modo polêmico, irônico, de narrar, realiza-se de maneira semelhante em *Eugênio Oneguin* e em *Beniowski*. Uma vez que as digressões constituem a essência da narração, não podem mais funcionar como meras digressões. Tornam-se um caso particular de estruturas metaficcionais no sentido em que Púchkin e Słowacki identificaram, por exemplo, vozes autorais digressivas que perturbam e derrubam a ordem do discurso e transferem a ênfase da *narratio* para a *digressio*. Essa transferência capacita-os a se dirigirem diretamente ao público de forma irônica a fim de expressar suas opiniões sobre a sociedade, o homem, o mundo, a literatura, a história etc.

No caso de Słowacki, *Beniowski* é uma tentativa de ultrapassar o individualismo romântico[3] e estabelecer contato com um público polonês. Seu tema é, portanto, a Polônia com todos os seus problemas históricos, políticos, sociais e culturais. Słowacki utiliza as aventuras de Beniowski como mero pretexto para falar de modo irônico, polêmico e sarcástico de qualquer problema que possa concernir ao público enquanto comunidade.

O comentário de Víctor Chklóvski sobre a organização discursiva de *Eugênio Oneguin* é o seguinte:

> O verdadeiro enredo de Eugênio Oneguin não é a história de Oneguin e Tatiana, mas um jogo com essa história. O conteúdo real do romance repousa em seus padrões formais, ao passo que a própria estrutura do enredo é utilizada como Picasso utiliza objetos reais em suas pinturas.
>
> Primeiro, como em Sterne, temos um evento do meio do enredo; depois, uma descrição da montagem do herói; a montagem expande-se e expulsa o herói; entra o tema dos "pés pequenos"; por fim, o poeta volta ao seu herói. "Mas o que aconteceu a Oneguin?" [...] O mesmo tipo de volta ao herói ocorre no capítulo 4, estância 37: "Bem, e Oneguin? Irmãos, paciência."
>
> Essas exclamações lembram-nos que esquecemos mais uma vez o herói. A lembrança ocorre depois de uma digressão de dezesseis estâncias[4].

Quaisquer que sejam suas diferenças de estrutura ou tom, esses dois poemas épicos eslavos constituem e reforçam o paradigma digressivo cuja funcionalidade pode ser resumida pelos seguintes traços específicos:

1) jogar com a história melhora a posição do narrador enquanto sujeito de enunciação independente que regula o modelo do fio narrativo. Por conseguinte, o narrador é muito mais um modulador de um

---

3. Stanisław Treugutt, *Beniowski* krysis indiwidualizmu romantycznego (*Beniowski*, crise do individualismo romântico), em *Dzieła wybrane*, t. 2, *Poematy*, Kraków: Ossolineum.

4. Viktor Chklovski, Pushkin and Sterne, *Eugene Oniegin*, em Victor Ehrlich (org.), *Twentieth-Century Russian Literary Criticism*, New Haven/ London: Yale University Press, 1975, p. 72.

72 DIALÉTICAS DA TRANSGRESSÃO

discurso potencial ou efetivamente aberto do que a voz narrativa de uma história linear;

2) o padrão formal do texto está subordinado à posição central do narrador, que pode assim distribuir livremente seus valores e seus argumentos polêmicos durante a história;

3) a estrutura do enredo é fragmentada e tem primordialmente valor topológico, na medida em que o narrador constrói o enredo como uma estrutura relativamente indeterminada. É o enredo que está sujeito ao narrador, e não o contrário.

O que decorre daí é a regulação específica da relação entre "ficção" e "meta". Se a ficção é uma história, um evento narrativo e um enredo, ela se torna objeto da manipulação discursiva e topológica do narrador. Está subordinada à enunciação do narrador, compreendida ao mesmo tempo como sua interpretação da ficção e como renúncia a um sistema de idéias e valores. Se a meta significa comentário acerca da ficção e da narração, ou tematização do processo de escritura, não é de forma alguma uma estrutura regular. É antes uma liberdade total para além de uma determinação narrativa superficial da história por seus componentes ligados ao enredo. O narrador organiza seu metadiscurso em relação ao seu sistema de valores. Deve-se reconhecer, portanto, que a metaficção não é uma estrutura absoluta. É uma tensão constante entre as estruturas narrativas e discursivas.

Tentarei destacar como os princípios acima estabelecidos governam alguns dos mais significativos – na perspectiva metaficcional – romances eslavos deste século. Estudarei alguns aspectos desses romances em ordem mais ou menos diacrônica. Em minha análise, levarei em consideração três romances poloneses: *Pałuba* (1899), de Karol Irzykowski, *Nienasycenie* (A Insaciabilidade, 1928), de Stanisław Ignacy Witkiewicz, e *Ferdydurke* (1937), de Witold Gombrowicz; dois romances tchecos: *Rozhrani* (O Extremo, 1944), de Vaclav Rezač e *Zivot je jinde* (A Vida Está Alhures, 1973), de Milan Kundera; dois romances russos: *O Mestre e Margarita* (1966), de Mikhail Bulgákov, e *Dar* (O Dom, 1952), de Vladimir Nabokov; e, finalmente, *Grobnica za Borisa Davidovica* (Um Túmulo para Boris Davidovitch, 1976), do escritor iugoslavo Danilo Kiš.

O ROMANCE COMO PALIMPSESTO DA VERDADE IMPOSSÍVEL

Pałuba, escrito em 1899 e publicado em 1903, é um romance altamente metacrítico, em que a voz do autor produz e controla a estratificação e a fragmentação. Isso resulta do fato de que o autor visa à telescopagem de dois personagens de seu romance, Strumienski e Gasztold, que, concomitantemente, escrevem os romances cuja matéria converge para o tema central de *Pałuba* – a autenticidade do com-

ESTRUTURAS METAFICCIONAIS EM LITERATURAS ESLAVAS... 73

portamento humano afirmado pelo autor como ideal inatingível. Na realidade, os romances encaixados em *Pałuba* são o oposto do ideal do autor. Assim, a inautenticidade do comportamento, da linguagem, dos sentimentos e da atividade criativa humanos, tal como a literatura, torna-se o alvo da escritura e da análise de Irzykowski. *Pałuba* apresenta-se como um comentário contínuo que quase substitui a ficção. A fronteira entre ficção e metaficção é, conseqüentemente, relativa. O autor-narrador posiciona-se como analista e crítico da realidade psíquica e do reflexo desta na literatura. Irzykowski produz um objeto artístico multifacetado, que é sua própria origem e crítica. O tema e a estrutura de *Pałuba* são determinados pela "teoria da anomeação", exposta pelo autor no capítulo crucial de *Pałuba*, intitulado "O Trio do Autor". De acordo com essa teoria, a maioria das palavras, em particular na área dos fenômenos psicológicos, são não apenas insuficientes, como também freqüentemente falsas. E Irzykowski acrescenta: "Se não fosse um exagero aforístico, poder-se-ia gentilmente dizer: o nome é o túmulo do problema"[5]. A despeito de sua anomeação, a realidade humana caracteriza-se por ser basicamente manifestada por meio da linguagem. Portanto, a linguagem é o fator criativo da psicologia. O comportamento humano é inautêntico e falso porque a linguagem não permite uma expressão adequada da realidade psicológica. A linguagem dita o comportamento na medida em que engendra o discurso social e intersubjetivo. Palavras, frases, aforismos, padrões lingüísticos e simetrias (homem-mulher, natural-inatural, forma-conteúdo, essência-aparência, pensamento-ação, sentimento-razão, primitivo-cultural)[6] criam um comportamento e reações estereotipados e pressupõem um determinado modelo de atitudes sociais e verbais.

A crítica da linguagem e de suas conseqüências sociais e artísticas torna-se para Irzykowski o tema principal de *Pałuba* e permite-lhe construir um sistema complexo de reflexividades em que o autor comenta o comportamento de seus personagens, o romance escrito por Gasztold (intitulado *Um Amor Doentio*) e as criações artísticas realizadas por Strumienski. Este é o personagem principal do romance, um *alter ego* do autor, e sua fictícia e mítica relação com sua última esposa, Angelika, constitui o cerne da narrativa em *Pałuba*. Strumienski constrói um museu para Angelika, uma espécie de templo onde ele a lembra e a venera. Na base da escritura criativa e crítica de *Pałuba*, que desvela constantemente o porquê e o quê da psicologia humana, repousa o que Irzykowski denomina de "elemento palubiano" (*pierwiastek pałubiczny*). "O elemento palubiano consiste, entre outras coisas, em uma incongruência (não-aderência) entre uma imagem e a alma, entre um pensamento, uma fantasia, uma teoria e uma

5. Karol Irzykowski, *Pałuba*, Warzawa: Czytelnik, 1957, p. 315.
6. Idem, p. 319.

74 DIALÉTICAS DA TRANSGRESSÃO

dada realidade"[7]. Esse motivo de *pałuba*, que dá o título ao romance, refere-se a um conflito enfaticamente salientado entre ficção, atitude, consciência e imagem dos outros e o estado real, interno das coisas. Ao escolher como título essa palavra polonesa rara e bastante incomum, Irzykowski joga de alguma forma com sua polissemia. Como ele explica, *pałuba* significa: 1) um tipo de martelo de madeira para colocar varapaus no rio; 2) um suporte para roupas femininas; 3) um apelido desdenhoso dado a mulheres feias e desagradáveis[8].

Essa polissemia e sua realização romanesca orientam o comentário sobre a ficção e a narrativa. *Pałuba* é uma metáfora que engloba tudo para a realidade humana, sendo compreendida como fundamentalmente inautêntica e conflituosa, lingüisticamente transmitida e fundamentalmente inexpressiva. Também contém o princípio estrutural do romance de Irzykowski, no sentido de que é uma afirmação da superioridade da análise e da interpretação sobre a ficção. O elemento palubiano regula a tensão interna do romance entre a narração enquanto tal e sua interpretação à luz da supracitada discrepância entre a imagem e a alma e entre o anomeado e a linguagem. Mas *pałuba* também é um signo propulsionador, por assim dizer, da tensão necessária entre ficção, seja privada, seja artística, e metaficção como sua interpretação crítica. O esforço de Irzykowski parece ser uma crítica de qualquer empreendimento artístico e literário, na medida em que este sempre se fia tanto na vida psicológica e esquemas artísticos preestabelecidos quanto em lugares-comuns. Nesse sentido, qualquer texto literário é necessariamente falso e banal, poético e pretensioso. Assim, *Pałuba* torna-se um romance-tratado, um romance que é, ao mesmo tempo, um espelho do romance como embuste necessário. É, para usar a expressão de Irzykowski, a exploração da "vida subterrânea do subsolo", um escrutínio sisifiano da verdade que "cai no fundo por ser pesada e difícil, visto que a mentira flutua na superfície como óleo"[9].

Reconhecido como o "romance psicanalítico polonês"[10], *Pałuba* constitui sem dúvida um intenso repúdio ao romance realista ou psicológico. É uma destematização sistemática da prosa biográfica. Não é uma *mise en abîme* gidiana, porque pressupõe uma certa verdade final. Sua arquitetura é, portanto, complexa e dinamicamente autoabismal. Postula a necessidade de uma linguagem nova e de uma atitude criativa que seja fundamentalmente crítica e interpretativa. Irzykowski tinha consciência da complexidade e da incongruência de sua criação. Salienta sua estrutura metacrítica e palimpséstica quan-

---

7. Idem, p. 186.
8. Idem, p. 331.
9. Idem, p. 185 e 210, respectivamente.
10. Janusz Pietrkiewicz, A Polish Psychoanalytical Novel of 1902, *The Slavonic and East European Review*, n. 30, 1951.

ESTRUTURAS METAFICCIONAIS EM LITERATURAS ESLAVAS... 75

do diz, no final do romance, no capítulo "A Muralha de *Pałuba*": "*Pałuba* juntou os seguintes estratos: 1) os fatos; 2) as frases e as teorias dos personagens em ação acerca dos fatos; 3) a dialética dos fatos, ou seja, suas várias compreensões que não foram levadas em conta pelos personagens; 4) o que eu como autor penso dos três pontos anteriores; 5) o fundamento de minha própria visão filosófica e estética, sem a qual é impossível compreender *Pałuba* como quero que seja compreendido"[11].

O romance de Irzykowski utiliza a metaficção não apenas no modo auto-reflexivo. Utiliza-a antes como ferramenta de conhecimento. Nesse sentido, sua metaficção é basicamente a interpretação crítica de estruturas literárias, formais e temáticas preestabelecidas. O autor de *Pałuba* parece enfatizar vigorosamente que a realidade humana é muito mais complexa do que a linguagem e as convenções de qualquer cânone literário. Portanto, o romance deve ser tanto um discurso crítico quanto uma análise de suas pressuposições. *Pałuba* efetua perfeitamente esse postulado. Desde o romance até o romance-tratado, a evolução do gênero romanesco realiza-se por intermédio da função específica da metaficção.

A INSACIABILIDADE: O ROMANCE COMO *AUFHEBUNG* DO ROMANCE PELA PARÓDIA RADICAL

A Insaciabilidade, romance de Stanisław Ignacy Witkiewicz publicado em 1928, desenvolve uma outra estrutura metaficcional. Inscreve-se no sistema de valores do autor, que é negativo-pessimista, grotescamente paródico e especificamente anti-romanesco. Na realidade, para Witkiewicz, o romance não é uma arte pura. É antes um discurso incidental, sem forma e predestinado a ser o reflexo da realidade humana imediata sem qualquer possibilidade de experimentar sentimentos metafísicos. E, para Witkiewicz, são precisamente "sentimentos metafísicos" que garantem a pureza da arte. Nesse sentido, *puro* pode ser aplicado à música e à pintura, bem como ao teatro, como o vê Witkiewicz, em outras palavras, como uma realização formal do espetáculo.

Os romances de Witkiewicz têm um viés evidentemente filosófico e tendem a ser muito mais discursivos do que narrativos. Nesse sentido, *A Insaciabilidade* é igualmente um romance-tratado. Porém, é ao mesmo tempo um romance antecipador e a tematização da idéia de uma utopia negativa. O cenário do romance é bem o final da civilização ocidental, depois que a Europa foi invadida pelo exército chinês. Este submete facilmente todos os países da Europa Ocidental e

11. K. Irzykowski, op. cit., p. 415.

76 DIALÉTICAS DA TRANSGRESSÃO

Oriental e, graças à ideologia do Murtibingismo[12], logra mudar a visão do mundo (*Weltanschauung*) da população. No entanto, no país em que Witkiewicz situa o enredo de seu romance, a Polônia, há um ditador chamado Porreira que tenta resistir. Em vão, como os fatos revelam. Ele será decapitado pelos chineses, e sua morte significa também o fim de toda a humanidade. Resumido dessa forma, *A Insaciabilidade* pode parecer um romance linear com enredo narrativo regularmente transferido. Na verdade, é um mosaico de diferentes estilos, uma orquestra de estruturas que apontam para a história do gênero romanesco e cuja função é basicamente intertextual e paródica. Witkiewicz efetua, em seu romance, uma operação dialética de natureza metaficcional. Parodia o *Bildungsroman* (romance de formação) e o *Künstlerroman* (romance artístico ou de arte); entrelaça elementos do romance filosófico e de estruturas burlescas tais como a paródia da iniciação sexual, no caso do protagonista Gerarquejo Da Pena, e a satirização do ato criativo corporificado pelo autor metafísico Sturfan Abnol. Em sua técnica romanesca, Witkiewicz visa a juntar vários efeitos e padrões estilísticos do romance no intuito de atingir uma espécie de polifonia grotesca. A consciência mórbida e crítica do autor é, evidentemente, realçada por sua compreensão da situação catastrófica do mundo. *A Insaciabilidade* é o romance do apocalipse moderno, e Witkiewicz o ironiza como autodestruição da humanidade, porque é incapaz de suportar as contradições da condição humana subjetiva e do mundo social. Como observa Louis Iribarne: "Em termos mais witkiewiczianos, o romance revela-se uma versão do que Witkiewicz, o metafísico, percebia como ambigüidade inerente à experiência humana: o conflito entre unidade e pluralidade, e o que isso implica para o mistério da própria existência. Aqui, obviamente, concebida em um certo contexto histórico"[13]. Para Iribarne, o problema central de *A Insaciabilidade* é filosófico. Ele o formula assim: "como efetuar a reconciliação entre a essência e a existência humanas num mundo completamente alheio e incompreensível, com tendência à destruição de todos os valores tradicionais – na verdade, do próprio *Homo Sapiens*".

Como podemos avaliar a significação das operações metaficcionais nesse romance? Ela reside na tripla relação de uma forma paródica jocosa: com seus modelos, com o próprio romance *A Insaciabilidade* e com a visão do mundo do autor. Ao parodiar, por exemplo, o *Künstlerroman*, Witkiewicz estabelece um operador estilístico e temático negativo para

12. No romance de Witkiewicz, murtibingismo é uma visão de mundo deformada pelo fato de o exército chinês distribuir uma espécie de medicamento cujo consumo torna completamente submissas as populações dos países europeus.

13. Louis Iribarne, Translator's Introduction, em Stanislaw Ignacy Witkiewicz, *Insatiability*, tradução inglesa de Louis Iribarne, Urbana/ Chicago/ London: University of Illinois Press, 1977, p. xxxv. Edição polonesa: *Nienasycenie,* em *Dzieła Zebrane*, Warzawa: PIW, t. 3, 1992.

ESTRUTURAS METAFICCIONAIS EM LITERATURAS ESLAVAS... 77

destruir o gênero. Isso não é mais uma imitação irônica, mas uma superação desse tipo de romance. Todos os criadores e artistas em *A Insaciabilidade* experimentam a mesma impossibilidade de criação por causa de seu apetite e ambição insaciáveis e metafísicos. Eles se destroem a si mesmos ao quererem ser criadores. Saciar a ambição criativa significa, nesse caso, não conseguir superar sua impotência criativa. São transformados em vozes maníacas e discursivas. A paródia em *A Insaciabilidade* chega ao ponto de impedir a paródia de ser somente um prazer do reconhecimento. Torna-se o sistema de signos que simbolizam a derradeira obra de arte que não se pode realizar como arte no mundo acabado. A paródia então significa a morte do processo artístico. No contexto da visão filosófica de Witkiewicz, a paródia é, portanto, uma metaficção que revela a intransponível contradição entre arte como ato existencial de criação e ambiente catastrófico, apocalíptico. Sendo *insaciabilidade* um termo complexo no sistema de valores de Witkiewicz, ele é, ao mesmo tempo, signo de uma nostalgia metafísica que não pode ser alcançada no mundo em declínio. A ficção desse romance é então uma metaficção definitiva de todas as ficções possíveis e efetuadas que não têm agora razão para se repetir. Conseqüentemente, nas extremidades desse universo semântico, a metaficção como paródia final desempenha o papel de uma *Aufhebung* dialética que tanto desintegra o romance quanto realiza a visão catastrófica da humanidade predestinada a desaparecer.

FERDYDURKE: O ROMANCE COMO ESPELHO GROTESCO DA SOCIEDADE

Ferdydurke[14] é uma brilhante ilustração da visão do mundo de Gombrowicz. Nesse romance, considerado um dos mais significativos e iconoclastas da literatura polonesa, há duas noções que caracterizam a visão de Gombrowicz: forma e imaturidade. Forma como um modo específico do comportamento humano provocado pela tensão social inter-humana; Imaturidade como um estado permanente e congênito das coisas humanas. A história de *Ferdydurke* pode ser definida como uma parábola irônica e como uma sátira cruel da sociedade e da cultura como instituições da Forma e da Imaturidade. Nesse contexto, Gombrowicz trata, acima de tudo, da escola e da família.

A situação narrativa do romance é uma sublime *simulatio*, uma irônica inversão do curso normal da vida. Um homem de trinta anos, que volta à escola para repetir sua educação, passa por cada estágio de iniciação numa paisagem simbólica semelhante a um inferno. *Ferdydurke* é um sutil jogo intertextual dos padrões romanescos, a saber, os do *Bildungsroman*, do romance gótico, dos romances realis-

---

14. Witold Gombrowicz, [1939], *Ferdydurke*, Kraków: Wydawnictwo Literackie, 1989.

78 DIALÉTICAS DA TRANSGRESSÃO

ta e psicológico. Nesse nível, ele funciona como uma metaficção satírica à maneira rabelaisiana. Sendo basicamente um espelho grotesco da comédia social, *Ferdydurke* é igualmente uma crítica burlesca da literatura polonesa e da literatura em geral, com seus mitos de grandeza e suas estruturas convencionais e com suas maneiras pretensiosas de inspiração e superioridade. Todos os grande poetas poloneses do período romântico são alvo da ironia de Gombrowicz.

Há, todavia, em *Ferdydurke*, um outro padrão metaficcional, que está mais diretamente ligado à auto-reflexividade e que é postulado dentro da descontinuidade estrutural e semiótica desse romance. Grombrowicz utiliza a fragmentação a fim de salientar a diferenciação funcional entre a narrativa e o discurso do autor. Introduz no corpo do romance quatro pequenos textos que têm, respectivamente, os títulos de "Introdução a Philifor Honeycombed com Infantilidade", "Philifor Honeycombed com Infantilidade", "Introdução a Philimor Honeycombed com Infantilidade" e "Philimor Honeycombed com Infantilidade". Esses textos constituem uma ruptura total com a narração de *Ferdydurke*. São discursivos e parabólicos. São um comentário irônico do romance e uma interpelação dialética do leitor. Ao mesmo tempo, constituem uma mistificação da significação como fetiche crítico.

Através dessas estruturas digressivas em que o autor interroga abertamente o problema da significação em sua obra e na obra de arte em geral, Gombrowicz joga, bastante obsessivamente, com categorias tais como parte *versus* todo e análise *versus* síntese. Pode-se pensar que ele tenta justificar tanto a estrutura quanto o conteúdo de seu romance. Na verdade, Gombrowicz tematiza com sucesso a força social e inter-humana como fator de criação e de uso de máscaras e convenções que determinam a Forma humana. Gombrowicz parece dizer que buscar a significação da estrutura, resumida por parte, todo, análise e síntese, é uma armadilha. A dinâmica natural de qualquer obra é o conjunto de convenções sociais, desde que atuem como determinantes da Forma humana.

O paradigma digressivo reintroduz e reforça a tensão entre os níveis narrativo e discursivo, mas também demonstra que a ficção artística é, acima de tudo, uma determinação social. Assim, a significação da ficção repousa em seu simbolismo social, ou seja, na ênfase dada ao jogo de papéis e máscaras sociais.

Se *Ferdydurke* foi considerado um romance que recapitula algumas feições características da evolução do romance europeu desde *Dom Quixote* e *Gargântua* até Joyce e Gide[15], é precisamente porque reconstrói e desconstrói o romance como criação artística pura. *Ferdydurke* mostra como o romance pode ser somente um espelho da ficcionalidade social da ficção e da estrutura real do jogo social. A

---

15. Zdravko. Malic, *Ferdydurke*, *Pamietnik Literacki*, v. 59, n. 2, 1968, p. 154.

ESTRUTURAS METAFICCIONAIS EM LITERATURAS ESLAVAS...

metaficção é, pois, um discurso vazio na medida em que é discurso a respeito da ficção enquanto tal. Gombrowicz exorciza o mito de um discurso puramente metaficcional.

REZAČ E KUNDERA: PRINCÍPIO POÉTICO *VERSUS* PRINCÍPIO DA REALIDADE

Observa Lubomir Dolezel:

> A ficção de prosa tcheca de vanguarda adota o novo "princípio poético". Não está mais interessada em criar uma "realidade do escárnio" por intermédio de um relato referencial, mas, sim, em criar um mundo poético que, não diferentemente do mundo da pintura moderna, seja autônomo em suas qualidades, formas e cores[16].

Essas observações aplicam-se, em certa medida, aos romances de Vaclav Rezač e de Milan Kundera. *O Extremo* e *A Vida Está Alhures* enquadram-se de maneira específica na categoria da metaficção. Embora difiram significativamente em tema e estrutura, ambos expandem o princípio ficcional para uma realidade concreta a fim de verificar sua função e significação no domínio de um sistema mais alto de valores. Portanto, em ambos os romances, o próprio problema da função social da literatura constitui uma isotopia central. Rezač e Kundera colocam em relevo e em perspectiva um sistema de categorias semânticas intertensionais tais como: vida *versus* arte, ficção *versus* realidade, personagem *versus* pessoa, ilusão *versus* desilusão, narrador *versus* intérprete, poesia *versus* vida social. Pode-se, portanto, afirmar que a estrutura metaficcional nesses dois romances são os signos indiciais dessas oposições específicas. Mais uma vez, a metaficção é mediada através da tensão entre um ou mais desse valores oposicionais.

O Extremo refere-se simbolicamente a um espaço ínfimo que separa a ficção da vida e o jogo da realidade.

Ao apresentar um ator (Wilhelm Haba) como personagem de seu romance, Rezač cria um contexto específico determinado precisamente porque, para Haba, vida é jogo e jogo é vida. Essa reversibilidade salienta como o escritor coloca ficção e metaficção em perspectiva. Na medida em que diz respeito à ficção, *O Extremo* é uma tentativa de recontar a história completa e conflituosa do ator. Uma vez criado como personagem, Haba torna-se tão real e independente como qualquer pessoa viva. Supõe-se que ele resuma o problema da identidade de um ator que cruza constantemente o extremo que separa o teatro da vida e a ficção da realidade. Seu papel no teatro e seu comportamento na vida convergem e se fundem numa existência ambígua, nem real nem fictícia. Envolve antes a mera impossibilidade de esco-

---

16. Lubomir Dolezel, *Narrative Modes in Czech Literature*, Toronto: University of Toronto Press, 1973, p. 111.

80 DIALÉTICAS DA TRANSGRESSÃO

lher entre dedicação à vida e à ficção no palco. Entretanto, Haba não é um ser puramente ficcional. Certamente, ele é um símbolo negativo de uma maneira particular de ser no mundo. Nesse sentido, seu nível de ficcionalidade é determinado mais por ser ele ator do que pelo fato de o escritor criar, desde o início do romance, um personagem cujo nome é Wilhelm Haba. Sua história está encaixada na história do romance enquanto ficção. Mas, ao mesmo tempo, esse encaixamento é relativo e limitado a um tipo de diálogo interno entre o escritor e a história de seu personagem – não com o personagem enquanto tal. À primeira vista, *O Extremo* pode parecer um romance sobre a escritura de um romance. Na verdade, a maneira como esse "sobre" se constitui revela uma tensão, quer estrutural, quer axiológica, entre dois sistemas de valores. No espaço em que o ato criativo ocorre, o escritor executa um diálogo com sua criação. Aqui surge então o problema da metaficção. Seu romance, no processo de escritura, transforma-se numa história alegórica de um homem apaixonadamente dedicado à sua profissão e que transfere isso a outros aspectos de sua vida. O escritor observa-lhe o caráter enquanto discute sua maneira de ser em sua existência polivalente e ambígua. A metaficção é um comentário sobre essa existência narrada no romance. A metaficção detém-se no comportamento humano concreto, cuja significação e cuja função social são muito mais importantes do que o processo de escritura enquanto tal. Esta é justamente a busca da significação da vida exemplificada pela história de um ator chamado Haba. Em seu comentário metaficcional, o escritor introduz o elemento da fascinação por Haba, como igualmente alguns acentos de desespero à medida que a vida de Haba relembra ao escritor sua própria busca de significação. A metaficção é, pois, o espaço ou a revelação, para o escritor, da significação dessa busca. Diz o escritor:

> Seguindo a história de Haba e a de todos os seres humanos a ele ligados, fui me reencontrando a mim mesmo. Por vezes, não conseguia distinguir se estava criando algo ou se estava lembrando a mim mesmo o que acontecera em minha vida. Tinha a impressão de que tudo o que estava criando existia antes, mas não sabia onde e quando; tinha a impressão de que somente agora eu estava realmente crescendo e atingindo alguma maturidade, como se minha infância estivesse durando quarenta longos anos, quarenta anos de sonho, do qual eu estava justamente despertando para a realidade[17].

Este discurso é a melhor reflexão da relação entre escritor e personagem, bem como entre ficção e metaficção. O romance de Rezač é um experimento para escrever ficção sobre a vida, cujo sentido tem de ser necessariamente captado através da tensão entre um ato e seu sentido moral, entre a verdade e a ficção. A metaficção sobrepõe-se à

---

17. Vaclav Rezač, *Kravedz* (O Extremo), tradução do tcheco para o polonês por Maria Erhardtowa, Katowice: Wydawnictwo Slask, 1973, p. 355.

ESTRUTURAS METAFICCIONAIS EM LITERATURAS ESLAVAS... 81

auto-análise e à análise do sentido da vida, uma vez que é projetada no palco e levada de volta do palco à vida cotidiana. Milan Kundera define o objetivo de *A Vida Está Alhures* da seguinte forma:

Meu romance é um epos da juventude e uma análise do que chamo "a atitude lírica". A atitude lírica é uma estância potencial de todo ser humano, é uma das categorias básicas da existência humana. A poesia lírica como gênero literário existe há muito tempo, porque há muito tempo o homem tem sido capaz da atitude lírica. O poeta é sua personificação[18].

A Vida Está Alhures é uma versão moderna do *Bildungsroman* e de *Retrato do Artista quando Jovem*, de Joyce, visto através do espelho da poesia. A poesia lírica é, por conseguinte, ficção, e a vida é metaficção. Essa transformação paradoxal realiza-se por meio do jogo de desilusões e a verificação da ficção por meio da vida. Kundera exalta as virtudes da poesia lírica. Esta concretiza o processo de ingresso de um jovem na vida e na sociedade. A oposição semântica central do romance situa-se entre a espontaneidade poética e a concretude realista da vida. Sendo um *Bildungsroman* irônico, *A Vida Está Alhures* é também um romance a respeito da nostalgia de uma vida verdadeira. Nesse sentido, tanto o título do romance quanto sua história são duplamente metaficcionais. Em primeiro lugar, são um comentário da enigmática frase de Rimbaud: "A verdadeira vida está alhures" (*La vraie vie est ailleurs*), mas onde?, parece perguntar o escritor ao longo de seu romance. A história de Jaromil e de suas atitudes líricas não é a resposta definitiva a essa questão. As peregrinações iniciatórias de Jaromil através das várias encarnações de um poeta tal como Kundera o definem ("símbolo da identidade nacional", "porta-voz de revoluções", "voz da história", "ser mitológico", "representante de um valor inviolável [...]: Poesia"), mas não lhe dão certeza. Entre a vida e a Poesia, a lacuna é não só profunda como também conflituosa. Mas, se a atitude lírica é uma constante busca da verdadeira vida, a vida em si também é ficção até certo ponto. Na realidade, a atitude lírica é a resposta à crueldade da vida. Talvez seja a única maneira de se lidar com isso. Nesse sentido, a vida é uma metaficção negativa da verdade. Isso ocorre porque a significação da vida é desconhecida, porque a significação da atitude lírica, apesar de sua pontinha mítica, é óbvia. Isso possibilita que ela dê vida. Esse romance de um artista nada mais é do que a descoberta da significação da vida através da ficção. É, porém, potencialmente e efetivamente polêmica e problemática na medida em que a imagem final de *A Vida Está Alhures* é de angústia e incerteza, como se o escritor-comentarista estivesse dizendo que você tem de renovar suas atitudes líricas, senão levará uma surra da vida. Mas é também a imagem final da vida: "Não. Chamas não. Ele mor-

18. Milan Kundera, *Life is Elsewhere* (A Vida Está Alhures), tradução de Peter Kussi, com novo Prefácio do autor, New York: Penguin Books, 1986, p. v.

82 DIALÉTICAS DA TRANSGRESSÃO

rerá pela água. Olhou sua própria face na água. De repente, viu um medo tremendo passar por aquela face. Foi a última coisa que viu". Antes dessa última frase do romance, o escritor passa por várias atitudes líricas de diferentes grandes poetas, tais como Byron, Lermontov, Púchkin, Wolker, Rimbaud e Breton. A sexta parte ("O Homem da Idade Média") e a sétima parte ("O Poeta Morre") são metaficcionais de diferentes maneiras. Na sexta parte, o escritor enfatiza sua função como observador e como criador de perspectiva. Na sétima parte, exprime a dimensão simbólica da morte do poeta. O círculo da poesia e da vida é vicioso, como o é o círculo da ficção e da metaficção. O poeta é homem em sua condição metafísica. O homem não é um poeta, a menos que abandone sua atitude terra-a-terra. A vida está alhures, diz Kundera. Isso também significa que a ficção não basta e que a metaficção depende da vida, bem como das atitudes líricas do poeta e da morte deste. O romance de Kundera condensa o sentido contraditório da criação e da vida. Seu "alhures" é o propósito da criação. E a metaficção não é senão o mundo possível desta vida, cujo lugar sempre está alhures.

O MESTRE E MARGARITA: METAFICÇÃO COMO CHOQUES INTERTEXTUAIS

O Mestre e Margarita é a obra-prima de Mikhail Bulgákov e um romance bastante e até muito complexo. Ele gerou interpretações várias e freqüentemente contraditórias, que não responderam à questão referente à possível significação não-ambígua do romance. Na realidade, *O Mestre e Margarita* parece ser um paradigma ilimitado do romance. Tem indubitavelmente alguns traços da polifonia de Dostoiévski e pode ser tratado como romance dialógico. Por outro lado, sua polifonia é mais estrutural do que criada pela multidão de vozes em posição dialógica. A polifonia estrutural de *O Mestre e Margarita* reside no fato de que Bulgákov posiciona no espaço do romance algumas histórias e narrativas, discursos e visões paralelos. E é precisamente por causa desse padrão topológico de polifonia que se pode construir um paradigma crítico da metaficção como oposto à ficção, contanto que se tente estabelecer a "meta" função das diferentes histórias que constituem tanto a trama quanto sua progressão simultânea e contrastiva. Mais uma vez, a metaficção deveria ser entendida dentro de um contexto específico: ideológico, literário, axiológico e, último, mas não o menos importante, político.

O ponto de partida metacrítico de *O Mestre e Margarita* pode ser visto como a intenção de escrever um romance que exemplifique a definição paradoxal do mal dada por Goethe em *Fausto*. Bulgákov utiliza-a como epígrafe para seu romance: "Quem sois vós, então?". "Parte daquele Poder que eternamente quer mal e eternamente opera

ESTRUTURAS METAFICCIONAIS EM LITERATURAS ESLAVAS...   83

bem"[19]. *O Mestre e Margarita* torna-se uma realização narrativa e discursiva dessa definição. O que ocorre no romance é o entrelaçamento dialético, semelhante a uma montagem, de estruturas, narrativas, descrições, parábolas e alusões. Elas podem muito bem ser tomadas como ficção ou como metaficção, se se admitir que a fórmula de Goethe funciona tanto como hipertexto quanto como axioma interpretativo que determina qualquer realização narrativa possível. Nesse sentido, a visão do mal de Goethe pode ser tomada como metaficção. Ela pressupõe várias interpretações narrativas e discursivas daquilo que é estável e, até certo ponto, insondável. Narrativizar o paradoxo do mal significa criar a partir dele um mundo fictício, possível. E o próprio paradoxo nada mais é do que a origem e o limite desse mundo. A reivindicação metaficcional desse paradoxo é bastante óbvia no romance. Bulgákov mostra como as forças condutoras do bem e do mal se chocam e como elas exemplificam a estrutura dialética do combate entre elas.

A interseção e a telescopagem dos níveis narrativos engendra, em *O Mestre e Margarita*, um possível, senão necessário, padrão de leitura. Ele consiste em levar em conta a cadeia das narrativas que refletem, sucessiva e dialeticamente, as relações entre crença e fato, mito e história, arte e realidade, ideologia e verdade. Nesse sentido, tal padrão de leitura implica a consciência da disparidade entre os diferentes níveis de significação, mais axiológica do que puramente semântica, dessas várias posições discursivas. Essa paridade envolve um jogo de estruturas reflexivas que distinguem ficção de metaficção, de modo a estabelecer uma hierarquia de valores.

O ponto de partida do romance é a disputa provocada pelo poema sobre Jesus de Ivan Nikolayevitch Ponyrev, escrito sob o pseudônimo de Desabrigado (*Bezdomnyi*). Mikhail Alexandrovitch Berlioz, "editor de um importante jornal literário e presidente do conselho de uma das maiores associações literárias de Moscou, conhecido por suas iniciais como MASSOLIT"[20], argumenta que Jesus jamais existiu. Aparece um estrangeiro que, depois de ter ouvido a disputa, argumenta que Jesus existiu e que sua existência não requer qualquer prova ou qualquer ponto de vista específico. Esta é a verdade. Aqui, Bulgákov insere a história de Pôncio Pilatos, contada pelo estrangeiro, cujo nome é Woland. Essa história repete-se ao longo de todo o romance, em diferentes estágios narrativos e metanarrativos de sua realização temática.

A história de Pilatos reflete e de certa maneira também encaixa o romance do Mestre que lida com o bem e o mal, e que é mal recebido

19. Mikhail Bulgakov, *The Master and Margarita*, tradução de M. Ginsburg, New York: Grove Press, 1967.
20. Idem.

84 DIALÉTICAS DA TRANSGRESSÃO

pela imprensa em Moscou, acusado de "pilateísmo". A metaficção é, pois, a verdadeira história de Jesus, contada por Woland na medida em que contradiz mito e crença, dúvida e recusa, ideologia e repressão. Desenvolvida em dois níveis temporais básicos, o da temporalidade imediata e o da Judéia e de Jerusalém, *O Mestre e Margarita* tem uma estrutura similar a um mosaico. A metaficção nesse romance tem origem e confia na verdade postulada como um *télos* cognitivo e como uma complexidade de fatos. A metaficção funciona como uma série de choques intertextuais: entre a visão do mal de Goethe e as várias narrativas nela baseadas, entre o mito de Jesus e a história de Jesus, e entre os costumes literários de Moscou e o progresso da verdade como é narrado pelo romance do Mestre. Esses choques implicam, todavia, uma hierarquia específica de valores no sentido de que o nível metaficcional tem a função de um refletor que focaliza plenamente a Verdade.

O Mestre e Margarita demonstra como a diferenciação e a descontinuidade dos níveis de narração impõem ao leitor a necessidade de avaliação axiológica do conteúdo semântico transmitido por cada um dos níveis. Assim, à luz desse modelo combinatório de leitura, a metaficção é apenas uma ferramenta da Verdade abaixo e além de qualquer ficção.

O DOM: REALIZAÇÃO DA METAFICÇÃO COMO NOSTALGIA CRIATIVA DA CRIAÇÃO LITERÁRIA ABSOLUTA

O Dom, de Vladimir Nabokov, é provavelmente o exemplo mais perfeito da metaficção eslava. É baseado no objetivo referencial sistematicamente perseguido da narrativa e de sua reflexão no espelho da determinância-indeterminância do comentário. A voz narrativa desse romance é, por assim dizer, necessariamente metaficcional, porque não se pode constituir de outra forma senão através de uma referência constante aos vários modelos ficcionais que suportam a nostalgia criativa do protagonista Fiódor Godunov-Cherdyntse. Ele pretende escrever um romance sobre Nikolai Gavrilovich Tchernichévski. A escritura real desse romance é um dos temas de *O Dom*, mas é de suma importância nele o desejo compulsivo de igualar e imitar grandes modelos da literatura russa. Isso não significa, todavia, que O *Dom* seja estrita e unicamente um romance auto-referencial. É também um romance sobre o amor e o desespero, o exílio e a morte. Entretanto, seu tema central é a criação literária enquanto ato que envolve uma relação quase onírica e obsessiva com um espaço e um discurso literário idealizado. Em *O Dom*, esse espaço e esse discurso são a literatura russa enquanto corporificada por vozes tais como as de Púchkin, Gógol e Tchernichévski. A descrição feita por Nabokov desvenda, sem ambigüidade, a estrutura metaficcional de seu romance:

ESTRUTURAS METAFICCIONAIS EM LITERATURAS ESLAVAS... 85

É o último romance que escrevi ou que ainda escreverei em russo. Sua heroína não é Zina, mas a literatura russa. O enredo do Capítulo Um centra-se nos poemas de Fiódor. O Capítulo Dois é uma onda em direção a Púchkin no progresso literário de Fiódor e contém sua tentativa de descrever as pesquisas zoológicas de seu pai. O Capítulo Três muda para Gógol, mas seu eixo verdadeiro é o poema de amor dedicado a Zina. O livro de Fiódor sobre Tchernichévski, uma espiral dentro de um soneto, é o tema do Capítulo Quatro. O último Capítulo combina todos os temas precedentes e prevê o livro que Fiódor sonha escrever um dia: *O Dom*[21].

Em *O Dom*, Nabokov mostra a dinâmica do processo criativo que envolve a interação de vários fatores, tais como memória, experiência imediata da vida cotidiana, experiência crítica da literatura e atitude crítica auto-reflexiva face aos produtos literários da inspiração e do ato criativo. *O Dom* é um romance sobre uma consciência crítica crescente tematizada pela história de Fiódor Godunov-Cherdyntse. Este é um poeta e um romancista-biógrafo, cujo ciclo de poemas sobre a infância foi objeto de resenha crítica da parte dele mesmo e de alguns críticos. Nabokov estrutura *O Dom* como uma narrativa sucessivamente serial que alterna poemas e reflexões, criação e comentário, a história da vida de Tchernichévski e sua crítica. Além de enfatizar a função anedótica, essas estruturas melhoram a auto-reflexividade do romance, não só como ficcional, mas também como metaficcional. Sua auto-reflexividade é ficcional porque reconstitui o universo social da literatura, especialmente a comunidade de escritores, leitores e críticos. Nesse sentido, a consciência crescente de Fiódor é o resultado do estatuto social da literatura. Enquanto metaficção, é um todo orgânico baseado no intercâmbio semântico entre o ato criativo e sua colocação na perspectiva da – isto é, sua significação na – literatura russa. O modo reminiscente da narração envolve a escala constante (senão explícita, pelo menos implícita) de comparações dentro da, e próprias da literatura russa. Quando o narrador diz que "A distância da antiga residência à nova era quase a mesma que, alhures na Rússia, a da Avenida Púchkin à Rua Gógol"[22], ele metaforiza cognitivamente o progresso da consciência criativa.

A literatura russa é, portanto, o espelho meta e megaficcional e a medida dos empreendimentos literários de Fiódor. Seus feitos são comparados, implicitamente, aos dos maiores poetas e escritores russos. Nesse sentido, as análises técnicas, assim como os comentários eruditos em *O Dom*, têm função metaficcional. Ressaltam a importância da busca da perfeição e a intencionalidade das obras literárias, que são realizadas através da linguagem e da retórica, bem como através de seu contexto referencial específico. A memória é a consciência da tradição russa e das injunções russas para o narrador. O fluxo de memória é

---

21. Vladimir Nabokov, *The gift* (O Dom), tradução inglesa de Michael Scammell com a colaboração do autor, New York: Popular Library, 1963, p. 9.

22. Idem, p. 166.

86 DIALÉTICAS DA TRANSGRESSÃO

também um retorno necessário à cultura e à literatura russa. É por isso que *O Dom* é, sem dúvida, o romance eslavo mais metaficcional. Ele tematiza a dialética entre a criação e seus horizontes lingüísticos e artísticos, a obra e a linguagem, a linguagem e o sonho criativo, o processo criativo e sua origem, sua dinâmica e sua infinidade.

Se a literatura russa é a "heroína" de *O Dom*, isso significa igualmente que entre o narrador e seu protagonista ocorre uma espécie de cumplicidade dentro do domínio de um sistema supremo de valores. Este engendra o diálogo necessário entre modelos ou o dialogismo entre modelos dentro do espaço de *O Dom*. A metaficção do romance de Nabokov reside na narrativização sistemática, quase irônica ou paradoxal, desse intercâmbio dialógico.

UM TÚMULO PARA BORIS DAVIDOVITCH: METAFICÇÃO ENQUANTO CONTROLE E MODULAÇÃO DA NARRATIVA

Concebido como uma série de oito histórias narradas consecutivamente pelo mesmo narrador, *Um Túmulo para Boris Davidovitch*, de Danilo Kiš, é um romance que trata do "destino de várias pessoas que pereceram durante o Grande Terror do final dos anos de 1930"[23]. O Grande Terror em questão é o desastroso resultado do regime stalinista e, mais particularmente, a liquidação do Comintern. Joseph Brodsky acrescenta:

> Para explicar aquilo, infelizmente as fontes são, na maioria, russas. Com sessenta milhões de mortos na guerra civil, a coletivização, o Grande Terror, e outras coisas, a Rússia neste século produziu história bastante para manter ocupados os literatos de todo o mundo por várias gerações[24].

Publicado em 1976, o romance de Danilo Kiš é uma espécie de mini-enciclopédia dos crimes cometidos em nome da ideologia. É por isso um romance histórico e político. Sua estrutura e seu discurso requerem uma atitude particular do narrador face à História e face tanto a acontecimentos quanto a documentos. Em seu espaço tensional, o problema da ficção passa a ser o da exatidão e da verdade. Estas podem ser obtidas a custo de uma manipulação narrativa e discursiva específica de fatos e acontecimentos. Nesse romance, traz-se uma série de sintagmas narrativos recorrentes e de categorias semânticas. Eles estão ligados aos motivos repetitivos do engodo, da impostura e do assassinato traiçoeiro. Os personagens de *Um Túmulo para Boris Davidovitch* executam, nos diferentes países da Europa, sua missão histórica de combater pela justiça social em nome do comunismo.

---

23. Joseph Brodsky, Introduction, em Danilo Kiš, *A Tomb for Boris Davidovich*, tradução inglesa de Duska Mikic-Mitchell, New York: Penguin Books, 1980, p. xiii.
24. Idem, ibidem.

ESTRUTURAS METAFICCIONAIS EM LITERATURAS ESLAVAS... 87

Caem, apesar disso, na armadilha da máquina complexa do comunismo como doutrina em expansão que envolve lutas pelo poder e morrem como vítimas do Grande Terror. Danilo Kiš restitui à História e ao Tempo sua aura específica de mistério e crueldade que sustenta todas as histórias narradas em *Um Túmulo para Boris Davidovitch*. Ao mesmo tempo, ele escreve baseado na afirmação de que é difícil, senão inatingível, conhecer a Verdade, que os fatos são relativos e que, a despeito dos fatos, a ficção é uma manipulação dos sintagmas narrativos e da linguagem. É aqui que vem à tona a questão da metaficção no romance. Enquanto respeita os fatos e os testemunhos da História, o narrador reconhece explicitamente que eles foram transmitidos verbalmente e que, por conseguinte, já estão afetados pela ficção. O empenho narrativo de Kiš nasce de sua intenção de selecionar os fatos e de dramatizar a dimensão testemunhal da História. Ademais, seu estilo e sua técnica tendem a intensificar a experiência vivida do passado, isto é, tendem a tornar os acontecimentos familiares, quase ficcionais. Restaurar a intensidade do tempo e do espaço requer uma forte densidade de detalhes que garante a cor local da narrativa. Assim, a técnica e o estilo resultam de uma espécie de *double bind*: dizer, em primeiro lugar, a verdade, e somente a verdade, e, em segundo lugar, criar uma atmosfera de presente imediato. Presumindo-se que a linguagem transforma a verdade e que até mesmo os fatos mais evidentes correm o risco dessa transformação, Kiš cria uma estrutura de prosa complexa que comunica essa duplicidade funcional da narrativa. Nesse sentido, *Um Túmulo para Boris Davidovitch* pode ser considerado como uma arquitetura verbal específica que engloba tanto a ficção quanto a metaficção. Esta última é uma estrutura, constante e altamente funcional, que envolve modulação e controle da ficção. Os universos ficcionais do romance estão sujeitos ao comentário do narrador, que, dinamicamente, regula a distância entre narração e fatos, bem como entre o imperativo estético e a visão do narrador. Tudo isso implica um sistema específico de enunciação.

Um Túmulo para Boris Davidovitch é sistematicamente colocado em movimento narrativo, por assim dizer, pelas observações e digressões do narrador, as quais têm uma função muito precisa de modulação e controle da narração. É modulado porque o narrador admite as lacunas de testemunhos e documentos e deve impedir o leitor de cair na armadilha da ficção verossímil... Por isso, logo na abertura o narrador diz:

A história que estou prestes a contar, história nascida na dúvida e na perplexidade, tem somente a infelicidade (alguns chamam isso de felicidade) de ser verdadeira: foi gravada pelas mãos de gente honrada e de testemunhas confiáveis. Mas, para ser verdadeira como sonha seu autor, deveria ter sido narrada em romeno, húngaro, ucraniano ou ídiche; ou melhor, em uma mistura de todas essas línguas. Por isso, se o narrador pudesse alcançar o inatingível, momento aterrador de Babel, os humildes pleitos e as

88   DIALÉTICAS DA TRANSGRESSÃO

consideráveis súplicas de Hanna Krzyzewska ressoariam em romeno, em polonês, em ucraniano...[25].

Esta abertura do romance no capítulo "A Faca com Cabo de Jacarandá" chama a atenção do leitor para a intenção especial do narrador de ser tão preciso e fidedigno quanto possível em relação aos referentes da história. Esse tipo de informação ocorre sistematicamente no romance a ponto de constituir a operação metaficcional na medida em que define claramente os parâmetros da ficção e estabelece as proporções corretas entre os fatos e a linguagem, a História e a narração, a ficção e a narrativa.

No último capítulo, "Um Túmulo para Boris Davidovitch", o narrador joga com a história: "A história o registrou como Novsky, que é apenas um pseudônimo (ou, mais precisamente, um de seus pseudônimos)! Mas o que imediatamente semeia a dúvida é a questão: a história realmente o *registrou*?"[26].

A narração de Kiš questiona a narrativa enquanto ficção que não pode ser, ela própria, a realidade. Ao mesmo tempo, constrói um universo de mensagens que ganha em persuasão e exatidão. O narrador desempenha o papel de testemunha cujas operações metaficcionais servem à Verdade e ao Tempo. Elas condicionam a maneira com que o leitor interpretará os fatos: como veículos da verdade e da narração que quer ser tão verdadeira e tão precisa quanto a verdade. A metaficção serve, portanto, ao processo comunicativo, porque requer do leitor não só uma suspensão voluntária da descrença como também sua simultânea consciência das condições da verdade. *Um Túmulo para Boris Davidovitch* é um romance sobre a condição da verdade possível e da impossibilidade de uma reprodução total dos acontecimentos. Enquanto tal, faz da metaficção a ferramenta de um jogo dialético entre o leitor, o narrador e a História.

À GUISA DE CONCLUSÃO

Se há alguma especificidade das literaturas eslavas, ela não aponta para a metaficção como uma de suas feições dominantes. Sendo mais realística e referencialmente fundamentadas, elas utilizam a metaficção num contexto específico do discurso literário. Os romances que abordei demonstram que esse contexto implica relações referenciais entre universos ficcionais e níveis metadiscursivos de narração. A diversidade dos universos ficcionais em tais romances permite-nos dizer que a função da metaficção consiste, principalmente, em enfatizar a distância crítica ou axiológica que separa o discurso do narrador

25. Idem, p. 3.
26. Idem, p. 73.

de seus referentes, personagens e histórias. Assim, a ficção pós-moderna teria sido um fenômeno bem estranho nas literaturas eslavas. Elas praticam antes um culto do fato e da ironia com respeito a qualquer tipo de assunção ideológica. A metaficção pela metaficção não pertence a esse universo literário.

7. Gombrowicz: Dançar Conforme a Música do Outro

> *O humilhado humilha aquele que o humilha através de sua própria humilhação ("O Dançarino do Bacharel Kraykowski"), o perseguido persegue o perseguidor, submetendo-se às suas perseguições ("Aventuras"), aquele que é forte está desarmado, pois possui apenas força, e esta é limitada, frágil ("O Rato"). O fraco atrai para si a força do forte como numa selva de alçapões. Golias será vencido por Davi, o carrasco pela vítima. O sofrimento é um trunfo considerável nas mãos da mais frágil criatura, pois provoca um verdadeiro sofrimento naquele que não sofre – um sofrimento do medo de sofrer, do medo do qual só é possível libertar-se pelo sofrimento. Aquele que sofre por último não tem medo de nada.*
>
> ANDRZEJ KIJOWSKI[1]

1

Com Tolstói, Leskov, Conrad, Henry James, Thomas Mann, Jaroslav Hašek, Cortázar e alguns outros cujos nomes não me arriscarei a citar, Gombrowicz pertence à família dos "grandes narradores". Ele subverteu todos os cânones literários poloneses. Grande fazedor de narrativas e manipulador de máscaras, farsante e provocador, filósofo perverso e ironista implacável, parodista impenitente que joga com os grandes modelos discursivos de Shakespeare, Rabelais e Dostoiévski, Gombrowicz paira acima do horizonte da literatura polonesa do século XX. Sua obra é marcada pela celebração da "missa inter-humana", isto é, do teatro social da Forma. Na obra proteiforme de Gombrowicz, as modalidades narrativas, teatrais e as do escrevedor de um narcisismo colorido interrogam a Forma que faz do sujeito humano um ser obediente, imitador do Outro. Este engendra o jogo social das máscaras. O protagonista das narrativas de Gombrowicz não pode subtrair-se a isso. Deve dançar conforme a música do Outro. Vejamos como é executada essa dança ao mesmo tempo lúdica e macabra.

Memórias do Tempo da Maturidade (1934), primeiro livro, que Gombrowicz reintitula *Bakakai*[2] em 1957, após haver acrescentado

---

1. *A Estratégia de Gombrowicz.*

2. Witold Gombrowicz, *Bakakaj*, em *Dzieła*, Kraków: Wydawnictwo literackie, t. 1, 1986.

92 DIALÉTICAS DA TRANSGRESSÃO

alguns textos, constitui um terreno de observação privilegiado. A escritura se busca: é aqui que se demarcam os temas, que surgem as figuras principais do jogo narrativo, que irrompem as formas.

Todos os contos de Gombrowicz remetem à encenação de uma situação insólita solicitada por uma relação bem particular entre o narrador e o mundo. O narrador registra um universo estranho, ao mesmo tempo que cria estranheza. Uma estranheza inquietante e perversa. Rapidamente ela se torna grotesca, fantástica ou absurda. Pois é o narrador que conduz o jogo. Nos contos, a figura do narrador se constitui pelo princípio de um duplo demiurgismo: 1) ele provoca situações estranhas ou insólitas, que explora para revelar um estado de coisas do qual ele é o principal criador e espírito de movimento; ou então: 2) ele dá a situações comuns e banais uma visão narrativa burlesca e fantástica. As duas atitudes demiúrgicas são complementares, e não se pode admitir que uma preceda à outra senão para captar melhor sua interdependência. Com efeito, se o contista se põe a contar, é para dizer o que lhe acontece, o que ele provoca, o que, paradoxalmente ou cruelmente, ele solicita da realidade. Seu processo, fundamentado no duplo demiurgismo, neutraliza a diferença entre um eu narrante (*je narrant*) e um eu atuante (*je agissant*). Essa neutralização está na origem de um *gestus* interpretativo que reflete o mundo narrado no espelho deformador criado pelo contista. *Agir* por provocação, conspirando contra a humanidade, *narrar* o mundo possível forjado do início ao fim pela voz contadora, *interpretar* estabelecendo correlações entre o mundo criado e o mundo pensado pelo narrador. Essa é a grande tríade quase dialética e hegeliana de Gombrowicz, com a única diferença de que sua Razão não se volta, como em Hegel, para o cumprimento do Sistema. Ela reina imperturbável sobre todas as contradições e sobre todos os paradoxos produzidos pelo sistema de Gombrowicz. Resumamos: o enfeitiçamento pelo Outro provoca a conjuração de todas as forças do indivíduo enfeitiçado para servir o Outro. Os contos de Gombrowicz, bem como, a seguir, seus romances, reiteram de maneira impressionante os tiques do contista e do protagonista observador, estabelecendo ao mesmo tempo uma relação funcional entre três "fazeres": o acional, o narrativo e o interpretativo. Ver-se-á como estes últimos subjazem a um universo semântico onde a figura do narrador é uma réplica verbal do protagonista atuante e onde a representação está baseada numa encenação do mundo tal como este é organizado pelo narrador-protagonista-intérprete. Presente nos contos de *Bakakai*, o processo interpretativo, quase filosófico, de Gombrowicz vai subjazer a toda a sua obra, onde se escreve, se descreve e se transcreve a vocação brincalhona do homem. Assim se resume, um tanto brutalmente, a visão do mundo de Gombrowicz. Esta é tributária da interdependência e da conjunção dos três "fazeres".

2

Lembramo-nos da importância da humilhação em *Memórias do Subsolo*. O encadeamento do monólogo é provocado pela humilhação do homem do subsolo por parte de Zverkov. A humilhação engendra a humilhação. O círculo vicioso do humilhador e do humilhado só pode ser rompido pelo esmagamento de um ou de outro, quer por uma humilhação ainda maior, quer pela transgressão imaginária ou real dessa humilhação. O que Dostoiévski leva até o limite no registro da psicologia subterrânea, ao fazer com que intervenha o inconsciente, Gombrowicz o situa no registro irônico e burlesco, ao levar ao paroxismo os diferentes avatares do mal. Em suma, a situação do narrador em "O Dançarino do Bacharel Kraykowski"[3], conto introdutório da coletânea *Bakakai*, lembra de imediato a do homem do subsolo. Assim como este é humilhado por Zverkov, o narrador do "Dançarino" é humilhado pelo advogado Kraykowski. A partir daí, seu comportamento já não visa senão a uma única coisa: chamar a atenção de Kraykowski. Em vão. Pois a indiferença de Kraykowski só consegue aumentar a insistência do narrador, que quer a qualquer preço suscitar uma reação do advogado. A cólera de Kraykowski convém, portanto, ao narrador. Quando este remete uma carta anônima à mulher do doutor cortejada por Kraykowski, carta cujo objetivo é torná-la mais sensível e atenta aos fatos e gestos do advogado, este, encontrado na rua, ficará furioso: "O que significam essas brincadeiras idiotas? gritou. O que o senhor quer de mim? Por que fica aí me seguindo? Que é que há? Vou lhe dar uma bordoada com esta bengala! Vou lhe quebrar os ossos". O narrador se sente gratificado:

> Eu não conseguia falar. Estava feliz. Absorvi aquilo como uma eucaristia e fechei os olhos. Limitei-me, sempre silencioso, a me curvar e a mostrar as costas. Esperei – e vivi assim alguns instantes perfeitos, daqueles que só pode conhecer quem já não tem muitos dias pela frente... Em estado de graça, de bênção, com o coração transbordante, voltei para casa pelas ruas desertas[4].

Em "O Dançarino do Bacharel Kraykowski", estabelece-se pouco a pouco a poética da incongruidade que determinará mais tarde o andamento da escritura de Gombrowicz. Há uma contradição flagrante entre a evolução da situação, ou, se se preferir, da aventura vivida pelo narrador, e o fazer interpretativo sustentado ativamente pelo investimento psíquico e pelo gosto perverso pelo grotesco. A relação inter-humana provocada e encenada é interiorizada a ponto de tornar-se irreconhecível. O que o narrador diz a respeito dela contrasta com o que passaria por um simples comentário sobre um comportamento

---

3. Witold Gombrowicz, *Tancerz mecenasa kraykowskiego* (O Dançarino do Bacharel Kraykowski), em op. cit.

4. Idem, p. 11.

94 DIALÉTICAS DA TRANSGRESSÃO

social "anormal". Gombrowicz perverte uma situação social final-mente bastante comum, como demonstra ainda o exemplo a seguir. Ao rechaçar o narrador-fura-fila diante do guichê em que este veio comprar uma entrada para ver, pela trigésima quarta vez, *A Princesa Czardasz*, Kraykowski age como "bom cidadão" respeitador da ordem. Ao querer furar a fila, o narrador age como "mau cidadão" e perturba a ordem. Ora, o que acontece depois é a inversão subjetiva de um contexto social objetivamente definível.

Se Gombrowicz estabelece uma tal clivagem entre a ação e a interpretação, é para melhor alojar sua filosofia, que ainda não está tão nitidamente articulada quanto em *Ferdydurke* ou em *A Pornografia*, mas que já desponta através do comentário. O homem é naturalmente atraído pelo homem. Seu destino é solicitar o reconhecimento do Outro. O único ídolo do homem é o Outro. É da natureza humana querer conduzir o Outro ao sabor de seus fantasmas. Estes são engendrados pelo Outro. Dançamos, pois, sempre conforme a música do Outro.

Todas essas proposições exprimem alguns dos aspectos essenciais da visão gombrowicziana do mundo, mas sua funcionalidade cotidiana é ilustrada de modo paradoxal em *Bakakai*. Ficamos impressionados pela clivagem entre o que acontece e o que a respeito disso se diz em "O Dançarino do Bacharel Kraykowski", e somos curiosamente solicitados pela profundidade do comentário: "Sim, nada é tão difícil e delicado, e até sagrado, quanto a pessoa humana, nada pode igualar a potência ávida daqueles elementos misteriosos que, sem grandeza e sem objeto, nascem entre desconhecidos para amarrá-los pouco a pouco com terríveis cadeias"[5]. O que diz o narrador "em geral", ao colocar o problema das relações secretas entre os indivíduos, introduz no texto uma perspectiva de ambigüização. "O Dançarino do Bacharel Kraykowski" organiza-se em torno de alguns núcleos dos conteúdos aparentemente oposicionais e contraditórios, e até indecidíveis. Parábola perversa da atração unilateral? Demonstração burlesca da incomunicabilidade? Metáfora narrativa e paradoxal da paixão inútil? É tudo isso, reunido num programa narrativo brilhantemente realizado.

3

Esse programa é a progressão do texto de um paradoxo para outro: desde a humilhação do narrador por Kraykowski até sua atitude obsessiva, desde a indiferença de Kraykowski até a provocação excessiva do narrador, que se resolve na última parte do texto. É aqui que o título do conto, aparentemente gratuito, se justifica. A idéia da dança aparece antes da cena do parque onde o narrador surpreende o

5. Idem, p. 10.

advogado em companhia da mulher do doutor. Ao prosseguir em seu jogo de provocação, ele estimula, com suas exclamações, os galantes esforços de Kraykowski. O narrador exprime sua alegria ao descobrir que o advogado, apesar de tudo, não abandonou a mulher do doutor. Ele dança uma "dança báquica", orgiástica, "como nunca dantes". Este "como nunca dantes" remete a uma só e única menção da dança no texto: "eu não conhecia nenhuma dança, salvo a dança-de-são-guido, e nenhuma mulher"[6]. Entretanto, quando o narrador fala pela primeira vez da dança, esta aparece em um contexto específico, ao mesmo tempo neutro e impositivo, mas sem nenhuma relação aparente com o advogado Kraykowski. A dança está paradoxalmente ligada a uma das máscaras do narrador. Este se define como tendo sido atingido pela doença que ele diz ser sua única ocupação, a epilepsia. Ao justificar sua atitude para com o advogado Kraykowski, atitude obsessiva que ocupa quase inteiramente seu tempo, o narrador afirma:

> Passei então meus dias no terraço da sorveteria para esperar o advogado e para segui-lo quando aparecesse. Ninguém além de mim poderia ter dedicado seis ou sete horas por dia a tal espera. Mas eu tinha tempo, sem saber como passá-lo. A doença (a epilepsia) era minha única ocupação, principalmente para as grandes ocasiões, fora da trama cotidiana[7].

Vê-se que essa explicação não esclarece o sentido do conto, pelo menos para quem quiser buscá-lo na relação impositiva entre o título e a história. A idéia da dança é introduzida pelo viés da dupla atividade do narrador: sua doença e seu apego ao advogado levado ao absurdo. Gombrowicz constrói desse modo uma lógica subjetiva do comportamento individual e uma negação desse mesmo comportamento. Pois o indivíduo não é livre. Ele é solicitado pelo Outro na própria profundidade de seus fantasmas. Entre a dança epiléptica e a dança para o advogado Kraykowski, introduz-se o espaço obsessivo do fantasma do Outro e do texto no qual se joga, através dos "fazeres" acional, narrativo e interpretativo, o delírio da vã paixão pelo Outro. O apogeu e o absurdo dessa paixão se consumam no final do conto: "Corro o risco de morrer de repente na rua, ao pé de um muro. Se isso acontecer (preciso deixar um bilhete), quero que meu corpo seja expedido para o Bacharel Kraykowski"[8].

Todo o texto de Grombowicz é construído sobre o princípio das disjunções interpolares. Entre a insistência do narrador e a indiferença do advogado, entre a objetividade da situação social e sua conseqüência subjetiva, entre o título e a história, Gombrowicz situa a presença do narrador, que disseca perante o leitor sua psique complexa e

6. Idem, p. 9.
7. Idem, Ibidem.
8. Idem, p. 15.

96 DIALÉTICAS DA TRANSGRESSÃO

pervertida pela paixão do Outro. O narrador simula a pose de um homem modesto, doente, provocado e ofendido que vai até o extremo de sua paixão por provocação e por insistência.

O primeiro conto de *Bakakai* instaura um jogo narrativo em que as relações inter-humanas ainda não assumem aquela forma ativa que os romances de Gombrowicz tornarão particularmente dinâmica. Pode-se admitir que, nesse conto, Gombrowicz cria uma ficção da obsessão unilateral do humano pelo humano. "O Dançarino do Bacharel Kraykowski" seria, portanto, uma espécie de alegoria negativa da alteridade deceptiva. Engendrado no espaço social, o jogo de Gombrowicz concretiza a imagem do homem, animal social, do qual uma das obrigações imperativas é encontrar o Outro. Esse encontro é conflituoso e apaixonado; sua perversão reside no fato de que o fantasma do Outro representado pelo narrador engendra uma progressão masoquista de sua inútil paixão, pervertendo ainda mais a vivência do Outro. O "testamento" imaginário do narrador é o auge do amor do Outro. Pelo desejo de fazer com que seu cadáver seja remetido ao advogado Kraykowski, o narrador sela "eternamente" o imperativo de estar com o Outro. A dança báquica mediatiza a celebração e a fatalidade do Outro.

Gombrowicz procede, pois, de acordo com uma ordem obsessiva que nenhuma ordem lógica "normal" justifica. A paixão do Outro, correlativa a uma organização narrativa rigorosa, embora quase fantástica, torna-se um objeto lúdico em si. Ela subverte o jogo para melhor reabsorvê-lo e dobrá-lo em função da ordem obsessiva na qual opera o narrador.

Bakakai, que reúne textos bastante diversos, lança as balizas da poética da incongruidade que se tornará cada vez mais funcional na obra de Gombrowicz. Essa poética assenta no princípio da provocação e na implicação estrutural e semântica do fazer acional, do fazer interpretativo e do fazer narrativo. Essa implicação assenta em uma encenação da figura do narrador que duplica e multiplica suas encarnações a fim de perverter e magnificar as relações inter-humanas. A música do Outro não conhece limites. Cada ser humano é um dançarino que tem seu advogado Kraykowski. A *libido dominandi* da paixão do Outro quer até mesmo fazer-lhe a oferenda de seu futuro cadáver. No espírito do sistema de Gombrowicz, a simetria inter-humana quer que o Outro seja o proprietário do corpo do Outro, de ambos os lados do olhar. Para além do pensamento obsessivamente burlesco de Gombrowicz, desenha-se algo como a política do Outro. E o universo de *Bakakai* deixa entender que ela tem seus deputados, seus governos, seus ministros, e até mesmo suas prisões.

8. A Consciência, a Alteridade e o Discurso da Narração em Italo Svevo

A Consciência de Zeno[1], de Italo Svevo, juntamente com *I Promessi Sposi* (Os Noivos), de Alessandro Manzoni, é provavelmente o romance mais analisado da literatura italiana. No âmbito dos sistemas críticos hegemônicos dos últimos quarenta anos, tudo ou quase tudo já foi dito sobre o romance de Svevo. Se isso não pressupõe necessariamente a qualidade de uma obra-prima absoluta da qual se deva falar a qualquer custo, *A Consciência de Zeno* exige uma leitura polivalente que defina e procure exaurir um discurso crítico ao mesmo tempo analítico e meta-analítico. Sem querer caracterizar suas convergências e divergências, quero salientar que o discurso crítico sobre *A Consciência de Zeno* coloca o romance numa perspectiva metacrítica em que se podem distinguir pelo menos quatro problemáticas ou zonas culturais: a psicanálise, o decadentismo, a noção de consciência e o conceito de romance europeu. Parece-me ser necessário explorar uma vez mais essas zonas e procurar individuar alguns parâmetros novos úteis para a análise do romance sveviano. O que me parece bastante óbvio é que as quatro áreas distinguidas por mim não se comunicam entre si de modo suficientemente dialético para descrever adequadamente a especificidade e a novidade do romance de Svevo e para relativizar o sentido de algumas afirmações ou grades de leitura.

---

1. Italo Svevo, *A Consciência de Zeno*, tradução de Ivo Barroso, Rio de Janeiro: O Globo/ São Paulo: Folha de S. Paulo, 2003. Todas as citações do romance de Svevo remetem a esta edição.

Tenho a convicção de que reler hoje Svevo com chave comparativa pode propiciar uma nova interpretação dessas zonas metacríticas. E minha tentativa será justamente repensar *A Consciência de Zeno* numa perspectiva comparativa. Gostaria particularmente de individuar alguns elementos das zonas metacríticas da consciência e da especificidade romanesca da obra de Svevo para poder, a seguir, proceder à definição do lugar específico de *A Consciência de Zeno* no âmbito do desenvolvimento do romance genericamente chamado "moderno". Uma releitura dos parâmetros metacríticos de *A Consciência de Zeno* deveria permitir-nos demonstrar a originalidade, mas também os limites do romance sveviano. De qualquer modo, é justamente a capacidade de uma obra de permitir uma leitura retrospectiva que determina, entre outras coisas, sua modernidade. Para tanto, devemos submeter as obras-primas à prova da releitura.

No âmbito da "família genérica" do romance, *A Consciência de Zeno* é um texto dificilmente classificável. Admitindo-se que, no horizonte crítico dos anos de 1920 e 30, tenhamos na Europa pelo menos duas grandes teorias do romance, a de Lukács e a de Bakhtin, *A Consciência de Zeno* não pode ser classificado sem dificuldade nem com a tipologia de Lukács nem com a de Bakhtin. No que concerne à tipologia de Lukács, *Zeno* parece possuir características de conteúdo e de forma que permitem afirmar sua vinculação simultânea a dois tipos: o romance do "romantismo da desilusão" e o romance da "tentativa de síntese", cujo melhor exemplo é *Os Anos de Aprendizagem de Wilhelm Meister*, de Goethe. Zeno não é um indivíduo "demoníaco" nem problemático a buscar valores autênticos numa sociedade de valores degradados: é um burguês, inteligente e sensível, que conta a história da sua vida seguindo o código psicanalítico. O segundo tipo de romance na tipologia lukacsiana é o romance da "tentativa de síntese". Em *Wilhelm Meister*, o heroísmo do idealismo abstrato e a interioridade pura do romantismo da desilusão vêm sendo admitidos como tendências justificadas, mas que devem ser superadas e integradas numa ordem interiorizada. A ironia torna-se uma força propulsora e um fator de auto-regulação das tensões entre a interioridade, a subjetividade e o mundo. *A Consciência de Zeno* ocupa uma posição intermediária entre os dois tipos de romances de que fala Lukács. Na qualidade de observador de si mesmo e dos outros, o narrador de *Zeno* estabelece uma espécie de sistema de auto-regulação analítico, discursivo e narrativo que lhe permite simultaneamente confessar-se e relativizar a confissão, recordar-se, comentar, distanciar-se de si mesmo e colocar sua vida numa perspectiva ética e estética.

Ora, se projetamos sobre *A Consciência de Zeno* a grade de leitura da polifonia e do dialogismo, ele absolutamente não nos parece ser um romance polifônico-dialógico. Proponho então defini-lo como dialogado, em vez de dialógico, e "monologizante", de preferência a

A CONSCIÊNCIA, A ALTERIDADE E O DISCURSO DA NARRAÇÃO EM SVEVO 99

monológico. Essas distinções entendem individuar os traços característicos da narração, da estrutura e da mensagem sveviana. O que me parece bastante significativo em *A Consciência de Zeno* é que a tematização da consciência não é conduzida para uma plenitude cognitiva que garanta ao narrador uma clara cognição do eu, da subjetividade e de sua interioridade. Captar a consciência da consciência de si implica um distanciamento dialético e uma auto-análise que impõem ao narrador também a necessidade de focalizar a relação entre o eu e a alteridade. O que me proponho demonstrar é a limitação perceptiva da consciência para o narrador e os obstáculos da regulação da relação entre o eu e a alteridade. Poder-se-á então compreender em que consiste o lugar crítico do romance de Svevo.

Na literatura moderna, é Dostoiévski que, em *Memórias do Subsolo*, tematiza de maneira radical o problema da consciência e da alteridade. Na esteira do romance de Dostoiévski, produz-se regularmente um "retorno do subsolo", se entendemos essa fórmula simbolicamente como narração na qual o eu é posto em situação de autonarração para atingir um estado relativamente claro da consciência de si. Essa operação é expressa através do processo de interiorização e relativização do eu que colhe suas determinações sociais e individuais e seus limites no espaço da alteridade. No discurso romanesco moderno, a partir de Dostoiévski, e até *Molloy*, de Beckett, *O Túnel*, de Ernesto Sábato, e a *História de um Idiota Contada por Ele Mesmo*, do escritor espanhol Félix de Azúa, o subsolo funciona como autonarração que põe em relevo a dinâmica do eu, da consciência e da alteridade. A posição de Svevo nesse contexto pode ser descrita como uma tentativa de superar as determinações subjetivas e sociais do eu para atingir um estado da consciência ao mesmo tempo irônico e relativizante diante de sua situação no mundo. Esse processo enquanto narração adquire formas discursivas específicas que procurarei descrever e relacionar comparativamente com os outros romances da consciência tematizada.

O título do romance de Svevo tem uma dimensão metalingüística. O termo *consciência* remete a uma noção que não é definível banalmente com uma linguagem natural. Para definir a noção de consciência, devemos fazer referência quer ao domínio psicológico-analítico, quer ao filosófico. E também aqui as definições podem variar. Com o título *A Consciência de Zeno*, Svevo chama a atenção do leitor para a duplicidade do problema da consciência. A "consciência de Zeno" quer dizer: eis um homem que nos dá uma imagem, uma versão romanesca de sua consciência. Implicitamente, Zeno sabe o que quer dizer "consciência", porém, ao mesmo tempo, o título, após a leitura do romance, pode querer dizer: eis um percurso dos estados de consciência do narrador que não logra explicar a si mesmo o funcionamento preciso de sua consciência e, embora busque a clareza,

100 DIALÉTICAS DA TRANSGRESSÃO

acaba narrando sua vida segundo um esquema burguês bastante tradicional, isto é, o "fumo" ou a neurose, a morte de seu pai ou a alusão a Édipo, a história de seu casamento ou a socialização dos sentimentos e do amor; a mulher e a amante; história de uma associação comercial, psicanálise. Essa estrutura temática, porém, não impõe necessariamente uma retórica ou um estilo particular. Pode-se dizer, pelo contrário, que o narrador sveviano se auto-analisa ironicamente, alusivamente ou polemicamente. A originalidade do romance reside no estilo seminarrativo, semidiscursivo, que deixa sempre uma impressão de ambigüidade a envolver os fatos, os gestos, os pensamentos, as reações, a história e as histórias de Zeno.

Observa Eugenio Montale:

Svevo permanece felizmente um narrador de têmpera que diríamos goldoniana, um poeta tragicômico que tem a sorte de ignorar o que seja poesia [...]. Em palavras parcas, [diz Montale], Svevo é um escritor profundamente italiano, embora em uma sua particularíssima acepção, e sua forma [...] é aquela que pode augurar para si todo grande escritor italiano[2].

À parte pelo menos a validade das observações de Montale, é necessário sublinhar que o problema desse escritor "profundamente italiano", desse poeta "tragicômico" de "têmpera goldoniana", pode estar ligado ao humorismo pirandelliano. A estrutura da obra sveviana é de feitio antes realista e tradicional, mas em seu interior nasce e se desenvolve um humorismo de dimensão particular. Svevo não concebe humoristicamente a obra como "teatro do espelho". Procede antes por modulações irônicas, incisões discursivas que unem de modo ingênuo "o aviso do contrário" ao "sentimento do contrário", para usar os termos pirandellianos. As frases-chave e subversivas de Svevo narram um evento, uma situação, uma emoção e, ao mesmo tempo, oferecem sua visão problemática. Nesse sentido, podemos dizer que são as simulações dialéticas que submetem as coisas a um tratamento metadiscursivo que desestabiliza as certezas narrativas. Eis alguns exemplos. No capítulo "A Morte de Meu Pai" (*La morte di mio padre*), o narrador conta:

[Meu pai] Reprovava-me duas outras coisas: a minha distração e a minha tendência de rir das coisas mais sérias. No que respeita à distração, a única diferença entre nós é que ele anotava numa agenda tudo aquilo de que se queria lembrar, revendo-a várias vezes ao dia. Supunha que assim acabava com a distração e não sofria mais com isso. Quis impor-me também o uso da agenda, mas nela não cheguei a registrar senão alguns últimos cigarros.

Quanto ao meu desprezo pelas coisas sérias, creio que meu pai tinha o defeito de considerar como tais demasiadas coisas deste mundo. Vejamos um exemplo: quando,

2. Eugenio Montale, Italo Svevo, em I. Svevo, [1938], *La coscienza di Zeno*, prefácio de Eugenio Montale, introdução de Bruno Maier, Milano: Dall'Oglio, 1976, sem paginação.

A CONSCIÊNCIA, A ALTERIDADE E O DISCURSO DA NARRAÇÃO EM SVEVO 101

depois de passar do estudo do direito ao da química, e com seu consentimento retornar ao primeiro, disse-me bonachão: – Mas fique sabendo que você está doido.

Não me senti de fato ofendido e, bastante grato pela sua condescendência, quis premiá-lo fazendo-o rir. Fui consultar-me com o Dr. Canestrini com o fim de obter um certificado. A coisa não foi fácil, pois tive para isso de submeter-me a longos e minuciosos exames. Depois de obtê-lo, levei-o triunfalmente a meu pai; ele, porém, não soube achar graça. Num tom amargurado e com lágrimas nos olhos, exclamou:

– Ah! Você está realmente doido!

Esse foi o prêmio de minha *fatigant* e inócua comediota. Nunca me perdoou e jamais riria do incidente. Consultar um médico por troça? Fazer expedir por troça uma declaração com selos e tudo? Coisa de doido!

Em suma, comparado com ele, eu representava a força e às vezes penso que o desaparecimento daquela criatura fraca, diante da qual eu me elevava, foi sentido por mim como uma quebra de energia[3].

Esses embates com o pai têm um valor hermenêutico sintomático, na medida em que o narrador introduz neles o jogo, a ironia e o elemento de indecidibilidade semântica: a força ou a fraqueza? A loucura ou a normalidade? Não se pode sair do labirinto dos signos em que se coloca o narrador usando suas incisões irônicas e criando as situações dialógicas que Gregory Bateson chama de metálogos, isto é, conversações cuja forma complexa conduz a uma situação de *double bind*, de indecidibilidade[4].

Eis outro exemplo tirado do mesmo capítulo. O pai acaba de fazer o testamento, coisa essa, como diz o narrador, "tão penosa".

Uma noite perguntou-me:
–Você acha que tudo acaba com a morte?
Penso com freqüência no mistério da morte, mas não estava ainda preparado para dar-lhe a opinião que me pedia. Para ser-lhe agradável, arquitetei uma teoria tranqüilizadora sobre o nosso destino:
– Creio que o prazer sobrexiste, já que a dor não é mais necessária. A decomposição seria assim como o prazer sexual. Em todo caso há de ser acompanhada de uma sensação de felicidade e repouso, visto que a recomposição é sempre muito fatigante. A morte deve ser o prêmio da vida![5]

Essas regularidades discursivas de Svevo podem ser definidas como digressões permanentes. O discurso sveviano coincidiria então com a definição schlegeliana da ironia: "Ironia é uma parábase permanente" (*Ironie ist eine permanente Parekbase*), isto é, a ironia é uma digressão permanente. O estilo irônico de Svevo baseia-se numa simulação da informação e numa digressão no sentido de uma operação de enunciação do sujeito que desestabiliza o objeto. Aqui, gostaria de recordar o comentário de Renato Barilli, que, em seu livro *La Linea Svevo-Pirandello*, observa justamente que a poética de Svevo

3. I. Svevo, op.cit., p. 34-35.
4. Gregory Bateson, Metalogue, *Steps to an Ecology of Mind*, New York: Ballantine Books, 1975, p. 1.
5. I. Svevo, *op. cit.*, p. 35.

102   DIALÉTICAS DA TRANSGRESSÃO

se funda numa noção estética e semântica que o crítico chama de melodia difícil:

A melodia do fazer estar junto o diverso, do compor em unidade estrutural os elementos que as exigências prático-habitudinárias nos obrigaram a fragmentar e a separar. Melodia difícil, mas convém precisar, já que também a força do hábito possui uma própria sua, talvez também seja mais facilmente receptível que a outra. Melodia baseada, tanto no caso de Svevo quanto no de Pirandello, numa espécie de sentimento do contrário, propenso a recolher e a harmonizar em um todo a nota discrepante, o particular destoante e marginal. Se Svevo não fala, a esse respeito, de humorismo, fala, contudo, repetidamente de ironia: ironia como um tomar suas distâncias das formas descontadas de existência para não se deixar absorver por elas, para se manter disponível para ver também o "outro", a téssera aberrante e de difícil colocação[6].

Barilli toca aqui um dos problemas essenciais que concernem ao discurso sveviano da narração. Essa fórmula paradoxal expressa o sentido polidirecional da narração que não se desenvolve com o único escopo de produzir a narrativa, mas é conduzida pelo sujeito nas diversas direções do sentido, cuja interpretação se abre para perspectivas várias e contraditórias. O narrador cumpre uma espécie de operação telescópica dos textos e romances e faz com que a atenção do leitor se desloque continuamente para novos espaços de legibilidade. Svevo cria uma pequena forma enciclopédica que incorpora as diversas variantes do romance enquanto gênero. São particularmente perspicazes a esse respeito as observações de Gabriella Contini:

O romance mantém um fundamento aparentemente tradicional e diz com precisão histórica algo da sociedade concreta de seu tempo: exibe um argumento: aquilo que é reassumível e contável como verdadeiro e próprio tema [...]. Mas o leitor que entra no jogo percebe que existe um segundo texto parodiador que incorpora e desvaloriza o primeiro. O romance burguês existe, mas é texto parodiado. Nem por isso inessencial. [...] O romance tradicional é incluído como material não substituível e não suprimível em cujas confrontações se coloca em movimento uma estratégia romanesca mais complexa. Tal texto incorporado não é alicerce e alvo a serem destruídos [...], mas deve sobreviver a cada momento. O sorriso de Zeno nasce do conhecimento de uma incorporação textual deliberadamente incompleta: da presença de escórias incombustas, de uma matéria não fundida, não absorvida, mas utilizada para significar pluralidade e dissonância. O livro nasce do pretexto de um romance para que o leitor tome consciência de uma distância. Um romance utiliza um outro romance: vagamente parasita, jamais nega seu estatuto de texto duplo e documenta o modo como o autor, através do narrador Zeno, compõe seu texto, e também as implicações teóricas e técnicas dessa operação[7].

Essa descrição da estrutura polimórfica de *Zeno* define o jogo textual determinado pelo fato de que o narrador sveviano existe enquanto criatura suspensa e problemática à qual a instituição oficial da psicanálise, representada pelo Doutor S., prescreveu narrar sua

6. Renato Barilli, *La Linea Svevo-Pirandello*, Bologna: Mursia, 1972, p. 43-44.
7. Gabriella Contini, Prefazione, em I. Svevo, *La coscienza di Zeno*, Milano: Mondadori, 1985, p. XIV-XV.

A CONSCIÊNCIA, A ALTERIDADE E O DISCURSO DA NARRAÇÃO EM SVEVO 103

vida. Porém, a consciência de Zeno não somente está dividida, infeliz no sentido hegeliano do termo, mas é também uma consciência que sintetiza a intencionalidade do narrado e do narrável e a consciência dos mecanismos psíquicos codificados pela psicanálise. O narrador, todavia, não acredita na psicanálise e a ironiza para mostrar seus limites e pretensões. Se devêssemos procurar uma chave ao mesmo tempo psicológica e romanesca, semiótica e psicanalítica para uma exegese do romance sveviano, capaz de colocá-lo em um contexto metacrítico, poder-se-ia afirmar que esse romance nos dá uma versão complexa do homem psicológico, do qual existem diversas variantes. Foucault, por exemplo, em sua *História da Loucura na Idade Clássica*, sustenta que o *homo psychologicus* é um descendente do *homo mente captus*[8].

O narrador sveviano, com seu atestado médico, já faz parte da família dos homens psicológicos. Foucault formula assim o discurso da psicologia:

> Uma vez que [ela] só pode falar a linguagem da alienação, a psicologia portanto só é possível na crítica do homem ou na crítica de si mesma. Ela está sempre, por natureza, na encruzilhada dos caminhos: aprofundar a negatividade do homem ao ponto extremo onde amor e morte pertencem um ao outro indissoluvelmente, bem como o dia e a noite, a repetição atemporal das coisas e a pressa das estações que se sucedem – e acabar por filosofar a marteladas. Ou então exercer-se através das retomadas incessantes, dos ajustamentos do sujeito e do objeto, do interior e do exterior, do vivido e do conhecimento[9].

O narrador sveviano age como o homem psicológico, cujo principal campo de ação é precisamente a psicologia entendida no sentido de Foucault com sua negatividade, com as repetições e correções. Quanto ao *homo psychologicus*, o narrador não pode não atravessar o campo de sua consciência e encontrar a alteridade. Esses são os dois pólos do discurso de Svevo, ainda que sua realização textual encontre vias diversas para colocar a indagação do narrador sobre a consciência e para defrontar a alteridade.

A Consciência de Zeno é, pois, um romance no qual se encena uma subjetividade e uma loucura, uma auto-observação e um jogo, uma "comediazinha" e uma tragicomédia, uma relação com os outros e um processo intencional da consciência. Trata-se de um romance que narra as vicissitudes de um sujeito alienado, de uma sociedade igualmente alienada, e das várias tematizações da consciência. O romance de Svevo pertence então a um espaço discursivo no qual, com *Zeno*, encontram-me *Memórias do Subsolo*, de Dostoiévski, *Lord Jim*, de Joseph Conrad, *Kotik Letaiev*, do escritor russo Andréi

8. Michel Foucault, *História da Loucura na Idade Clássica*, tradução de José Teixeira Coelho Netto, São Paulo: Perspectiva, 1978, p. 522, (Coleção Estudos).
9. Idem, ibidem.

104   DIALÉTICAS DA TRANSGRESSÃO

Bielyi, o *Livro do Desassossego*, de Fernando Pessoa, *Um, Nenhum e Cem Mil*, de Pirandello, *Molloy*, *O Inominável* e *Como É*, de Beckett. Citamos esses livros por representarem textualidades excepcionalmente fortes do subjetivo. É óbvio que ainda se poderiam acrescentar outros, mas o que marca esses romances é, por um lado, a tematização original da consciência e, por outro, a construção de um discurso que enfrenta a problemática da alteridade. A esse respeito, *A Consciência de Zeno* é uma obra que explora o romance tradicional, sobre o qual o narrador escreve, como vimos, uma metanarração irônica. A ausência da "liricização" da memória e da consciência, da grande intensidade polêmica de Dostoiévski e da poetização do discurso romanesco caracteriza *A Consciência de Zeno*, cujo discurso se constitui em uma "melodia difícil" ironicamente organizada, sem criar uma forma romanesca transgressiva[10].

Retomemos agora o problema da tematização da consciência. O narrador dostoievskiano faz dela uma isotopia central de seu discurso. A tematização da consciência é sobretudo negativa: "[...] estou firmemente convencido de que não só uma dose muito grande de consciência, mas qualquer consciência, é uma doença. Insisto nisso"[11]. E o subsolo estabelece as "execráveis leis da consciência":

> Faço exercício mental e, por conseguinte, em mim, cada causa primeira arrasta imediatamente atrás de si outra, ainda anterior, e assim por diante, até ao infinito. Tal é, de fato, a essência de toda consciência, do próprio ato de pensar. E assim chegamos de novo às leis da natureza. [E depois] O meu rancor, em virtude mais uma vez dessas execráveis leis da consciência, está sujeito à decomposição química[12].

Dostoiévski insiste na instabilidade, na incerteza e na imprevisibilidade da consciência. A consciência estável é uma quimera. O narrador se dá conta de que ela nunca é guiada por pensamentos coerentes. De fato, na memória há buracos, vazios, uma ausência de motivações para pensar ou querer pensar de certa maneira mais que de outra. A versão dostoievskiana do homem psicológico é a de um homem tomado por um delírio agressivo, por uma violência provocatória. O discurso do subsolo anuncia o inconsciente e o incomunicável.

No romance russo *Kotik Letaiev*, de Andréi Bielyi, a consciência é tematizada por meio da "modelização" pulsional, instintiva, do

---

10. Deve-se precisar ao mesmo tempo que no *Livro do Desassossego*, de Pessoa, produz-se uma forte interiorização e introspecção do discurso do narrador e herói. Para comparar os êxitos deste com o romance de Svevo, seria necessário um longo discurso crítico. Devemos, por isso, limitar-nos a focalizar alguns elementos pertinentes.

11. Fiódor M. Dostoiévski, *Memórias do Subsolo*, tradução, prefácio e notas de Boris Schnaiderman, São Paulo: Ed. 34, 2000, p. 19. As citações da obra remetem a esta edição.

12. Idem, p. 29-30.

texto. O narrador retorna obsessivamente à consciência que desejaria compreender enquanto conteúdo e enquanto processo psico-intelectual. A forma revolucionária desse romance constitui como uma seqüência de "fraturas narrativas". É a "forma saliente" no sentido de René Thom[13], isto é, a forma cujos contornos são irregulares. As imagens poéticas, as conceptualizações e as figuras retóricas, por exemplo, o oximoro e o quiasmo, definem a consciência como formação, processo e crescimento orgânico do indivíduo. A consciência está ligada à descoberta da identidade pessoal que se traduz na fórmula "Tu és". Eis um exemplo desse jogo definidor da consciência:

E a consciência era uma apreensão do imperceptível, percepção do inapreensível [...]. Como um réptil, a consciência palpava sua interioridade, adquiria um conhecimento obscuro [...]. E a consciência se movia: como as nuvens densas com as asas bifurcadas, subia da periferia para o centro[14].

Bielyi coloca o problema da consciência na perspectiva da união com o corpo e da dependência do corpo. Diz ainda o narrador:

Naquele tempo, não havia Eu – havia um corpo franzino; e a consciência, enlaçando-o, vivia por si mesma num mundo impenetrável e incomensurável; à medida que penetrava a consciência, o corpo crescendo se inflava como uma esponja ensopada de água; a consciência estava fora do corpo, e no lugar do corpo se podia perceber uma enorme greta onde ainda não havia o pensamento, onde surgiam apenas [...] onde surgiam apenas os primeiros gorgolhões do delírio[15].

Escrito dez anos antes de *A Consciência de Zeno*, *Kotik Letaiev* é, sem dúvida, um dos textos mais transgressivos do romance moderno. Antes do *Ulisses* de Joyce, Bielyi inventa um discurso descontínuo, fragmentado, epifânico, que cria a dimensão cognitiva do texto romanesco enquanto, segundo Lotman, texto artístico de um sistema de modelização secundária.

O *Livro do Desassossego*, de Fernando Pessoa, é um texto intermediário entre o diário íntimo e o romance da subjetividade, comparável a *Memórias do Subsolo*, de Dostoiévski, ou a *Malte Laurids Brigge*, de Rilke. O discurso auto-reflexivo do narrador, sonhador, observador da vida, de seus pensamentos e sentimentos, conduz a uma forma que corresponde à instabilidade da consciência e ao registro dos eventos psíquicos de um eu idiossincrático. Escutemos a voz do semi-heteronônimo de Pessoa, Bernardo Soares, que é o narrador

13. René Thom, Morphologie du sémiotique, *RSSI* (*Recherches Sémiotiques / Semiotic Inquiry*), v. 1, n. 4, p. 302: "Chamo de 'forma saliente' toda forma que atinge o aparelho sensorial de um sujeito por seu caráter abrupto ou imprevisto".

14. Andrei Bielyi, *Kotik Letaiev*, tradução para o francês de G. Nivat, Lausanne: L'Âge d'Homme, 1973, p. 16. As citações remetem a esta edição.

15. Idem, ibidem.

106 DIALÉTICAS DA TRANSGRESSÃO

da inquietude permanente de sua consciência: "Sou postiço. Acordei sempre contra seios outros, acalentado por desvio"[16]. E ainda:

Sou, em grande parte, a mesma prosa que escrevo. Desenrolo-me em períodos e parágrafos, faço-me pontuações, e, na distribuição desencadeada das imagens, visto-me, como as crianças, de rei com papel de jornal, ou, no modo como faço ritmo de uma série de palavras, me touco, como os loucos, de flores secas que continuam vivas nos meus sonhos. E, acima de tudo, estou tranquilo, como um boneco de serradura que, tomando consciência de si mesmo, abanasse de vez em quando a cabeça para que o guizo no alto do boné em bico (parte integrante da minha cabeça) fizesse soar qualquer coisa, vida tinida do morto, aviso mínimo ao Destino[17].

O discurso de Soares poderia chamar-se a "predicação negativa do ser", mas a estrutura discursiva recorrente é a afirmação "Sou". Eis uma seqüência:

Como alguém que, de muito alto, tente distinguir as vidas do vale, eu assim mesmo me contemplo de um cimo, e sou, com tudo, uma paisagem indistinta e confusa (p. 97). Não tenho uma ideia de mim próprio; nem aquela que consiste em uma falta de ideia de mim próprio. Sou um nómada da consciência de mim. Tresmalharam-se à primeira guarda os rebanhos da minha riqueza íntima (p. 134). Tornei-me uma figura de livro, uma vida lida (p. 201). Sou uma espécie de carta de jogar, de naipe antigo e incógnito, restando única do baralho perdido (p. 201). Tenho sido sempre um sonhador irónico, infiel às promessas interiores (p. 223). Desmaiei um bocado da minha vida. Volto a mim sem memória do que tenho sido, e a do que fui sofre de ter sido interrompida (p. 343). Passei entre eles estrangeiro porém nenhum viu que eu o era. Vivi entre eles espião, e ninguém, nem eu, suspeitou que eu o fosse (p. 383)[18].

O livro de Pessoa, juntamente com os de Dostoiévski, Bielyi e alguns outros, de Conrad, de Rilke, de Musil, de Beckett, de Ernesto Sábato, funda seu discurso na grande intensidade da introspecção e, à medida que se cumpre o ato de interiorização, a consciência se compõe e se decompõe. O eu narrante e autonarrante nunca atinge o estado de certeza da sua identidade.

A Consciência de Zeno não opera com a mesma intensidade introspectiva. Seu "ser" desenvolve-se no contexto social burguês e no de seu discurso provocatório, irônico, analítico, mais por jogo do que por convicção. Se então os textos que chamei "do homem psicológico" comunicam, acima de tudo, uma perda do eu e da consciência, sua extensão discursiva reflete o debate agonístico entre o eu e a consciência que se esboroa, que se esvaece e não garante identidade alguma.

16. Fernando Pessoa, [1999], *Livro do Desassossego*, organização e introdução de Richard Zenith, 2. ed. São Paulo: Companhia das Letras, 2003, p. 65. As citações remetem a esta edição.
17. Idem, p. 200.
18. A citação respeita a ortografia original de Fernando Pessoa.

A síntese crítica do *Livro do Desassossego* feita por Antonio Tabucchi caracteriza então bastante bem essas diversas versões do homem psicológico. Observa Tabucchi:

> O olhar que percorre *O Livro do Desassossego* constitui a percepção e ao mesmo tempo a alteração dos dados da experiência: e aquilo que está fora do Eu e que o Eu faz seu é o mundo externo *que se torna* Eu. A alma de que fala Soares quase obsessivamente em todo o seu livro é, portanto, um espaço dificilmente definível: é a Consciência e o Inconsciente, o Eu, o Ser e o Ser-Aí. É a vida que ele vive e o arquétipo da vida: uma vida real e, contemporaneamente, uma vida preexistente e eterna, que Soares olha de sua dupla janela, como o ubíquo Erik Brahe do *Malte*, que com o olho são olha o mundo dos vivos e com o olho fixo olha o mundo dos mortos[19].

Não se poderia aplicar essa descrição à *Consciência de Zeno* sem alguma reserva. O romance de Svevo oferece uma visão do homem psicológico mais ampla, mais relacional do ponto de vista das numerosas alteridades que Zeno deve encarar. O narrador-metanarrador as defronta com uma dupla consciência. Ele está ciente de que sua doença, sua neurose o impede de atingir o pleno conhecimento dos outros. Os outros existem de acordo com as modalidades ambíguas de desejo e de ódio, de curiosidade e de obstáculo. Porém o metanarrador de sua vida e de sua consciência também está ciente de que tem uma propensão natural à ironia e de que seu jogo discursivo, seus paradoxos e suas denegações criam ou recriam um campo da consciência tão extenso quanto os mundos possíveis do sentido, que é relativo, complexo, nunca definitivo. Não encontramos no romance de Svevo momentos discursivos de intensidade excepcional das tematizações da consciência comparáveis aos dos romances já discutidos. Demasiadamente dependente de suas histórias e de seus casos, o metanarrador sveviano exprime-se com uma língua que Giacomo Debenedetti definiu como "aventurosa e adventícia"[20] e multiplica assim as ambigüidades do sentido.

Em 1929, saem na Europa dois livros que tratam de maneira diversa o problema do outro e da alteridade: *A Poética de Dostoiévski*, de Mikhail Bakhtin[21], e *Das Individuum in der Rolle des Mitmenschen* (O Indivíduo no Papel do Co-Homem), de Karl Löwith. Bakhtin coloca o problema do outro na perspectiva da posição axiológica do autor polifônico, isto é, de Dostoiévski, que, contrariamente a Tolstói, autor monológico, respeita a subjetividade de seus personagens. A alteridade não é mais que a reciprocidade das vozes e idéias dos personagens, sem que uma voz ou uma idéia particular prevaleça sobre outra.

---

19. Antonio Tabucchi, Prefazione, em F. Pessoa, *Il libro dell'inquietudine*, tradução italiana de M. J. de Lancastre e A. Tabucchi, Milano: Feltrinelli, 1987, p. 9-10.

20. Em I. Svevo, [1938], *La coscienza di Zeno*, op. cit., sem paginação.

21. Edição brasileira: Mikhail Bakhtin, *Problemas da Poética de Dostoiévski*, tradução de Paulo Bezerra, Rio de Janeiro: Forense-Universitária, 1981.

108 DIALÉTICAS DA TRANSGRESSÃO

O autor polifônico age na posição que Bakhtin chama isotopia, isto é, o ser fora dos personagens. Essa exterioridade tem para Bakhtin a implicação axiológica do respeito absoluto que o autor deve ter para com o personagem. O autor deixa de ser figura autoritária. O outro não é fetichizado como o grande Outro de Lacan. É um sujeito ideológico e dialogizante. Os debates ideológicos produzem-se no espaço intersubjetivo.

Para Löwith, o indivíduo deve desenvolver eticamente seu papel do co-homem (*Mitmensch*). Ser co-homem significa, para o filósofo alemão, assumir vários papéis sociais que a sociedade e a família definem e impõem ao indivíduo.

Em Svevo não há a isotopia no sentido entendido por Bakhtin. Há, pelo contrário, a comédia humana vista por um extra-observador e auto-observador excêntrico e irônico, mas sem nenhuma necessidade ética de respeitar o outro enquanto subjetividade que tem o direito de ter uma ideologia sua, como os personagens dostoievskianos, que são autônomos em relação ao narrador.

Ciente de ter um eu dividido, Zeno estabelece relações particulares e paradoxais com os outros. São relações estranhas no sentido de que se baseiam nos papéis que todos devem desempenhar na sociedade burguesa. Os pais são pais, a mulher é mulher, o amante é amante, o banqueiro é banqueiro, e assim por diante. Zeno procura relativizar o impacto do teatro social em sua vida. A maneira com que enfrenta os outros consiste em mediar o papel social por meio do filtro da consciência e da ironia, que talvez seja a forma superior da consciência que possamos definir como relativizante e relacional. A narrativa zeniana da alteridade só confirma o círculo vicioso das relações humanas na sociedade burguesa, que Hegel define em 1821 como *bürgerliche Gesellschaft*, isto é, precisamente, a "sociedade civil burguesa", na qual "cada indivíduo não vale enquanto indivíduo isolado, mas como parte do conjunto". Segundo Hegel, o sistema de *Sittlichkeit*, isto é, da ética social, garante que "cada indivíduo é membro da sociedade burguesa por todas as suas contingências"[22].

A família, célula fundamental da sociedade civil burguesa, dissocia-se em uma multiplicidade de personalidades e de grupos que agem de modo autônomo, entre os quais, segundo Hegel, "o elo é universal só formalmente". O discurso de Svevo demonstra que a família não foge ao jogo das partes. As relações entre os papéis são universais só formalmente porque, na realidade, intervêm os fantasmas, a memória, as histórias familiares, o inconsciente, a violência da Lei e do poder. A história de Zeno nada mais é senão um conflito entre a

---

22. Georg Wilhelm Friedrich Hegel, *La société civile bourgeoise*, apresentação e tradução francesa de J.-P. Lefebvre, Paris: Maspéro, 1975, p. 48.

A CONSCIÊNCIA, A ALTERIDADE E O DISCURSO DA NARRAÇÃO EM SVEVO 109

idealidade universal e fictícia da sociedade burguesa e suas individualidades humanas, existências individuais incompatíveis com a Lei.

O que o romance de Svevo demonstra é, indubitavelmente, que o indivíduo na sociedade burguesa não pode sair das formas impostas pela Lei. A operação narrativa e discursiva de Svevo significa que Zeno, depois de haver conhecido todas as formas, busca a autenticidade.

O discurso da narração enquanto narrativa para- e meta-analítica interrompe-se no momento em que Zeno se declara curado. O sentido de cura e de força que daí deriva está ligado ao sucesso comercial que dá a Zeno a convicção de não estar mais doente. A consciência do narrador estabelece uma diferença entre a vida em geral e a vida atual. Portanto, a vida em geral

[...] assemelha-se um pouco à enfermidade, à medida que procede por crises e deslizes e tem seus altos e baixos cotidianos. À diferença das outras moléstias, a vida é sempre mortal. Não admite tratamento [...].

A vida atual está contaminada até as raízes. O homem usurpou o lugar das árvores e dos animais, contaminou o ar, limitou o espaço livre[23].

A última encarnação do narrador é a de um futurólogo catastrófico. A terra será destruída pelo homem, diz Zeno: "Haverá uma explosão enorme que ninguém ouvirá, e a Terra, retornando à sua forma original de nebulosa, errará pelos céus, livre dos parasitos e das enfermidades"[24].

O percurso discursivo e narrativo da vida de Zeno alcança então um novo território. A lógica narrativa da auto-análise ou do conto autodidático é interrompida. Saímos do território analítico da consciência e de seus componentes como mecanismos de defesa, denegação, sono, e assim por diante. A força de atração e a originalidade do discurso de Svevo decorrem do fato de que a narração abandona a psicologia e se encaminha para uma consciência planetária que hoje poderíamos chamar ecológica. Depois de haver atravessado os estados intencionais da consciência, como percepção, pensamento e inteligência das relações humanas, Svevo faz um balanço negativo da vida em geral e da vida atual.

Poder-se-ia concluir dizendo que a tensão entre a consciência, a alteridade e a narração determina a forma do romance de duas maneiras. Por um lado, Zeno vive e conta a experiência da vida como fatos de sua consciência, enquanto toma consciência da sua experiência da vida, e descobre a inter-relação entre seu eu e suas experiências. A alteridade faz então parte da relação objetiva e subjetiva que Zeno procura tanto ironizar quanto traduzir em juízos, opiniões e histórias.

23. I. Svevo, *A Consciência de Zeno*, p. 382.
24. Idem, p. 383.

110 DIALÉTICAS DA TRANSGRESSÃO

Poderia parecer que a busca da consciência de Zeno enquanto operação terapêutica é mais forte que sua neurose. A consciência abraça todas as experiências e fatos negativos com que Zeno se defronta. O balanço da vida passada e presente de Zeno conduz à recusa em acreditar em sua neurose ou doença. Esta talvez seja a segunda maneira pela qual a tensão entre a consciência, a alteridade e a narração determina a forma do romance, ou seja, a maneira pela qual é infringida aquela que denominei lógica narrativa e discursiva da auto-análise.

Em seu estudo *Qu'est-ce que la Psychologie?* (O Que é a Psicologia?), o epistemólogo francês Georges Canguilhem observa que, na imanência da psicologia científica, a principal questão continua sendo: quem tem, não a competência, mas a missão de ser psicólogo? E Canguilhem salienta que não somente os especialistas, mas também os filósofos podem, se não devem absolutamente, ocupar-se de psicologia. Para Kant e para Maine de Biran, a psicologia faz parte da antropologia e da filosofia. É preciso pensar a psicologia dentro de um sistema, de uma idéia do homem[25]. Svevo cumpre uma operação similar. Já que a situação da psicanálise é análoga, Zeno coloca o problema no âmbito da vida em geral e da existência individual. Zeno recusa aos psicanalistas o direito de monopolizar o poder de sua competência profissional. O romance sai das histórias e ocupa, como dissemos, um novo território, o do conflito irreconciliável entre a existência burguesa individual e a idéia que o homem tem da terra enquanto totalidade humana. A consciência está ciente dos limites da psicanálise. A narração acaba por tornar-se a utopia negativa da terra.

25. Georges Canguilhem, Qu'est-ce que la psychologie?, *Études d'histoire et de philosophie des sciences*, Paris: Vrin, 1983, p. 380-381.

9. Hubert Aquin:
As Fractalidades da Perda

*A arte é uma festa, mas excedente, demasiadamente for-
te; é um espelho no qual há muito tempo me vejo e que,
subitamente, quebro apenas com meu olhar concentrado*[1].

HUBERT AQUIN[2]

Seus romances não são numerosos. Chamam-se *Prochain épi-
sode* (Próximo Episódio), *L'Antiphonaire* (O Antifonário), *Trou de
mémoire* (Lapso de Memória), *Neige noire* (Neve Negra). A eles se
acrescente um texto póstumo, *L'invention de la mort* (A Invenção da
Morte). O ingresso de Hubert Aquin na literatura quebequense foi
fulgurante. Nela introduziu um estilo novo, um tom inédito e uma
gama de problemáticas. Seu imaginário é excepcional em sua ampli-
tude e mobilidade. Aquin erige mundos possíveis sobre a base de uma
cultura universal e de saberes diversos. Sua criatividade romanesca
surpreende tanto pela diversidade temática quanto pela fascinação
formal. Testemunha, cronista, poeta, filósofo, ironista, *scripteur* do
barroco, observador atento da cena literária européia e americana,
Hubert Aquin conjuga seu talento excepcional de romancista a uma
brilhante inteligência teórica da literatura. Desta, ele fala de maneira
muitas vezes instigante sem nunca deixar de ser interessante.

Como falar sobre a obra de Hubert Aquin no fim do século XX,
tendo ele mesmo escolhido o silêncio? Periodicamente mergulhava
em uma desordem de onde não parecia poder sair senão pelo atalho
violento da morte. Mediu a fascinação desse caminho nas meditações

---

1. "L'art est une fête, mais excédente, trop forte; c'est un miroir où je me vois
depuis trop longtemps et que tout à coup je fracasse avec mon seul regard concentré".

2. Pensées inclassables, *Blocs erratiques*, Montréal: Quinze, 1977, p. 25.

112 DIALÉTICAS DA TRANSGRESSÃO

que precederam seu suicídio. A grandeza sedutora e muito particular de sua obra funda-se sobre uma extraordinária monomania polifônica. A monomania de si que arrasta as pulsões egocêntricas até os limites do suportável, naufragando no mar narcísico. Tal como a de Flaubert (ver *O Idiota da Família*), a "solução" de Hubert Aquin é "nevrótica". Escrever será sua válvula de escape.

Sua escritura romanesca repousa sobre um jogo de paradoxos que possibilita a existência desenvolta e trágica de suas personagens. A desgraça da consciência se projeta em sua obra através dos mais variados registros. Sua dicção narrativa, nos limites do apreensível por sua riqueza de detalhes, cria um teatro cosmológico em que se desenvolve um autólogo trabalhado pela pulsão de morte. O narrador fala a si mesmo falando aos outros. Essa auto-interlocução o faz progredir na incompreensão de sua desgraça. O leitor empático tremerá durante a travessia desse magma.

Os romances de Hubert Aquin apresentam-se hoje como a marca complexa e confusa de uma história sonhada. Assemelham-se ao palimpsesto da busca libertadora empreendida pelo romancista em nome de seus compatriotas quebequenses, com os quais dialoga através de suas personagens interpostas. Estas se crêem apátridas ainda que cidadãos de um país e munidos de um cômodo passaporte canadense. Os narradores construídos por Hubert Aquin possuem compatriotas que pertencem, ao que parece, a uma comunidade usurpadora, segundo a interpretação explícita e implícita do universo romanesco no qual é tramado o fio de suas narrativas. Os romances de Hubert Aquin são uma espécie de carteira de identidade que a futura revolução quebequense poderá imprimir e autenticar. Ficção política e documentos de arquivo de uma história investida pateticamente de um desejo impossível de ser realizado, os escritos de Hubert Aquin são a aprendizagem de uma revolução em potencial. Revolução essa que, embora perdida, será percebida como o símbolo de uma nação a ser despertada. Será necessário sacudi-la para que compreenda que tem um compromisso com a história. Eis, em resumo e entre aspas, o mundo social e espiritual do romancista, fixado sobre seu ponto de fuga.

Os romances de Hubert Aquin inscrevem com vigor a problemática do Quebec no âmbito universal do político. Através de suas estruturas irregulares e entrecortadas, de seus temas fulgurantes e exaltados, seus romances demonstram que em política tudo é violento, caótico, imbricado: da pobreza das favelas e dos bairros do lado leste de Montreal até a verborréia parlamentar; dos genocídios crônicos às limpezas étnicas, do suicídio de Sócrates ao de Hubert Aquin.

Pondo fim a seus dias em 15 de março de 1977, Hubert Aquin aumenta a confusão política generalizada ao querer testemunhar sobre um fato que julgava escandaloso: o Quebec não possui existên-

HUBERT AQUIN: AS FRACTALIDADES DA PERDA

cia histórica ou de Estado. O problema do Quebec, há pouco tendo ingressado na história, remete a uma comunidade não-constituída em busca da qual o romancista se colocará através de suas narrativas complexas, plenas de desvios e de excessos verbais. A figura do romancista torna-se a de um sonhador e a de um *pharmakos* que fala em nome dos seus.

Para além da pulsão de morte, o suicídio é calculado, voluntariamente espetacular. Tal gesto procede de um *pathos* de excesso, de incompreensão e de inexprimível. Transbordado por sentimentos oceânicos, o corpo de Hubert Aquin, entre fugaz, mudo e eletrizado por suas paixões destruidoras, desemboca tragicamente sobre nada menos que a autodestruição. Quem deverá chorar? Poderemos compreender que o autor de *Próximo Episódio* manteve um diálogo incansável com a morte, um diálogo no qual se misturam os mais diversos registros, todos levados ao paroxismo: metafísico, auto-representativo, defensor da pátria quebequense, histórico, lírico, apaixonado, desesperado, erudito.

Hubert Aquin é o ator de um teatro cósmico cujas réplicas e situações ele não consegue controlar. Transportado por suas paixões, desvia-se constantemente das trajetórias narrativas às quais se havia fixado. Quer, por exemplo, transformar-se em assassino a serviço da causa revolucionária (*Próximo Episódio*). Ora, tudo resulta na exaltação poética do *esplendor secreto do ventre* de sua bem-amada: "Sim, sairei vencedor de minha intriga, matando H. de Heutz com placidez para me precipitar a ti e fechar minha narrativa com uma apoteose. Tudo acabará no esplendor de teu ventre povoado de Alpes mucosos e de neves eternas"[3].

A lógica romanesca de Hubert Aquin possui um sopro irregular. Seu projeto tem raízes numa totalidade quase hegeliana com sua dialética triádica que nomeia o inimigo por intermédio da tese, aniquila-o pela antítese e acomoda um sucesso amoroso pela síntese. O projeto é adiado no momento em que o narrador principal volta a mergulhar em sua consciência infeliz. Como resultado, teremos uma forma romanesca fragmentada, em peças intercambiáveis cuja recomposição exige um sério esforço intelectual, tornado ainda mais complexo pela visão abrangente do romancista.

Vida, arte e morte confundidas, a obra de Hubert Aquin aparece hoje como uma estética de ruínas interiores e como sacrifício desesperado. Segundo um gesto errático e fulgurante, o narrador introduz a causa nacional na cacofonia generalizada do discurso e da ação política ditados pelas diversas instâncias do poder. Estas projetam os

---

3. "Oui, je sortirai vainqueur de mon intrigue, tuant H. De Heutz avec placidité pour me précipiter vers toi, et clore mon récit par une apothéose. Tout finira dans la splendeur de ton ventre peuplé d'Alpes muqueuses et de neiges éternelles".

114 DIALÉTICAS DA TRANSGRESSÃO

problemas da consciência quebequense no fatalismo do inacabado. Compreende-se facilmente por que os romances de Hubert Aquin são escritos com uma intenção anamorfósica. O sujeito-narrador, como um Cristo crucificado, é o ponto de fuga de um quadro misterioso cuja anamorfose representa suas incompletudes. Fascinado pelo *Mistério dos Dois Embaixadores*, de Holbein, Hubert Aquin faz desse quadro uma espécie de *principium explicationis* de sua obra:

> [...] sinto-me, nem mais nem menos, como uma efígie distorcida que, jamais observada de modo oblíquo e segundo o ângulo correto, permanece infinitamente uma imagem desfeita. Quadro secreto de linhas alongadas com extravagância e não sem crueldade de tua parte, me estico lamentavelmente numa perspectiva por ti premeditada e como uma anamorfose que nenhum olhar apaixonado levaria a uma forma encurtada, quero dizer: ao tempo redescoberto! Quadro secreto, me alongo desmesuradamente sobre uma folha bidimensional que, por um efeito de ótica, me encerra como uma mortalha indecifrada: natureza morta ("still life", tu dirias...), sou uma anamorfose de minha própria morte e do tédio.[4]

O sujeito eletrizado perpassa violentamente o texto. Sua enunciação errática é lírica e fobicamente explicável. De frase em frase ele marca seu nomadismo narrativo desprovido de ancoragem sólida. O destino de seus afetos é fixado pela irrealização do ser comunitário ao qual aspira uma multidão não-identificada. Nesse sentido, de modo compulsivo e compensatório, Hubert Aquin escreve *de facto* uma obra romanesca inorgânica. Se a obra inorgânica é o apanágio da vanguarda, a de Hubert Aquin visa a uma inscrição intencional das descontinuidades e das perdas. Mais do que sobre a narração, seu discurso fixa nossa atenção sobre palavras e frases, sobre confissões do narrador que assim fraciona sistematicamente o texto. Eis um exemplo tirado de *O Antifonário*:

> Se intervenho a este ponto em minha narrativa, é que a consciência que tenho de utilizar um estilo desorganizado, até mesmo irritante, talvez, é particularmente intensa neste momento (conto então aquilo que se passou há tão pouco tempo). Há pouco deixei escapar uma expressão de Cassiodor no texto e, admito, melhor teria feito se me abstivesse. Mas, como dizer... não tenho realmente um estilo, escrevo sem estilo, o que provavelmente explica a sinistra espasmofilia gráfica à qual me abandono: acreditar-se-ia, de fora, que me deformo, que explodo, que me fissuro, que me desintegro, que me pulverizo em diversas séries atonais e entrecruzadas de palavras ou de símbolos; sim, tal qual uma nebulosa, vou embora em uma estra-

---

4. "[...] je me sens, ni plus ni moins, comme une effigie distordue qui, jamais regardée obliquement et selon le bon angle, reste infiniment une image défaite. Tableau secret aux lignes rallongées avec extravagance et non sans cruauté de ta part, je m'étire lamentablement dans une perspective que tu as préméditée et comme une anamorphose que nul regard amoureux ne rendra à une forme raccourcie, je veux dire: au temps retrouvé! Tableau secret, je m'allonge démesurément sur une feuille bi-dimensionnelle qui, par un effet d'optique, m'enserre comme un linceul indéchiffré: nature morte ("still life", dirais-tu...), je suis une anamorphose de ma propre mort et de l'ennui.", Hubert Aguin, *Trou de mémoire*, Montréal: Le Cercle du Livre de France, 1968, p. 129-130.

HUBERT AQUIN: AS FRACTALIDADES DA PERDA 115

tosfera liquefeita, em um mar morto e sem fundo (agitado na superfície por ventos que uivam)[5].

Lembremo-nos da lição aristotélica a respeito da forma. Em Aristóteles, dois conceitos definem as modalidades formais. Em primeiro lugar, trata-se da *enteléquia*, que apreende a forma enquanto estrutura ideal que o criador busca realizar, sem, no entanto, jamais consegui-lo. Mas a obra é necessariamente investida desse desejo de idealização que o criador se esforça por atingir. O romance se encarna em um dispositivo narrativo e perceptivo daquilo que é contado e daquilo que o ponto de vista desvela. Entretanto, uma encarnação do romance não vale obrigatoriamente uma outra. A satisfação que um romancista pode tirar da forma é muitas vezes corrompida por uma dúvida, uma falta. Desse modo, a polimorfia romanesca se estende para além da narração central e linear que sustenta a narrativa. Daí a presença das narrativas embutidas e dos jogos de perspectivas que perpassam a história do romance. Quanto mais complexa for a substância do narrado, mais a narração é rompida e removível para um outro nível de seu funcionamento. Cervantes e Sterne, Cortázar e Roa Bastos problematizam o discurso do romance ao deslocarem e multiplicarem seus lugares de operação. Joyce e Broch pertencem a essa categoria de autores que organizam sua forma em função de sistemas de valores dos quais não se afastam. Assim, mito e epifania regem os dezoito episódios de *Ulisses*, que, desse modo, exibem sua perfeição ideal. Joyce constrói uma *enteléquia* por demais satisfatória para renunciar à multiplicação das perspectivas que *Don Quixote* apresenta. Broch impõe ao romance a tarefa de desmascarar o *kitsch*, de multiplicar os dispositivos cognitivos que estariam à altura da complexidade invasora do mundo. A forma torna-se então uma construção pragmática e funcional. Ela alia à narração descontinuidades nas quais habitam os apartes líricos ou a destruição de valores.

O caráter ideal da forma é um conceito heurístico que permite a compreensão da dupla arquitetura romanesca. Trata-se daquela que o discurso visa a realizar e daquela que o discurso efetua *de facto* enquanto imperfeição, enquanto imperativo categórico da voz do sujeito.

---

5. "Si j'interviens – à ce point – dans mon récit, c'est que la conscience que j'ai d'utiliser un style désorganisé, voire agaçant peut-être, est particulièrement intense en ce moment (alors je raconte ce qui s'est passé il y a si peu de temps). Tantôt j'ai lâché une expression de Cassiodor dans le texte, et – j'en conviens volontiers – j'aurais mieux fait de m'en abstenir. Mais, comment dire... je n'ai pas tellement de style, j'écris sans style, ce qui probablement explique la sinistre spasmophilie graphique à laquelle je m'abandonne: on croirait, de l'extérieur, que je me déforme, que j'explose, que je me fissionne, que je me désintègre, que je me pulvérise en diverses séries atonales et entrecroisées de mots ou de symboles; oui, telle une nébuleuse, je file dans une stratosphère liquéfiée, dans une mer morte et sans fond (agité en surface par des vents qui hurlent)", H. Aquin, *L'Antiphonaire*, Montréal: Le Cercle du Livre de France, 1969, p. 212-213.

116 DIALÉTICAS DA TRANSGRESSÃO

Esta se exprime por uma irregularidade dos débitos e das narrações. Aristóteles a denomina *morphé*: flutuação e disposição de contornos. Uma organização de signos que se oferecem como a ossatura de um organismo nos limites de uma estrutura visível. Assim parecem se apresentar as questões formais dos romances de Hubert Aquin, ditados pelo *pathos* temático. O corpo romanesco é constantemente perpassado pelos afetos do narrador. Hubert Aquin aposta em uma subjetividade desenfreada, violenta, lírica e intempestiva. Deve dizer sua cólera e sua desgraça. Sua consciência é desgraçada e duplamente ferida: solidão enfática e não-pertença à comunidade sonhada.

Quando Hubert Aquin chega ao romance, sabe que sua prosa não pode virar as costas para a tradição literária ocidental. Esta já há muito tempo elaborou uma polimorfia romanesca que garantiu a recepção de toda e qualquer história. Formado em uma cultura filosófica, literária e científica européia e, notadamente, francesa, Hubert Aquin se inspira paradoxalmente em modelos romanescos como os de Nabokov e Truman Capote, mas sobretudo em Joyce. Em contrapartida, por suas proezas do intelecto, a prosa aquiniana afasta-se dos modelos teorizados por Lukács, Bakhtin ou René Girard.

Em nada semelhante ao herói problemático de Lukács, a personagem central, o narrador monológico organiza a narrativa em função das flutuações de seu eu, bem mais do que em função da busca de valores autênticos. Além disso, Hubert Aquin possui uma forte inclinação pelo romance policial, ainda que este seja utilizado com uma certa distância irônica. Não se trata de um autor dialógico comparável a Dostoiévski: sua voz domina e abarca suas criações romanescas. Suas personagens masculinas, seus *alter ego*, não se inscrevem na dialética do triângulo do desejo. Seus amores são violentos, em geral consumados segundo o viés romântico. Por certo, as intuições e escolhas do romancista quebequense o situam em algum lugar a meio caminho entre a atitude lúdica e auto-reflexiva de Nabokov e a dimensão meditativa e introspectiva da prosa européia caracterizada pelas obras de Rilke (*Os Cadernos de Malte Laurids Brigge*), de Svevo (*A Consciência de Zeno*), de Musil (*O Jovem Törless*) e de Witkiewicz (*A Insaciabilidade*). Ainda que esses modelos já estejam obsoletos, permanecem como referência numa cultura européia na qual o individualismo e a subjetividade foram os frutos da terra do romance. Hubert Aquin caminha sobre esses galhos quebrados.

O problema de Hubert Aquin é a não-resolução de suas contradições. O projeto político transforma constantemente a ficção romanesca. O romance é o receptáculo potencial das totalidades indisciplinadas. A consciência de si é condenada a tornar-se uma "aura epilética". A declaração seguinte, no início de *O Antifonário*, diz muito sobre os fatalismos psicóides (não encontro palavra melhor) dentro dos quais o narrador se encontra encurralado:

HUBERT AQUIN: AS FRACTALIDADES DA PERDA

[...] Sem título, sem lógica interna, sem conteúdo, sem outro charme senão o da verdade desordenada, este livro é composto em forma de aura epilética: contém a acumulação aparentemente inofensiva de toda uma série de acontecimentos e de choques, o resultado do mal de viver e também sua implacável manifestação. Nada me motivou, nada motivará jamais ninguém a escrever assim, sem ordem, o que me proponho escrever.[6]

Hubert Aquin insiste muitas vezes sobre o fato de que escreve "sem ordem". Com efeito, e seu ensaio sobre *Ulisses* de Joyce o comprova, Aquin está em busca da forma ideal. No entanto, está longe de ter inventado uma *enteléquia,* tal como Aristóteles a concebe. O transbordar de sua substância romanesca o impede. Escritor barroco por temperamento e por escolha, Aquin-narrador está submetido à operação de *plis* (dobras)[7] e organiza suas instabilidades. Em "Considérations sur la forme romanesque d'*Ulysse* de James Joyce", exprime sua admiração pelo escritor irlandês. Considera *Ulisses* um romance absolutamente revolucionário e perfeito, um modelo de forma romanesca insuperável e absoluta. Esse ensaio brilhante prova, entretanto, quão difícil é falar da forma romanesca. Hubert Aquin não consegue defini-la de forma clara. Ele a confunde com o sistema e a visão do mundo. Para definir a forma de *Ulisses*, refere-se ao crítico catalão Eugenio D'Ors, cuja obra *Do Barroco* muito lhe ensinou. Para D'Ors, citado por Hubert Aquin, os sistemas barrocos são "desordenados, convulsionados, desmedidos": "Sistema barroco esse do romancista irlandês, mais ainda, sistema relativista e, em aparência, tão profundamente informado pela teoria de Einstein e de Heisenberg quanto um romance pode sê-lo e jamais o foi"[8].

Qualificar o sistema de Joyce como barroco suscita alguns problemas. Hubert Aquin parece ter encontrado a chave interpretativa na idéia de "obra aberta"[9], onde ele esgota argumentos em favor da incoerência de *Ulisses*. Sustenta que o romance teria uma coerência frágil e uma incoerência forte[10]. Poderíamos crer que é por intermédio do Barroco que Joyce representa a incoerência, e pela concepção esté-

---

6. "[...] Sans titre, sans logique interne, sans contenu, sans autre charme que celui de la vérité désordonnée, ce livre est composé en forme d'aura épileptique: il contient l'accumulation apparemment inoffensive de toute une série d'événements et de chocs, le résultat du mal de vivre et aussi sa manifestation implacable. Rien ne m'a motivé, rien ne motivera jamais persone à ecrire ainsi, sans ordre, ce que je m'apprête à écrire", H. Aquin, *L'Antiphonaire*, op. cit., p. 17.

7. V. Gilles Deleuze, *Le pli*: Leibniz et le Baroque, Paris: Minuit, 1988 (tradução brasileira de Luiz B. L. Orlandi, Campinas: Papirus, 1991).

8. "Système baroque que celui du romancier irlandais, mais de plus, système relativiste et apparemment aussi profondément informé par la théorie d'Einstein et de Heisenberg qu'un roman peut l'être et ne l'a jamais été!", H. Aquin, Considérations sur la forme romanesque d'*Ulysse* de James Joyce, *Cahiers de l'Université du Québec*, n. 24, Montréal: Presses de l'Université du Québec, 1970, p. 275-276.

9. Umberto Eco, *Obra Aberta*, São Paulo: Perspectiva, 1976.

10. H. Aquin, Considérations sur la forme romanesque d'*Ulysse* de James Joyce, op. cit, p. 289.

118   DIALÉTICAS DA TRANSGRESSÃO

tica de obra aberta que Hubert Aquin justifica sua própria desordem romanesca. Sua obra se inscreve, porém, na busca cognitiva de uma forma romanesca que seja a mais englobante e a mais disponível, a fim de que nela penetre a riqueza e a complexidade dos universos romanescos. Hubert Aquin escreve "sem ordem", mas isso não significa que ele escreva mal. Aquin pertence à família joyciana. Encarregado de tantas missões, quebequenses e universais, partiu para a realização daquela forma romanesca que Philippe Sollers tão bem definiu em 1980, três anos após o suicídio de Aquin: "O Romance é a forma extrema e positiva da negatividade criativa, sob a forma da integração simultânea das informações e dos modos de enunciação rítmicos e poéticos"[11].

E para melhor definir o romance, Sollers retoma por sua conta a fórmula de Pound sobre os *Cantos*: "Máximo de informações em um mínimo de ritmos ou de palavras"[12]. Hubert Aquin está alojado na mesma insígnia. Com a diferença de que sua relação com a narração é muitas vezes mediatizada e mesmo parasitada por seu eu inquieto, instável, imprevisível. Suas expansões lírico-introspectivas desviam o fio da narrativa e diminuem a eficácia poética dos ritmos. Retorna-se ao caos do político do qual a obra toda de Aquin é tributária. Seria preciso admitir que o problema quebequense, tal como vivido e interiorizado por Hubert Aquin ao longo de seus anos, criativos é antes uma ferida incurável que um cálculo político. Sua criação romanesca aí tropeça.

Hubert Aquin é uma série interminável de eu, eu, eu, eu. Sua subjetividade re-subjetivizada. *Da capo al fine*. Em todas as circunstâncias possíveis, mas particularmente frente a ele mesmo. A busca pela forma está sempre competindo com a introspecção, a auto-auscultação, a auto-observação, o autotormento. A forma de seus romances nada mais é senão o fracionamento constante de suas perdas. Hubert Aquin, escritor moderno, conhecedor refinado dos místicos, dos filósofos, dos teólogos, admirador de Lucrécio e de Joyce, viu-se também obrigado a se ocupar dos seguintes problemas: "Sou autêntico? Sou apenas este escritor terrivelmente quebequense que vitupera incansavelmente o cabelo que ele parte em quatro, quando esse mesmo pobre cabelo se deixa docilmente partir em pequenas fatias iguais e oleosas?"[13].

---

11. "Le Roman, c'est la forme extrême et positive de la négativité créatrice, sous la forme de l'intégration à la fois des informations et des modes d'énonciation rythmiques et poétiques", Philippe Sollers, On n'a encore rien vu, em *Improvisations*, Paris: Gallimard, 1991, p. 162, Colection: Folio/Essais.

12. Philippe Sollers, op. cit., p. 164.

13. "Suis-je authentique? Suis-je seulement cet écrivain affreusement québécois qui déblatère inlassablement contre le cheveu qu'il coupe en quatre alors même que le pauvre cheveu se laisse docilement couper en petites tranchettes égales et huileuses?", H. Aquin, Propos sur l'écrivain, em *Blocs erratiques*, p. 261. Em francês, *couper les cheveux en quatre* é uma expressão idiomática que significa "fazer distinções muito sutis".

HUBERT AQUIN: AS FRACTALIDADES DA PERDA   119

Em 1974, combatendo o *joual*, nova "língua" falada no Quebec, por ele qualificada de "anemia perniciosa", constata: "A obsessão pela identidade nacional vai muito longe em nosso país, pois alguns quebequenses se acham ameaçados de (des)identificação se todos os componentes da identidade nacional não forem rigorosamente quebequenses"[14].

As problemáticas de seus romances nunca puderam ser claramente apreendidas, se for verdade que entre esse "escritor terrivelmente quebequense" e o temor da "desidentificação" se interpunham constantemente suas paixões instáveis e evanescentes e suas iniciativas criadoras cada vez mais frágeis.

A sublimação suprema de sua obra, seu último romance, *Neve Negra*, pensado e escrito como um roteiro cinematográfico, parece transformar a "quebecitude" violenta e perturbadora em uma alvura comparável à de uma hóstia. Tudo termina, portanto, através de uma comunhão universal mantida pelo êxtase erótico. Duas mulheres entrelaçadas simbolizam a vida, a vertigem amorosa. Elas avançam rumo a uma perda da identidade. No entanto, renascerão, nos diz o narrador, para reviver no Cristo da Revelação. Palavras que anunciam uma nova etapa em direção à pátria por vir. Mas aqui, ainda que no momento do êxtase, a morte se desenha. Neve negra.

14. H. Aquin, Le joual-refuge, em *Blocs erratiques*, p. 139.

10. O Scriptor Ludens entre Moderno e Pós-Moderno

Jogar literatura não é como jogar tênis, futebol ou hóquei. A literatura é um campo ambíguo, e suas formas e interpretações são variáveis, de modo que não é possível afirmar com certeza que o jogo literário seja uma atividade totalmente jocosa. O jogo talvez seja uma das modalidades para se fazer perceber o discurso literário. A ludicidade da literatura não é uma característica absoluta do discurso literário, embora se possa dizer que todo discurso literário implica o elemento lúdico na medida em que o escritor, o sujeito de enunciação, deve respeitar, senão todas, pelo menos algumas regras da produção literária. Proponho-me falar do problema do *scriptor ludens*, ou seja, do escritor para quem o jogo constitui um meio para estruturar e para comunicar suas mensagens. Pode-se afirmar que o *scriptor ludens* é uma categoria histórica, já que, como diz George Steiner na introdução a *Homo Ludens*, de Johan Huizinga: "Toda literatura é jogo". Essa afirmação requer uma precisão quanto ao horizonte histórico da literatura e da consciência crítica a seu respeito, através de uma perspectiva da representação. Tem-se uma consciência crítica da literatura assim que se começa a pensá-la em termos de representação. No âmbito do pensamento estético ocidental, a *mimesis ton pragmaton* de Aristóteles constitui o primeiro exemplo de representação no interior do discurso literário. A literatura é, portanto, o jogo da representação, uma vez que o discurso literário opera por figurações, por figuras. A propósito disso, parece-me particularmente pertinente o delineamento hermenêutico de Gadamer. Em *Verdade e Método*, inspirando-se

122 DIALÉTICAS DA TRANSGRESSÃO

em Huizinga, Gadamer sustenta que o jogo é uma atividade natural e, enquanto tal, se impõe à consciência do jogador como atividade primária e superior.

O jogo do homem – afirma Gadamer – é um processo natural; precisamente por isso, na medida em que o jogo é natureza, o sentido do jogo do homem é uma pura representação de si mesmo (*ein reines Sichselbstdarstellen*). É jogo uma vez que há repetição e a anulação do jogador na atividade lúdica. E Gadamer esclarece seu pensamento sobre o jogo nos confrontos da arte quando observa e afirma:

> A essa mudança em que o jogo humano alcança sua verdadeira consumação, tornando-se arte, chamo de *transformação em configuração*. É somente através dessa mudança que o jogo alcança sua idealidade, de modo que poderá ser pensado e compreendido enquanto tal. [...] o jogo [...] é, por princípio, repetível e, por isso mesmo, duradouro. Tem o caráter da obra, do *ergon*, e não somente da *energeia*. É nesse sentido que o chamo de *configuração*[1].

Meu propósito é demonstrar através de quais figuras do jogo literário funcionam as oposições entre moderno e pós-moderno. Por extrapolação, e baseando-me nos julgamentos e nos delineamentos teóricos relativos à modernidade e ao pós-modernismo devidos a críticos e pensadores como Jean-François Lyotard, Gianni Vattimo e Ihab Hassan, procurarei problematizar a oposição entre modernidade e pós-moderno na perspectiva do jogo.

Retomo a definição de pós-moderno formulada por Lyotard e por Vattimo. O primeiro, em 1979, define o pós-moderno como a época do fim das grandes metanarrativas: a emancipação, a dialética, o progresso, a hermenêutica do sentido[2]. Para Vattimo, o pós-moderno é reconhecido como época da consciência filosófica nietzschiana e heideggeriana da *Verwindung*, ou seja, daquela categoria que significa superar sem ultrapassar; a *Verwindung* é "reconhecimento de vinculação, convalescença de uma doença, assunção de responsabilidade". O pós-moderno, de acordo com Vattimo, é também a época do *Ge-stell*, isto é, uma outra categoria filosófica de Heidegger que significa "imposição, a totalidade do 'pôr' técnico, do interpelar, provocar, ordenar, que constitui a essência histórico-destinal do mundo da técnica"[3].

Lembrarei agora algumas definições da modernidade, especialmente as reflexões de Baudelaire, de Barthes e de Baudrillard, que definem a modernidade segundo outros parâmetros críticos. Baudelaire, no ensaio de 1863 sobre o *Pintor da Vida Moderna*, havia dito: "A

---

1. Hans-Georg Gadamer, [1997], *Verdade e Método*, tradução de Flávio Paulo Meurer, nova revisão da tradução por Enio Paulo Giachini, 6. ed., Petrópolis: Vozes; Bragança Paulista: Ed. Universitária São Francisco, 2004, v. 1, p. 165.

2. Jean-François Lyotard, *O Pós-Moderno*, tradução de Ricardo Correa Barbosa, 3. ed., Rio de Janeiro: José Olympio, 1988.

3. Gianni Vattimo, *La fine della modernità*, Roma: Laterza, 1980.

O *SCRIPTOR LUDENS* ENTRE MODERNO E PÓS-MODERNO

modernidade é o transitório, o fugitivo, o contingente, a metade da arte, cuja outra metade é o eterno e o imutável"[4]. Barthes, em *O Grau Zero da Escritura*, afirmou que "a modernidade começa com a busca de uma Literatura impossível"[5]. Baudrillard, enfim, define a modernidade como "reciclagem da subjetividade perdida em um sistema de 'personalização' nos efeitos de moda e de aspiração guiada"[6]. Essas definições, em parte divergentes, têm em comum a idéia de transgressão. Se retomamos a definição do pós-moderno dada por Lyotard, podemos definir por antítese a modernidade. Esta seria então a época das grandes metanarrativas: a emancipação, a dialética, o progresso, a hermenêutica do sentido. A modernidade seria assim o projeto filosófico que coincide com o Iluminismo e prossegue até o século XX. Jürgen Habermas e, antes dele, a Escola de Frankfurt seriam hoje herdeiros do projeto iluminista. Lyotard acentua a necessidade de legitimar qualquer atividade científica, social, econômica e também artística. A época pós-moderna inicia "depois de Auschwitz", quando a legitimação baseada nas grandes metanarrativas se tornou filosoficamente inconcebível. Proponho-me verificar se, e em que sentido, o jogo adquire formas especificamente diversas em um texto que possa ser considerado moderno e em um outro que responda à perspectiva pós-moderna.

A hipótese de trabalho pode ser assim formulada: o texto "moderno" funda-se num pressuposto logocêntrico do sentido, na constituição de um sujeito em busca de valores específicos. O texto moderno é uma estrutura referencial subtendida por um sujeito produtor da representação. Pode-se afirmar, como outra hipótese de trabalho, que no texto moderno o jogo não atinge o absoluto lúdico que, de acordo com a teoria de Roger Caillois, resultaria da conjunção de quatro modalidades do jogo: imitação (*mimicry*), competição (*agôn*), incidente (*aléa*) e vertigem (*ilinx*)[7]. Sua conjunção seria não-direcional e livre das constrições diegéticas e miméticas da representação. No texto moderno, o jogo é um meio, não é a finalidade. No texto pós-moderno, o absoluto lúdico realiza-se de modo não-direcional e está livre das constrições diegéticas, ou melhor, das constrições da representação. O texto pós-moderno é absolutamente lúdico, porquanto não cuida da direcionalidade representativa, do logocentrismo do sentido, e constitui sua espetacularidade e sua performance sem nenhuma constrição diegética ou mimética.

4. Charles Baudelaire, La modernité, *Œuvres complètes,* Paris: Gallimard, 1976, v. 2, p. 695, (Col. Bibliothèque de la Pléiade).

5. Roland Barthes, *O Grau Zero da Escritura*, tradução de Anne Arnichand e Álvaro Lorencini, São Paulo: Cultrix, 1971, p. 51.

6. Jean Baudrillard, Modernité, em *Encyclopaedia Universalis*, Paris: Encyclopaedia Universalis France, v. 12, 1986, p. 424-426.

7. Roger Caillois, *Les jeux et les hommes*, Paris: Gallimard, 1958, p. 30-51.

124 DIALÉTICAS DA TRANSGRESSÃO

Gostaria agora de submeter a exame outras duas hipóteses de trabalho. Se tomamos um *corpus* textual de que fazem parte os escritores que praticam o jogo em suas diversas formas, observa-se que os dois modos de funcionamento lúdico do texto, isto é, o moderno e o pós-moderno, cruzam-se, interpenetram-se, sem distinguir nitidamente a modernidade do pós-moderno. O discurso lúdico teria então, por assim dizer, dois gumes. Seria ao mesmo tempo moderno e pós-moderno. Procurar definir a ludicidade pós-moderna em si não nos conduz a certezas epistemológicas.

A última hipótese de trabalho pode ser formulada nestes termos: os êxitos lúdicos do texto literário permitem-nos repensar as possibilidades auto-reflexivas da literatura além de paradigmas demasiadamente nítidos. O jogo não define então a finalidade do pós-moderno. Talvez possa ser considerado uma dominante, mas não constitui uma finalidade em si. O jogo enquanto processo para expor o procedimento (*priom*) contribui para o estranhamento, pois é o revelador e o meio da auto-reflexividade.

Para evitar a polarização quase conflituosa entre a modernidade e o pós-moderno, recorremos à idéia de performatividade, que nos ajuda a compreender a diferença bastante sutil entre esses dois modos possíveis do discurso literário. Daniel Charles, em suas considerações acerca da *performance*, inspirando-se em John Cage e em Gadamer, observa que Lyotard define a condição pós-moderna como uma pragmática da performatividade, isto é, como o reino do pensamento calculante e objetivante. A performatividade moderna funda-se na concessão instrumental da linguagem, ao passo que a performatividade pós-moderna se liberta de tal linguagem[8].

A performance pós-moderna desemboca antes no processo do que num objeto temporal acabado. Aqui, de certa forma, reencontramos Gadamer e seu delineamento do jogo que implica a transformação em configuração (*im Gebilde*), em forma. Para John Cage, assim como para Gadamer, a performance artística tem uma base lúdica e se define como uma atividade sem intenção, sem objetivo, sem esforço (*ohne Zweck und Absicht, ohne Anstrengung*). Uma vez que a obra é justamente um jogo, a obra enquanto tal é inseparável de sua representação. A música de Cage define-se como *purposeless play*, isto é, como um "esquecimento"; isso implica, observa Charles, ter a mesma idéia do tempo quer para o jogo, quer para a representação enquanto transformação em figura, em forma. Para definir a especificidade da representação, Gadamer inspira-se no primeiro Heidegger, que cunhou a categoria de "contemporaneidade" (*Gleichzeitigkeit*). Diz Gadamer: "contemporaneidade significa que uma coisa única que se apresenta

---

8. Daniel Charles, Le timbre, la voix, le temps, *Performance, text(e)s et documents*, Montréal: Parachute, 1981, p. 111.

O *SCRIPTOR LUDENS* ENTRE MODERNO E PÓS-MODERNO 125

diante de nós, ainda que sua origem seja longínqua, adquire uma plena presença por meio de sua representação". O jogo literário adquire precisamente sua plena presença por meio de sua representação. Nesse sentido, o jogo literário pode ser captado através da performance.

O conceito wittgensteiniano de "jogo lingüístico" pode servirnos como um paradigma geral que engloba várias manifestações da textualidade em representação. O texto jogado por seu *performer* torna-se uma plena presença, uma contemporaneidade na representação. Se tomamos a série textual em que se encontram os seguintes escritores: James Joyce, Gertrude Stein, Raymond Roussel, Julio Cortázar, Raymond Queneau, Georges Perec, Samuel Beckett, Helmut Heissenbüttel, Maurice Roche, Italo Calvino, Giorgio Manganelli, Edoardo Sanguineti, damo-nos conta de que seu denominador comum é constituído pelo jogo lingüístico. Definir sua modernidade ou seu pósmodernismo a partir de seu conceito de jogo seria uma operação ideológica. A performatividade pós-moderna, ao libertar-se da linguagem instrumental e ao ressaltar que o homem não é possuidor da linguagem, isto é, *logon echon*, como o chama Austin, em *How to Do Things with Words* (Quando Dizer é Fazer), redundaria em uma afirmação ideológica, porque em todo jogo literário temos a demonstração da instrumentalidade da linguagem além da modernidade ou do pós-moderno. Definir o jogo em relação à modernidade ou ao pósmoderno talvez possa denotar quer a vontade de mostrar o grau de intensidade lúdica própria de um texto, quer o propósito de realizar uma extrapolação interpretativa.

Na supracitada série, estamos diante de várias manifestações do jogo literário que não examinaremos neste momento. Limitar-me-ei a individuar algumas estruturas da performance em dois autores: Julio Cortázar e Helmut Heissenbüttel. Esta seleção justifica-se porque a crítica literária definiu os dois escritores seja como modernos, seja como pós-modernos; é possível, portanto, repensar o problema da *querelle entre les modernes et les postmodernes* através da caracterização das modalidades lúdicas de seus discursos.

No interior de nossa série, podemos caracterizar o jogo textual de acordo com alguns parâmetros definidos, assumindo, naturalmente, o risco de generalizar.

Em Gertrude Stein, há uma pantomima da linguagem através da repetição, através de uma reprodução do sujeito, quer se trate de "Picasso", quer de um objeto como "câmera", por meio de uma insistência lingüística de tipo icônico. O jogo de Joyce em *Finnegans Wake* é, via de regra, a prática das palavras-montagens, dos *portemanteauxwords*, chamados por Anthony Burgess, em seu livro *Joysprick: An Introduction to the Language of James Joyce*, de "oniroparonomásticos". Em Queneau, temos sobretudo o jogo combinatório de palavras e modelos, e poderíamos dizer que seu jogo brota do "paraíso de

126 DIALÉTICAS DA TRANSGRESSÃO

palavras", isto é, da prática de colocar em seqüência palavras privilegiadas, nomes próprios e também nomes comuns, como na poesia "Paradis de Paroles" ("Paraíso de Palavras").

> Uma torre Eiffel um cabaré caucasiano
> uma praça Pigalle um Jardim das plantas
> um arco de triunfo um Sena uma praça da Concórdia
> um mercado de pássaros um outro de flores um outro
> de ferro velho...
> inocentes dos brancos casacos
> um rei da Sicília roseiras
> uma *salpétrière* uma maternidade
> um carrossel uma companhia de gás
> as margens do Sena
> um verde galante
> e alguns mãos-peladas lavando[9].

Um dos princípios da poética lúdica de Queneau é certamente o inventário. Eis um dos muitíssimos exemplos possíveis, *Un beau siècle* (Um Belo Século):

> Cretinice dos anos 1900
> Cretinice da bela época
> Cretinice dos anos 1910
> Cretinice da saia-calça
> Cretinice dos anos 1920
> Cretinice do foxtrote...
> Cretinice da especulação bolsista
> Cretinice da guerra bizarra...
> Cretinice das adegas rive gauche
> Cretinice dos anos 1990
> ... Cretinice dos anos 2000
> e tudo isso faz uma história
> que se deposita sobre a cidade
> em traços mais ou menos fúteis
> que se decifram como livro de magia[10].

Para identificar a especificidade do jogo textual de Cortázar, devemos ressaltar que ele parte da performance na qual se combinam os diversos aspectos de sua personalidade. Podemos dizer que a linguagem de Cortázar é idiossincrática e que a gestualidade do texto depende das idiossincrasias do *scriptor ludens*. O empreendimento de Cortázar não pode ser separado da sensibilidade surrealista, da manifestação imediata da vida que comparece no texto. Essa imediatez se manifesta como encenada por si mesma por parte do narrador em um contínuo *happening* que demonstra a absoluta liberdade do *performer* para a organização do espetáculo. Nos romances *A Volta ao Dia em*

9. Raymond Queneau, *Courir les rues*, Paris: Gallimard, 1967, p. 64-65.
10. Idem, p. 173.

O *SCRIPTOR LUDENS* ENTRE MODERNO E PÓS-MODERNO

Oitenta Mundos e *Último Round*, Cortázar coloca-se em cena como um *conquistador* do mundo sem forma, do mundo *in progress*. A performance torna-se um convite a uma viagem para o infinito, uma viagem cujo guia é o narrador em busca do "maravilhoso". O *performer* encena a si mesmo enquanto confessor das próprias leituras e jogador das próprias obsessões. É ele que solicita a participação dos espectadores. O jogo da montagem e colagem que daí deriva é a resposta do narrador-*performer* ao desafio do mundo. Esse jogo é definido por uma metáfora de tipo orgânico-mecânico: "A respiração de uma esponja em que entram continuamente fragmentos de memória, associações fulgurantes de tempos, de estados, de matérias que as pessoas sérias poderiam considerar como inconciliáveis".

A multiplicidade e a variedade de objetos como fotografias, desenhos, ilustrações, as referências e as citações literárias que entram no texto descontínuo dão a impressão de uma progressão contínua do *performer* que supera todos os obstáculos. Todos esses objetos heterogêneos constituem uma espécie de caleidoscópio ou de mosaico que chama a atenção para o criador, para o *scriptor ludens* como explorador do "maravilhoso". Mesmo intensificando as referências e o espetáculo dos objetos que funcionam como corpos estranhos inseridos no texto através da montagem e da colagem, o *scriptor ludens*, Cortázar, sonha de olhos abertos. Sonha com o Livro no sentido mallarmeano do termo. Esse sonho aparece como função específica da intertextualidade, que é ao mesmo tempo auto-refencial e extra-referencial. Cortázar, que se volta freqüentemente para si mesmo, está escrevendo um livro descontínuo-contínuo, central-periférico, textual e metatextual. Esse livro pode chamar-se *Rayuela*, *62*, *Modelo para Armar*, *Último Round*, *A Volta ao Dia em Oitenta Mundos*, porém a performance textual é subtendida pela intenção de produzir um só grande Livro fundado num conhecimento poético do mundo de proporções quase orgiásticas. O texto jogado, "performado", torna-se uma performance do prazer que propulsiona o fazer cognitivo mediante o texto. O conhecimento poético não concerne ao aspecto quantitativo ou conceptual do texto-mundo, é antes uma modalidade de conhecer por erupção, por ataque-assalto e por penetração. Como afirma John Keats, citado por Cortázar, pode-se conhecer o mundo "participando da existência de um pardal". Ao mesmo tempo, ao se referir à já mencionada metáfora da esponja, e sobretudo à carta de John Keats para Richard Woodhouse, de outubro de 1818, Cortázar concebe a teoria do "camaleonismo", ou seja, a recusa constante, por parte do poeta, de uma identidade estável. Diz Keats: "O que escandaliza um filósofo virtuoso agrada a um poeta camaleão... Um poeta é menos poético quando existe; assim como não tem identidade, encarna-se continuamente em outros corpos... O poeta não possui nenhum atributo invariável; é, sem dúvida, a criatura menos poética de Deus".

128 DIALÉTICAS DA TRANSGRESSÃO

O jogo textual de Cortázar funciona como uma descontinuidade permanente do texto e do eu do *performer* que passa de um nível de intensidade para outro. O texto camaleão transmite a indeterminação do sentido definitivo. Apontando para a multiplicidade e para a indeterminação, Cortázar estabelece um sistema de relações entre texto, metatexto e paratexto: por exemplo, um conto e um comentário do mesmo conto, ou o discurso poético e narrativo do eu narrante e performante acompanhado de fotografias, desenhos, recortes de jornal, e assim por diante. Todos esses elementos referem-se ao mundo do narrador que penetra no mundo por meio da intuição poética. Esta adquire a dimensão de uma supra-realidade na qual todas as contradições serão resolvidas. Cortázar define essa supra-realidade como um organismo em cuja base estão os oitenta mundos e que o *performer* define como "o sincrônico, ucrônico ou anacrônico dos oitenta mundos"[11].

O programa performativo do sujeito lúdico é cumprido como parte de um jogo mais amplo no qual o eu perde a consciência de si, não sabendo se é ele mesmo que joga ou se é um joguete de um mestre jogador, uma carta jogada por outros em um jogo cósmico e aleatório. Em *Último Round* figura um soneto intitulado *El Grand Juego* (Grande Jogo), que ocupa, em certo sentido, a posição central e que é, ao mesmo tempo, o metacomentário da atividade lúdica do sujeito lúdico que toma consciência do que Gadamer chamava de transformação em configuração:

> Entendo já algumas figuras
> mas não sei o que é o baralho,
> que anverso tem essa medalha
> cujo reverso me esboça.
>
> Na outra face da Lua
> dormem os números do mapa;
> jogo de encontrar-me nessas cartas
> que cegamente são minha soma.
>
> De tanta alegre insensatez
> nasce a areia da paisagem
> para o relógio do que amei,
> porém não sei se o baralho
> é misturado pelo acaso ou pelo anjo,
> se estou jogando ou sou as cartas[12].

11. Julio Cortázar, *La vuelta al día en ochenta mundos*, México: Siglo XXI, 1979, v. 2, p. 169.

12. "Entiendo ya algunas figuras / pero no sé qué es la baraja, / qué anverso tiene esa medalla / cuyo reverso me dibuja. // En la otra cara de la luna / duermen los números del mapa; / juego a encontrarme en esas cartas / que ciegamente son mi suma. // De tanta alegre insensatez / nace la arena del pasaje / para el reloj de lo que amé, // pero no sé si la baraja / la mezclan el azar o el ángel, / si estoy jugando o soy las cartas". J. Cortázar, *Último round*, 3. ed., México: Siglo XXI, 1972, v. 2, p. 92-93.

O *SCRIPTOR LUDENS* ENTRE MODERNO E PÓS-MODERNO 129

Aqui, Cortázar refere-se a uma das afirmações centrais de Gadamer, segundo a qual "o jogo é disposto de modo a fazer perder o jogador, que é dispensado de tomar a iniciativa, isto é, daquilo que constitui o esforço principal da existência. Isso é óbvio também na tendência espontânea à repetição que se manifesta no jogador e na retomada incessante do jogo que determina sua estrutura (veja-se, por exemplo, o 'ritornelo')"[13].

Esta é a situação do *performador* de *Último Round*. Seu jogo funda-se não somente na intensidade com a qual o mundo vive em suas infinitas variações, mas parte também da manipulação da intertextualidade. Os modelos literários constituem uma espécie de *mimicry* (no sentido indicado por Caillois), porém, ao mesmo tempo, são pretextos para a competição e a vertigem. O jogo manifesta sua ludicidade, e o jogador se destaca dele de modo simbólico. Mas, contemporaneamente, constrói uma estrutura polivalente em que ele mesmo aparece como instrumento e elemento da estrutura, como *performador* e voz simbólica. Poder-se-ia responder com Saul Yurkievich, para quem *Rayuela* é "um jogo, uma ponte e uma passagem"[14], que o jogo do autor do *Livro de Emanuel* e de *Histórias de Cronópios e de Fama* é ao mesmo tempo moderno e pós-moderno ou, mais precisamente, parcialmente moderno e parcialmente pós-moderno. É moderno por ser direcional, instrumental, por constituir suas referências polêmicas e seus objetivos ideológicos; mas é também pós-moderno por revelar uma atividade lúdica que nos deixa ver seus mecanismos e regras (o que Derrida define, em *A Escritura e a Diferença*, como a "estruturalidade da estrutura", isto é, o puro mecanismo da representação de si mesmo).

O nó da performance textual de Heissenbüttel está em seu vivo interesse por Wittgenstein e em seu contínuo referir-se ao filósofo austríaco como concretização do "jogo da linguagem". Ademais, Heissenbüttel mostra a intenção de verificar e de refletir sobre a possibilidade formal da linguagem. Para que haja uma abordagem textual da totalidade do mundo ou da totalidade da linguagem, é necessário proceder desmascarando os vários estados da linguagem. A literatura depende dos estados da linguagem, assim como estes dependem da literatura. Eles podem ser definidos como um jogo que fornece as regras para que a linguagem seja situada no interior das estruturas da significação. Essas estruturas são convencionais e identificáveis no interior da indefinível e sempre potencial totalidade do dizível. Conseqüentemente, a linguagem jamais pode ser apreendida em sua totalidade, mas só pode exprimir uma minúscula partícula de sua grandeza.

---

13. J. Cortázar, *La vuelta al día en ochenta mundos*, op. cit., p. 31.

14. Saul Yurkievich, Eros ludens: juego, amor, humor según *Rayuela*, em J. Cortázar, *La isla final*, Barcelona: Ultramar, 1983, p. 257.

130 DIALÉTICAS DA TRANSGRESSÃO

A linguagem é também uma estrutura material (*Materialität*), pois acumula significados que são e foram dados mediante a linguagem. A "diferença" específica da linguagem torna-se, portanto, o objeto e o motivo da performance textual. Capturar a linguagem significa, entre outras coisas, mostrar a manifestação dos vários estados da linguagem que determinam o poético, o narrativo, o discursivo, o comentário, o metalingüístico: esses aspectos entram no jogo das configurações da linguagem, revelando quer sua temática formal, quer sua unidade temática.

A performance de Heissenbüttel mostra a linguagem em sua configuração material para isolá-la em suas estruturas efêmeras, e de certa maneira ainda estáticas, como a poesia, a narrativa ou o discurso. A performance enfatiza as microestruturas da linguagem que ressaltam as próprias configurações; como se pode facilmente captar, essas configurações refletem a forma concreta das coisas.

Qual é a motivação inerente à performance de Heissenbüttel? Ele quer ilustrar o polimorfismo da linguagem e também sua estreita relação com as estruturas antropomórficas e culturais. Uma poesia pode ser julgada com base em três critérios: a) a recorrência de certos elementos de sua estrutura; b) o desmascaramento da configuração lingüística, lexical e sintática associada à situação histórica da poesia; c) a manifestação, determinada historicamente, de sua autocompreensão.

A performance de Heissenbüttel depende da montagem das configurações lingüísticas e dos termos dialeticamente opostos que indicam a autoconsciência da literatura: essas operações são determinadas pelas várias estruturas da própria literatura. A poesia é, em substância, a linguagem em sua configuração de poesia (*Sprache im Zustand der Poesie*), formada como código infinito e não-resolvível. A linguagem recusa o papel de conservação como essência (*Aufbewahrungsfunktion der Sprache als das Wesen der Sprache*), mediatiza, modera e reflete.

O programa performativo de Heissenbüttel articula-se como uma constante repetição de termos abstratos, tais como o *dizível*, o *experimentável*, o *decidível*, o *atingível*, o *repetível*, acompanhado de verbos gerativos como *falar*, *experimentar*, *decidir*, *acabar*. As negações dos mesmos termos têm a função de obstáculo a essa repetição. Por isso, a poesia perfeita nutre-se dessa oposição: engloba o indecidível e manifesta-se através da materialidade da linguagem que recusa a exclusão recíproca de fórmulas tais como "acabar o acabável", em oposição a "não acabar o não-acabável".

Eis duas poesias que abrem *Textbücher* (Os Textos):

> Dizer o dizível
> Executar o exeqüível
> Decidir o decidível
> Atingir o atingível

O *SCRIPTOR LUDENS* ENTRE MODERNO E PÓS-MODERNO

Repetir o repetível
Terminar o terminável
O não-dizível
O não-exeqüível
O não-decidível
O não-atingível
O não-repetível
O não-terminável
O não-terminável não terminá-lo[15]

Coisas recapituláveis eis meu tema
Coisas recapituláveis eis meu tema
Coisas recapituláveis eis meu tema
não recapituláveis[16]

Heissenbüttel utiliza a linguagem e a dramatização dos conceitos de afirmação e de negação: "dizer o dizível..." (*das Sagbare sagen...*), "o não-dizível..." (*das nicht Sagbare...*)[17]; usa a tautologia e acentua um léxico específico. Eis um exemplo no texto "Gramática Política" (*Politische Grammatik*): "Os perseguidores perseguem os perseguidos. Mas os perseguidos se transformam em perseguidores. E, já que os perseguidos se transformam em perseguidores, os perseguidos se transformam em perseguidos perseguidores e os perseguidores em perseguidores perseguidos"[18]. Heissenbüttel pratica um espaçamento da tipografia do objeto: "Sprech-Wörter"[19]; e joga com a traduzibilidade da linguagem em metalinguagem: "Variationen über den Anfang eines Romans" (Variações sobre o Início de um Romance)[20]. Assim, a performance de Heissenbüttel dissemina continuamente a frase de Wittgenstein: "Os limites da minha linguagem são os limites do meu universo". Nesta frase, encontramos o tema central da performance de Heissenbüttel. Essa invocação de Wittgenstein reduz e encerra a linguagem num território cujos limites são desafiados continuamente pelo *performer* até a exaustão, sem jamais sair dele. Uma vez mais, esses limites são aplicáveis tanto ao universo quanto à linguagem.

O ato da escritura, na interpretação de Heissenbüttel, implica um desafio frontal à morte, que é percebida como única e onipresente, mas também ausente, atriz do mundo que devora o processo de comunicação. A performance textual em todas as palavras de Heissenbüttel mostra a ductilidade desta oposição: a fatalidade da evanescência da-

15. Helmut Heissenbüttel, *Textbücher*, 1-6, Stuttgart: Klett-Cotta, 1980, p. 7.
16. Idem, p. 8.
17. Idem, p. 7.
18. H. Heissenbüttel, Grammatica politica, em *Testi 1-2-3*, Torino: Enaudi, 1968, p. 111.
19. H. Heissenbrïtel, *Textbücher*, 1-6, op. cit., 1980, p. 4.
20. Idem, p. 2.

quilo que é dito e comunicado *versus* o espetáculo da linguagem nas suas múltiplas formas.

A comparação sugerida por Hegel, para quem a morte é como cortar um repolho ou beber água, passa a ser o título de um dos livros de Heissenbüttel e indica uma espécie de *mise en abîme* de sua performance. Esse sensibilizar a estrutura da linguagem reflete o problema do sempre evanescente mundo dos sons, das palavras, das frases, das formas. O caráter serial, dodecafônico da linguagem revela-se nessa estrutura sobretudo através das várias configurações e citações intertextuais. O movimento da linguagem, harmonizado de acordo com o princípio do progredir ("Narrar não significa voltar atrás" [*Erzählen heisst nicht umkehren*]), acrescenta uma nota anticatártica à performance. A linguagem impede que a performance se configure como uma contínua demonstração da entropia.

11. A Dissidência do Corpo além da Ortodoxia do Texto

Como era cito antes de Pim com Pim depois de Pim como é três partes digo-o como o entendo

Vozes primeiro fora quaqua de todos os lados depois em mim quando isso pára de ofegar conte-me mais acabe de me contar invocação...

Algo errado aí

Eu dizia comigo mesmo isso não está pior eu me enganava

Eu mijava e cagava outra imagem em meu moisés jamais tão limpo desde então...

Tepidez de barro original negro impenetrável

SAMUEL BECKETT[1]

Se a literatura reproduz a estrutura política e religiosa do poder, ela a reproduz também como pululação das redes de dissidência em relação ao Logos que unifica e reabsorve o indivíduo no jogo incessante da retórica preestabelecida, da narração aceitável, do deslizamento para as paráfrases da escravidão. A dissidência desempenha sua parte de liberdade contra a derrelição do sujeito-robô no verbo comandado, na prostração do corpo próprio lançado como pasto ao Verbo do Pai.

Antes que advenha a dissidência, o literário desfruta de sua autoridade fundada na manipulação dos símbolos proliferantes do Verbo do Pai. Os operadores da dissidência são eclipsados pela subserviência ao Verbo, àquilo que Santo Agostinho chama *Potestas*. A potencialidade extraordinária da dissidência e seu não-advento forçado pela subserviência à autoridade do Pai deixam-se ver de modo dramático precisamente em Santo Agostinho e em São João da Cruz. Sua modernidade pode ser vista como manifestação de uma dissidência às avessas, como obliteração do corpo para uso do Verbo. Esses dois escritores do corpo são escritores da Igreja. Esses

---

1. *Comment c'est*, Paris: Minuit, 1961. Existe uma tradução brasileira de Ana Helena Souza (São Paulo: Iluminuras, 2003), feita a partir da versão para o inglês que o próprio autor realizou (How It Is).

134   DIALÉTICAS DA TRANSGRESSÃO

escritores da Igreja são dissidentes potenciais assumidos e domados pelo Espírito da Ortodoxia[2]. Seus exemplos figuram narrativa, retórica, poética e subjetivamente pela Ação do Verbo sobre o corpo. O corpo é objeto de uma aposta de símbolos que fazem com que ele sofra a recusa de si mesmo. Esses símbolos preestabelecidos confirmam a ordem recorrente e permanente, sancionam o deslizamento do corpo para os moldes restritivos que fazem do corpo um objeto possuído, pré-possuído pelo Pai. A linguagem do isto (*ça*) sofre a queda verbal, tecnologicamente vertida nos moldes da ortodoxia. O literário confirma a ordem, rejeita indefinidamente os focos, as redes do corpo dissidente que doa sua natureza pulsional.

As *Confissões* são ao mesmo tempo a disseminação das estruturas da dissidência potencial e seu eclipse, sobredeterminada pelo poder invisível do Verbo. A evolução do sujeito, desde sua função voluntariamente depreciada de "mercador de palavras" (*venditor verborum*) até sua função de objeto voluntariamente sujeito à *Potestas*, reflete a penetração da interioridade do sujeito pela ortodoxia do Verbo. A retórica de Santo Agostinho, analisada como "ação verbal" (*verbal action*) por Kenneth Burke, revela a freqüência notável dos prefixos, dos verbos e das partículas que assinalam a ação do sujeito e do Pai em direção ao interior. Essa ação é um palco verbal em que se representa o teatro do amor simbolizado pela permanência da estrutura ficticiamente oposicional: *Tu versus Ego*. Kenneth Burke estabelece uma seqüência discursiva que ele chama "uma imitação impressionista da fonte agostiniana do Eu-Tu" (*an impressionistic imitation of the Augustinian I-Thou fountain*). Essa seqüência assume a seguinte forma:

---

2. Ver a esse respeito, as considerações de Jean Grenier em seu *Essai sur l'esprit d'orthodoxie*, Paris: Gallimard, 1967 [ed. original, 1938], e especialmente, p. 16-17: "A ortodoxia sucede à crença. Um crente conclama todos os homens para que compartilhem sua fé; um ortodoxo contesta todos os homens que não compartilham de sua fé. É porque a fé do primeiro é sobretudo um sentimento, e a fé do segundo sobretudo um sistema. [...] Toda ortodoxia repousa, com efeito, em convenções, e a primeira de todas elas é que é preciso acatar a decisão quer de uma maioria, quer de um chefe e, uma vez que essa maioria ou esse chefe se pronunciou, acatar sua decisão, sob pena de ser banido da sociedade [...]. Para quem os vê de dentro, a maioria e o chefe decidem de acordo com a tradição, são animados de um espírito que dita suas decisões; o arbitrário do número ou da ditadura não seria assim senão aparente.

Em todo caso, o resultado é que a ortodoxia se torna cada vez mais uma convenção e se apóia ademais em formulários, além de procurar sustentação num Estado ou numa classe social.

Essa cristalização e esse enrijecimento são necessidades para a ortodoxia. Ela não pode manter-se a não ser permanecendo imóvel, pois a menor fissura poderia acarretar o desmoronamento de todo o edifício: se se permite que um ponto seja criticado, por que não um outro ponto, e assim por diante? A ortodoxia é, portanto, perfeitamente intransigente".

A DISSIDÊNCIA DO CORPO ALÉM DA ORTODOXIA DO TEXTO   135

Em Ti mesmo, Senhor, eu [sou] eu mesmo. Outrora eu era mercador de palavras, flagelado por meus vícios. Agora sou flagelado pelos açoites de teu Verbo. Tu estás em minha memória. Aqui, no entanto, [estou] eu, e minha memória, e minha memória de Ti, Senhor, eternamente em Ti[3].

Burke insiste na freqüência de estruturas tais como *in... intus... inter... intra... intrare... intimus... inde... unde...*[4]. A interiorização do sujeito joga-se nas *Confissões* enquanto tensão verbal a-dialética entre a autoridade do Pai e a submissão do eu. O Tu do Pai é um pólo repressivo do desejo fixado em retórica unificante e humilhante do sujeito. Este se subtrai às pulsões do corpo, doa-o à Autoridade, rememora-se a Eternidade mais que a memória. Observa Burke: "A própria virada de uma *narrativa de memórias* para os *princípios* da Memória é técnica, equivalente 'lógico' de uma virada do 'tempo' para a 'eternidade'"[5]. Ele evidencia assim um princípio importante do texto que chamaremos ortodoxo, a saber, o da encenação da autoridade superior, seja esta a da instituição do Pai, do Verbo ou do Espírito. Tal texto joga com a recorrência e a onipresença do venerado, do reconhecido e do castrador. O que é a ortodoxia senão essa recusa do sujeito a fazer ouvir seu corpo, a desarticular o Logos do reino uniformizante, esse re-conhecimento do conhecido no fluxo verbal que se desvia da sinceridade do pulsional e do desejo para a permanência da retórica ostracizante? Essa recusa, enfim, de uma dialética que colocasse entre parênteses a Palavra do Pai e que fizesse ouvir o canto do corpo propulsionado na melodia subjetivizante de suas intensidades? Assim, o texto ortodoxo coloca, instala e perpetua o sujeito que chamaremos, seguindo Burke, sujeito logológico. É um sujeito que advém no discurso das palavras sobre as palavras; a "logologia" define esse discurso das palavras (*mots*) sobre as palavras (*paroles*) da autoridade como conseqüência do fato de ser a teologia constituída por palavras sobre Deus[6]. O sujeito logológico reprime simbólica e retoricamente os focos da dissidência. Esta se delineia como presença do corpo próprio e subjetivo[7],

---

3. "In te ipso, domine, ego ipse, olim eram venditor verborum, flagellatus flagitiis meis. Nunc ego flagellor verberibus Verbi tui. Tu es in memoria mea; ecce autem ego, et memoria mea, et memoria mea tui, domine, in aeternum in te."
4. Kenneth Burke, Verbal action in St-Augustine's *Confessions*, em: *The Rhetoric of Religion*, Berkeley/ Los Angeles: University of California Press, 1970, p. 57.
5. V. Idem, p. 124, a respeito do "trabalho de minha memória em Santo Agostinho". Cf. J. L. Schefer, Angles du corps chrétien, em *Matière et pulsion de mort*.
6. K. Burke, op. cit., p. 1: "Se definíssemos 'teologia' como 'palavras sobre Deus', então, por 'logologia', deveríamos querer dizer 'palavras sobre palavras'".
7. Cf., a esse respeito, as seguintes observações de François Perroux em um registro filosófico e sociológico: "Os existentes concretos podem ser apreendidos como corpos humanos. Essa corporeidade contém relações que o díptico Sujeito-Objeto, homem-coisa, poderia ocultar. O *corpo próprio* do existente concreto, esse corpo do qual ele diz 'meu corpo', é um 'campo primordial' (Merleau-Ponty) em que o aparecimento de qualquer experiência é condicionado [...]. O sujeito não escapa a seu corpo, não o elude. O corpo humano é uma

136 DIALÉTICAS DA TRANSGRESSÃO

estrutura livre e idiossincrática que se recusa à liberdade, que não se diz mediante o discurso do delírio ou do fantasma. É um sujeito a-libidinal determinado pelo veredicto da Autoridade e pela obediência a esse veredicto. O isto (*ça*) entra aí como um desrespeito à Autoridade, desrespeito punido de antemão, como jogo do possível perverso e antidivino. Assim, o termo *fornicatio* designará, para Santo Agostinho, qualquer interesse que não seja diretamente motivado por Deus[8].

O procedimento de João da Cruz é igualmente mensurável em termos de ortodoxia textual, embora evidentemente sua poesia seja um jogo contínuo do corpo desejoso e do corpo desejado. Na verdade, o procedimento textual de João da Cruz enquadra-se no que se poderia definir como *metalogologia*. Procede de uma palavra explicativa que retoma à camada carnal e libidinal de sua poesia seu conteúdo pulsional e o projeta na ortodoxia simbólica religiosa. Assim, as estrofes do "Cântico Espiritual", comentadas na *Exposição do Cântico entre a Esposa e o Esposo*, devem confirmar o apagamento do que se poderia chamar de "matriz libidinal do texto". Citemos apenas alguns exemplos:

E vamos ver-nos em tua formosura[9]

Comentário:

Esta é a adoção dos filhos de Deus que dirão com verdade o que o próprio Filho diz ao Pai eterno, em São João: *Omnia mea tua sunt et tua mea sunt*, isto é: Tudo o que é meu é teu e tudo o que é teu é meu, sendo ele por essência Filho natural, e sendo nós por participação filhos adotivos. Assim, ele o disse não apenas para ele, *que é a Cabeça*, mas também para todo o *seu corpo* místico, *que é* a Igreja[10].

E logo às mui altas
Cavernas da pedra iremos
Que estão bem escondidas
E lá entraremos
E o mosto de romãs saborearemos[11].

virtualidade do sujeito, uma espécie de pré-sujeito, antes da afirmação do sujeito consciente de si e capaz de decisão autônoma; ele é promessa do sujeito, antes da realização do sujeito". F. Perraex, *Aliénation et société industrielle*, Paris: Gallimard, 1970, p. 57, (Col. Idées).

8. K. Burke, op. cit., p. 99: "'Fornicação' é sua palavra para qualquer interesse não diretamente motivado em termos de Deus como motivo completo. Portanto, no diagrama que acompanha nosso próximo ensaio, essa palavra 'técnica' ressonante será comparada com 'mortificação', o termo para 'imolação de todas as inclinações desenfreadas'".

9. "Y vamonos a ver en tu hermosura". Cantique Spirituel, em Saint Jean de la Croix, *Trois poèmes majeurs de Saint Jean de la Croix*, prefácio e tradução de Pierre Darmangeat, ao lado, o texto de São João da Cruz, Paris: Portes de France, 1947, p. 64-65.

10. Exposition du cantique entre l'épouse et l'époux, em Saint Jean de la Croix, *Œuvres complètes*, traduzidas do espanhol pelo Padre Cyprien de la Nativité de la Vierge Carme Déchaussé, edição estabelecida e apresentada por Lucien-Marie de Saint-Joseph Carme Déchaussé, 4. ed. rev. e corr., Paris: Desclée de Brouver, 1967, p. 670.

11. "Y luego a las subidas/ Cavernas de la piedra nos iremos/ Que están bien escondidas/ Y allí nos entraremos./ El mosto de granadas gustaremos". Saint Jean de la

A DISSIDÊNCIA DO CORPO ALÉM DA ORTODOXIA DO TEXTO

Comentário:

> A *pedra* de que ela fala aqui é Cristo, consoante o que diz São Paulo aos Coríntios: *Petra autem erat Christus*. As *altas cavernas* são os mistérios elevados, altos e profundos em sabedoria de Deus, que se encontram em Cristo [...][12].
>
> E o mosto de romãs saborearemos.
>
> As *romãs* significam aqui os divinos mistérios de Cristo, os profundos julgamentos da sabedoria de Deus e as virtudes e atributos de Deus, os quais, pelo conhecimento desses mistérios, sabe-se estarem em Deus[13].

Se esse comentário desrealiza o poema, na verdade faz dele também um discurso pré-orientado para uma finalidade totalizante e preestabelecida de um texto ortodoxo que pensa o sujeito como dependência, como antiliberdade. A ortodoxia colocada como superestrutura ideológica do texto remete assim à clausura estrutural e à implantação de uma unidade retórica e estilística que não é perturbada por nenhuma deriva, por nenhuma subjetivização pulsional.

Pensar o texto em termos de ortodoxia implica que este se realiza num contexto opressivo não necessariamente confesso. Ele fixa o sujeito numa repetitividade temática, bem como numa repetição dos códigos referenciais que fazem do texto um enclave da aura, da unidade em que, de antemão, está imobilizado o movimento dialético do sujeito em luta com o Logos que limita o corpo num tomar partido ideológico.

O texto ortodoxo mantém, portanto, um parentesco visível e evidente com o que Adorno define como obra aurática ou fechada[14]. Ele não se baseia na negatividade dialética que dá à literatura a marca do conhecimento, que faz dela um cruzamento das ideologias e das pulsões em choque. A ortodoxia textual realiza-se como Palavra que reproduz a relação Pai-Filho e substitui o jogo das oposições de natureza dialética pelo jogo predeterminado das homologias. E é ainda Kenneth Burke que nos esclarece acerca da natureza profunda dessa estrutura, ao dizer que a idéia de oposição pode ceder o lugar à idéia de homologia. Esta encontra seus suportes teóricos nos três termos gregos: *antistrophos*, que, de acordo com Aristóteles, define a retórica como homóloga à dialética; *antimorphos*, que significa "formado conforme, correspondente a"; e *antitimae*, que quer dizer "honrar como sinal de reconhecimento"[15].

Croix, *Trois poèmes majeurs*, op. cit., p. 64-65.

12. Exposition du cantique entre l'épouse et l'époux, op. cit., p. 673.

13. Idem, p. 675-676.

14. "O conceito de Benjamin da obra de arte 'aurática' concorda em grande parte com o de obra fechada. A 'aura' é a adesão perfeita e total das partes com o todo que constitui a obra de arte fechada". Theodor W. Adorno, *Filosofia da Nova Música*, tradução de Magda França, São Paulo: Perspectiva, 1974, p. 101, nota 40.

15. K. Burke, op. cit., p. 30.

138   DIALÉTICAS DA TRANSGRESSÃO

O texto ortodoxo que reflete a relação dominante *versus* dominado contém, como vimos, em Santo Agostinho e em São João da Cruz, focos de dissidência. Ele é potencialmente fragmentário e crítico. Enquanto tal, contém potencialmente redes de ruptura com a monotonia repetitiva do corpo aniquilado pelo Verbo do Pai. Se a fragmentação da obra fechada, que é burguesa, constitui para Adorno a condição de uma libertação do texto das estruturas de dominação, essa fragmentação atualiza o conteúdo da verdade e a manifestação do conhecimento compreendida como superação das relações atuais de dominação. "A obra de arte fechada é a obra de arte burguesa, essa obra mecânica, pertencente ao fascismo; a obra de arte fragmentária indica, no estado da negatividade total, a utopia"[16]. Como conceber a fragmentação da obra, do texto ortodoxo, como estratégia de dissidência? Mostrando como, no espaço textual, a dissidência funciona como estrutura narrativa ou verbal cujo valor é homólogo à liberdade; mostrando como essa estrutura está ligada à manifestação de uma instância enunciativa que não reconhece nenhuma tutela pelo poder que legifera, enclaustra, leva a melhor, arregimenta. A oposição ortodoxia *versus* dissidência, cuja evidência política repousa nos fatos da práxis cotidiana em escala planetária, ainda deve ser valorizada no espaço do texto onde os perímetros da ortodoxia e da dissidência são tão variáveis quanto repetitivos. O texto ortodoxo é uma categoria suficientemente englobante para que se situem nele suas variantes: o discurso religioso, o discurso político, o discurso normativo no sentido amplo do termo. O texto ortodoxo no sentido forte do termo designa assim: 1) o discurso de uma autocensura fundada no reconhecimento aberto ou tácito da autoridade superior: a do Estado, da Igreja, do Partido, da Família; 2) o discurso que chamaremos de protodoxo, na medida em que emana diretamente da autoridade. No sentido fraco, o texto ortodoxo remete à reiteração da norma reconhecida: estética, moral, ideológica. É um texto que se dá como entidade direita, como escritura direita e presa ou conectada à opinião geral, generalizada até em suas particularizações, aceitáveis para o aparelho de legibilidade ou de admissibilidade da ideologia dominante. Ligado à episteme burguesa, o texto ortodoxo reflete a cotidianidade crispada, fixada em seus modos e valores gregários, que reproduz o que se poderia chamar narratividade plana, monotonizante, repetitiva, monoparadigmática. O texto ortodoxo representa, como estrutura axiologicamente conotada, o funcionamento ideológico do que Roland Barthes nomeia texto clássico ou legível[17]. Ele concretiza o reconhecimento da sua sociabi-

16. T. W. Adorno, op. cit., p. 102, nota 40.
17. Essa categoria insere-se, segundo Roland Barthes, numa estrutura tripartite: escrevível / legível / interpretação: "[...] o texto escrevível é *a mão escrevendo*, antes que o jogo infinito do mundo (o mundo como jogo) seja cruzado, cortado, interrom-

A DISSIDÊNCIA DO CORPO ALÉM DA ORTODOXIA DO TEXTO

lidade obrigatória. É o signo de uma operação que consiste em tornar necessária a contingência do poder e da ideologia. A ortodoxia posta como superestrutura do texto evoca a supressão e o apagamento da linguagem heterodoxa por meio da prática não-confessa da censura local, preventiva, auto-reguladora.

O que pode significar a linguagem heterodoxa em relação à narratividade plana, monotonizante e monoparadigmática? Tal linguagem tem sua fonte, como dissemos, em uma instância e uma instanciação enunciativas que descondicionam o texto orientado para a norma ou para a multiplicidade das normas. Descondicionar o texto ortodoxo é uma operação do sujeito livre que se reconhece como não-condicionado pelo poder e pela autoridade. A heterodoxia política é assim a manifestação de uma luta desigual, não de classes, mas de indivíduos voltados contra as classes, contra os aparelhos repressivos. Os dissidentes são os mensageiros de uma verdade hipostasiada por seus corpos, suas pulsões, suas linguagens, enfim, que, para além da casa dos mortos, projetam-se no palácio de cristal da vida utópica, invisível, mas paradoxalmente concreta. O reino do Leviatã é um reinado de terror gentilmente organizado contra o qual se chocam as formas imprevisíveis da liberdade. Na visão de Hobbes, em que se agitam as conseqüências que são tanto o Estado quanto a filosofia individual, a liberdade joga igualmente sua carta de imprevisibilidade. É a esse preço, aparentemente, e somente a esse preço, que o homem é livre. Ele é reconhecido por Hobbes como predicado do corpo, do desejo, da inclinação e da vontade:

> Um HOMEM-LIVRE é aquele que, naquelas coisas que por sua força e talento ele é capaz de fazer, não é impedido de fazer o que quer. Mas, quando se aplicam as palavras *Livre* e *Liberdade* a quaisquer coisas que não sejam Corpos, abusa-se delas; pois aquilo que não está sujeito a Movimento não está sujeito a impedimento [...].

> [...] do uso da expressão *Livre Vontade*, nenhuma liberdade pode ser inferida para a vontade, o desejo ou a inclinação, a não ser para a liberdade do homem, a qual consiste em que ele não encontre obstáculo algum para fazer o que tem vontade, desejo ou inclinação de fazer[18].

Porém, embora seja o predicado do corpo, o homem de Hobbes é um cidadão do Estado acossado por mil conseqüências que misturam a angústia com a liberdade. Em Hobbes, o corpo é livre, mas sua liberdade não o é. Liberdade e Necessidade são inseparáveis. Tudo

pido, plastificado por algum sistema singular (Ideologia, Gênero, Crítica) que venha impedir, na pluralidade dos acessos, a abertura das redes, o infinito das linguagens. [...]. E os textos legíveis? São produtos (e não produções) que constituem a massa enorme de nossa literatura. [...] Interpretar um texto não é dar-lhe um sentido (mais ou menos embasado, mais ou menos livre), é, ao contrário, estimar de que plural é feito". R. Barthes, *S/Z*, tradução de Léa Novaes, Rio de Janeiro: Nova Fronteira, 1992, p. 39.

18. Thomas Hobbes, *Leviathan*, editado com uma Introdução de C. B. Macpherson, London: Penguin Books, 1974, p. 262.

140 DIALÉTICAS DA TRANSGRESSÃO

decorre do Homem Artificial, um *Common-Wealth*. O Sujeito é livre na medida em que todas as suas ações foram predeterminadas pelo Soberano. Se a liberdade é então completamente predeterminada, se ela estabelece tão perfeitamente a escravidão dos corpos individuais, não deixa de ser verdade que é somente no corpo individual que ela tem também sua fonte. Mas então ela se confunde precisamente com a dissidência, pois transcende as leis, essas cadeias artificiais, no dizer de Hobbes. Os símbolos, as parábolas, os raciocínios de Hobbes fixam um modelo geral da ortodoxia ambiente. Ela é a força que, invisível mas impositiva, dá aos corpos a liberdade fictícia que o Homem Artificial oferece aos homens verdadeiros.

O caminho que leva da política à literatura é igualmente aquele em que a ortodoxia e a dissidência necessariamente se encontram. O corpo funciona aí como zona reversível de uma aceitação ou de uma rejeição da ortodoxia. Ligar o corpo à dissidência no trabalho e no jogo do texto significa reconhecer-lhe sua realidade política. Pois, como diz Daniel Sibony: "O corpo é político porque em toda a sua gesta falada e silenciosa ele coloca a questão do conjunto, da coleção de elementos; e ele se posta ali como uma cunha cravada na ilusão de seu ajuntamento Unitário; mantendo o escancaramento, ele impede que isso feche a questão política"[19]. O texto reflete o conjunto na medida em que o corpo irrompe nele como liberdade nominal, como jogo livre de sua estrutura somática, anarquicamente posta de viés nos modelos textuais ortodoxos que fazem do corpo a estratégia organizada de seus tabus. A dissidência colocada como termo de uma semiótica deve ser reconhecida em suas práticas textuais que a ligam à "gesta falada" do corpo. Esta pode assumir as formas múltiplas de uma politopicalização da linguagem que devolve ao corpo o que a ortodoxia desejaria retomar-lhe, impondo-lhe sua própria camuflagem.

Esse saco de merda, essa usina excrementícia que as ideologias capitalizam, não é a pronominalidade oficial de seu soma. O soma não tem nem prenome nem pronome. Quem inventará a pornofonia, a pornoscopia, a pornossemia? Unicamente o corpo. O corpo é sua própria semiótica. Quem o escutar compreenderá que a narratividade do corpo é um casamento desigual (*mésalliance*) entre o corpo e a ideologia, entre o corpo e a ortodoxia. Pois a dignidade deste vai pelos ares. Sutilidade pela *doxa* que realiza no corpo a operação orto-pédica de sua limitação e de sublimação, enterrando-o nas grandes temáticas da literatura: o amor e a morte; eclipsado pela *doxa*, o corpo volta à carga para demonstrar que o que se diz ortodoxamente do corpo, o corpo não o diz. Falado por terceiros-nomes, o corpo retoma por sua vez a palavra para se falar livremente. Cria a dissidência de suas intensidades face à ortodoxia que opera através de pessoas interpostas, por intermédio

19. Daniel Sibony, *Le nom et le corps*, Paris: Seuil, 1974, p. 19.

A DISSIDÊNCIA DO CORPO ALÉM DA ORTODOXIA DO TEXTO 141

das estruturas tentaculares da autoridade. O corpo supera essas estruturas, apostando no infinitamente inimitável do somático e do individual. Concluiu um pacto com o delírio e a loucura. Ele é aquela "loucura ordinária" que provoca dissidência na ortodoxia cotidianamente ativa, sendo o corpo, sendo essa história de "Ereções, Ejaculações e Exibições"[20] que narram precisamente o corpo.

Os efeitos semióticos do corpo no texto merecem que se decifrem suas marcas específicas e seu investimento pulsional. Na modernidade literária e teatral, que vai de Sade a Guyotat, já não há lugar para a ortodoxia. A progressão irresistível da escritura moderna liberta o corpo. Assim, ela desvela sua realidade política. Entre a autoridade e o corpo, a ortodoxia não pode mais impor sua letra. O corpo leva a melhor com seus fluxos, suas epifanias, sua descontinuidade heterodoxa. A realidade política subsumida pela oposição dissidência *versus* ortodoxia traduz-se no texto moderno por uma profunda reelaboração da textualidade. Esta pavimenta o caminho do corpo que desarticula livremente a ortodoxia do texto.

Tentemos repensar as estruturas semióticas dessa oposição no espaço da seguinte série, representativa da modernidade: Sade, Joyce, Bielyi, Bataille, Beckett, Guyotat. A questão à qual tentaremos responder pode ser assim formulada: quais são as estruturas diferenciais da escritura que exprimem o corpo ou que deixam o corpo exprimir-se livremente aquém e além das estruturas ortodoxas repressivas?

A estratégia de Sade repousa em alguns procedimentos, algumas táticas, cujos efeitos semióticos podem ser assim definidos:

- constituição de uma cena orgiástica e transgressiva do gozo;
- multiplicação dos sujeitos e dos objetos do gozo;
- adoção de uma escritura de desbordo, de transgressão e de insistência;
- narratividade e narrativização do corpo em processo de intensificação contínua da função libidinal;
- verbalização escandalosa da narratividade do corpo.

Em Sade, no limiar da modernidade, uma ruptura radical atravessa e subtende o texto: aquela que existe entre a autoridade oficial e a autoautorização do corpo. O corpo é assim o signo de uma liberdade pulsional que tem uma função transgressiva em relação à autoridade, mas que traduz, ao mesmo tempo, a verdade absoluta e momentânea do corpo. Assim sendo, essa verdade remete à totalidade das verdades oficiais e ortodoxas que a narrativa de Sade transgride. Ao operar a partir do cor-

---

20. Cf. o título de uma coletânea de contos de Charles Bukowski: *Erections, Ejaculations, Exhibitions and General Tales of Ordinary Madness*, San Francisco: City Light Books, 1972.

142 DIALÉTICAS DA TRANSGRESSÃO

po, sua matriz pulsional e semiótica, a narrativa de Sade situa-se sem trégua e sem recuo no nível que Philippe Sollers qualifica de "cosmogônico", "na medida em que ela se opõe, como destruição e recriação de um conjunto dominado por um jogo elementar, a qualquer idéia de criação acabada, sustada, e dependente de uma intenção definida"[21].

Sade estabelece desse modo o modelo de uma escritura não somente heterodoxa, mas, mais radicalmente, antiortodoxa. O corpo tem uma função auto-referencial absoluta. Ele transcende muito mais que as normas; sua gestualidade e seu comportamento eróticos e perversos transcendem os esquemas reconhecidos da imaginação, socialmente determinados enquanto limites visíveis e previsíveis da perversão. O corpo é, em Sade, uma estrutura infinitesimal. Para além da repetição e da repetitividade das pulsões e da prática libidinal, ele se erige em prática ilimitada da liberdade. O corpo está assim em dissidência permanente, ilimitada, e transgride os limites sucessivos de uma liberdade reconhecida como objetivo imediato. A temporalidade pulsional do corpo realiza, em Sade, o paradoxo da liberdade que Georges Bataille assim apreende: "A superação de uma situação nunca significa a volta ao ponto de partida. Há na liberdade a impotência da liberdade: a liberdade nem por isso deixa de ser disposição de si"[22]. A liberdade assim compreendida funciona em Sade como pansomatização e como panlibidinização da narrativa. O avanço da narrativa é ao mesmo tempo o avanço do corpo no gozo. É uma representação violentamente axiológica que coloca a axiologia somática como ilimitação do gozo. À primeira vista, os actantes das narrativas sadianas dividem-se em libertinos e não-libertinos, mas a violência da axiologia somática os arrasta a todos ao mesmo empreendimento de gozo pancênico e panteatralizado.

Assim, as quatro categorias de actantes de *Os 120 Dias de Sodoma* (personagens do romance da *Escola da Libertinagem*, serralho das raparigas, serralho dos rapazes, e oito fodedores) são transgredidas pela multiplicação dos personagens adjacentes, personagens por assim dizer encaixantes, que aparecem nas narrativas enquadradas. Todas as carnes, todas as idades estão representadas na narrativa do corpo pulsional e libidinal.

A dedicatória "Aos libertinos" que abre *A Filosofia na Alcova* é endereçada aos "voluptuosos de todas as idades e de todos os sexos", às "raparigas por demasiado tempo contidas nos laços absurdos e perigosos de uma virtude fantástica e de uma religião repugnante" [...] e, finalmente, "aos amáveis devassos". Essa enumeração e essa divisão, funcionais em relação aos personagens-modelos da *Filosofia*,

---

21. Philippe Sollers, Sade dans le texte, *Logiques*, Paris: Seuil, 1968, p. 79.

22. Georges Bataille, *O Erotismo*, tradução de Antonio Carlos Viana, 2. ed., Porto Alegre: L&PM, 1987, p. 120.

A DISSIDÊNCIA DO CORPO ALÉM DA ORTODOXIA DO TEXTO   143

opõem-se, também funcionalmente, ao "infeliz indivíduo conhecido sob o nome de homem, e jogado a contragosto neste triste universo"[23]. Os voluptuosos, os lúbricos e os devassos constituem então as representações metonímicas e axiológicas do "infeliz indivíduo". A natureza do homem é, para Sade, naturalmente paralibertina. Ela deve tornar-se naturalmente libertina. O corpo exerce assim, nessa narratividade estratégica, uma função igualmente estratégica. Ele é justificação primeira e fator primordial da libertação.

Não será a ortodoxia uma categoria demasiadamente débil para exprimir por antítese a estratégia do excesso na qual se funda todo o empreendimento dialético de Sade? Sem dúvida, mas ela é funcional no espaço reducionista e textual do corpo que limita arbitrariamente a este. A tensão que marca incontestavelmente a ortodoxia textual, entre a linguagem e o corpo, é resolvida em Sade através de uma estratégia de ruptura, de dissidência do corpo, que reivindica sua própria linguagem. A esse respeito, observa pertinentemente Philippe Sollers:

> Se o corpo se tornou, para a linguagem, um continente real, se, por sua vez, a linguagem se tornou *real* para o corpo, isso se deve a Sade, cuja escritura é meditada para nos atravessar corporalmente como ela atravessa os corpos que ela tem por função destruir, introduzindo consigo uma espécie de radiografia generalizada e terrível[24].

Se, depois de Sade, no espaço da modernidade, a diferença: corpo *versus* escritura e esta outra: ortodoxia *versus* dissidência (heterodoxia) são marcadas enquanto estruturas semióticas, isso se dá na medida em que essas oposições remetem a certas funções escriturais e semânticas do corpo. Tais funções, por sua vez, comandam a estratégia da escritura, compreendida enquanto reservatório móvel e maleável dos signos. Chamemos essas funções *fluxal*, *epifânica*, *tmésica*, *gênito-cinética*. Elas desempenham o papel de reguladores escriturais das pulsões, da motilidade do eu, da estrutura corporal do eu, da representação do corpo.

Essas quatro funções estão, na verdade, interligadas sem serem totalmente interdependentes. Veremos que sua manifestação está ligada ao corpo. O corpo a que daremos o nome de referente complexo. Ele remete ao surgimento somático do desejo, à insistência pulsional, às rupturas narrativas. O fluxo mantém o desbordamento; a epifania manifesta o estilhaço; a tmese corta a matéria narrativa que não seja o corpo; a função genital em movimento perpetua a gestualidade sexual do soma.

É Joyce quem inaugura a função fluxal da linguagem. Essa inauguração ocorre no monólogo interior de Molly Bloom. *Ulisses* termina com uma série de fluxos, uma música contínua-descontínua,

---

23. Marquis de Sade, *La Philosophie dans le boudoir*, prefácio de Yvon Beleval, Paris: Gallimard, 1976, p. 37-38.

24. P. Sollers, op. cit., p. 87.

144 DIALÉTICAS DA TRANSGRESSÃO

executada por uma voz que escande a insistência do dêitico Eu (*I*). O fluxo da consciência é ao mesmo tempo um deslocamento topográfico e pulsional do sujeito em função da multiplicação dos objetos do desejo. O corpo da mulher torna-se o centro e o ponto de observação de um investimento pulsional. O corpo de Molly Bloom é o sujeito-objeto dos fluxos que o definem na motricidade pulsional que a narração veicula como estrutura de enganchamento monológico do dêitico Eu (*I*). Os fluxos estão ligados às epifanias, a do desejo e a da carga pulsional, que marcam a presença constante do corpo-sujeito na cena movente da descarga libidinal. Submetido ao fluxo da linguagem, o corpo de Molly Bloom transforma-se em função epifânica do objeto do desejo e do sujeito desejoso que se auto-observa. Essa permanência epifânica é marcada no monólogo pela estrutura repetitiva da oposição Eu (*I*) *versus* ele (*he*), o/lhe (*him*), seu/dele (*his*), com ele/consigo" (*with him*) etc. Ela concretiza o investimento do objeto do desejo pela energia pulsional que Molly Bloom torna precisamente fluxal. Os fluxos engancham-se e desengancham-se a partir das situações narrativas que servem à imposição do sujeito do desejo.

[…] isso foi na noite em que vínhamos andando pela praça Kenilworth ele me beijou no ilhó de minha luva e eu tive que tirá-la me fazendo perguntas é permitido perguntar o formato do meu quarto então eu deixei que ele a guardasse como se eu tivesse esquecido para pensar em mim quando eu o vi a meter em seu bolso evidentemente […]

[…] então eu a levantei um pouco e toquei a calça dele com minha mão do anel pelo lado de fora como eu costumava com Gardner para evitar que ele fizesse pior num lugar que era público demais eu estava morrendo de vontade de descobrir se ele era circunciso ele estava tremendo todo como uma geléia eles querem fazer tudo depressa demais isso tira todo o prazer e meu pai esperando o tempo todo para jantar ele me disse para eu dizer que eu tinha deixado minha carteira no açougue […]

[…] eu sei que meu peito estava para fora daquele jeito na porta quando ele disse eu sinto muitíssimo e estou certa que ele estava
sim eu acho que ele os tornou mais firmes sugando daquele jeito […][25]

Vê-se nessas passagens como a oposição "Eu" *versus* "ele" constitui o corpo como estrutura necessária de uma troca libidinal que o monólogo de Molly Bloom acentua e narra ao longo de uma série de fluxos. Mas essa troca é colocada na perspectiva das intensidades do corpo da mulher que ela conta graças à intensidade fluxal da linguagem. Na verdade, os fluxos são sobredeterminados pela descontinuidade espacial e objetal da continuidade pulsional e libidinal. Seus retornos e sua persistência fazem do corpo o centro sensório-motor de um sujeito cujo eu (*moi*) é dado enquanto receptáculo de excitação. O corpo do monólogo é também o monólogo do corpo. A linguagem fluxal é a linguagem imprevisível de um discurso ao qual subjaz

25. James Joyce, *Ulisses*, tradução de Bernardina da Silveira Pinheiro, Rio de Janeiro: Objetiva, 2005, p. 773, 774 e 781, respectivamente.

A DISSIDÊNCIA DO CORPO ALÉM DA ORTODOXIA DO TEXTO   145

a insistência somática e pulsional. Se a narração de Joyce é baseada na indeterminação estocástica, é sobretudo enquanto estruturação do corpo. Essa estruturação é baseada na descontinuidade fluxal da linguagem, que é indissociável da epifanização do corpo como flutuação e como permanência do desejo e da libido.

O romance de Andréi Bielyi, *Kotik Letaiev*, que data de 1915, prefigura a função fluxal da escritura ligada à posição do corpo na estrutura da consciência. O empreendimento de Bielyi é único no romance moderno. Seu romance, que tem a aparência de romance autobiográfico ou de romance de formação, torna-se a inscrição e o registro do corpo pela escritura que escutamos, que ouvimos fazer-se a partir do corpo. A cadeia escritural transcende a cadeia romanesca precisamente porque o corpo se introduz nela como estrutura epifânica. A epifanização do corpo vai de par com a epifanização da consciência. Esta, bem como o eu (*moi*), inscreve-se na perseguição obsessiva de um ponto definitivo, crucial, em que o sujeito poderia situar-se enquanto certeza cognitiva e somática. O texto de Bielyi adquire propositalmente uma dimensão cósmica a fim de poder re-situar o sujeito em um lugar somático, psíquico, cognitivo e filosófico em que o "Eu (*Je*) sou eu (*moi*)" tivesse o sentido de uma proposição da alçada de uma equação definitiva: eu (*moi*) *versus* cosmos; Bielyi orienta sua escritura para o reconhecimento e os achados daquele ponto da consciência que confirmasse a lei de Haeckel, segundo a qual a ontogênese reproduz a filogênese. *Kotik Letaiev* é uma busca que pontua suas instâncias com a circularidade: eu (*moi*) / corpo / consciência / memória / cosmos. A identidade da consciência é assim tributária do reconhecimento de que ela pressupõe e é pressuposta por um corpo, por uma história somática, por um traumatismo do nascimento, por uma vinculação à mãe.

A escritura marca esse reconhecimento por uma mobilidade, uma fragmentação, uma atomização dos instantes da memória e de sua reprodução.

O primeiro "TU-ÉS" apodera-se de mim sob a forma de delírios sem imagens
– delírios muito antigos, conhecidos desde sempre: inexplicavelmente, inacreditavelmente, eis que a consciência está no-corpo, e é a impressão matematicamente exata de que tu és tu e de que tu não és tu, mas antes [...] uma inchação de nada, dirigida para o lugar-nenhum, incontrolável, e
– "O que há?"[26].

A fragmentação da escritura e da representação narrativa em *Kotik Letaiev* repousa na tensão ao mesmo tempo pulsional e conceptual que se exerce entre a consciência e o corpo. O corpo retalhado e a consciência encerrada no corpo entram numa relação especular

---

26. Andrei Bielyi, *Kotik Letaiev*, tradução francesa de Georges Nivat, Lausanne: L'Âge d'Homme, 1973, p. 15.

146 DIALÉTICAS DA TRANSGRESSÃO

interminável. Sua posição recíproca de continente e de conteúdo, de máquina e de mito, projeta a escritura de Bielyi na repartição, no retorno e na negatividade das epifanias somáticas e psíquicas:

E a consciência era apreensão do imperceptível, percepção do inapreensível; os longes intransponíveis dos espaços aterrorizavam as sensações, e a sensação se descolava da periferia desta aparência esférica e corria para tatear mais longe, lá adiante, no interior de si mesma; ela adquiria um conhecimento obscuro [...]. E a consciência se movia: em espessas nuvens aladas-cornudas, flutuava da periferia para o centro; e sofria:[...]

Naquele tempo, não havia Eu – havia um corpo franzino; e a consciência, enlaçando-o, vivia-se a si mesma em um mundo impenetrável e incomensurável; entretanto, à medida que a consciência penetrava, o corpo crescendo se inflava como uma esponja ensopada de água; a consciência estava fora do corpo, e no lugar do corpo era percebida uma enorme greta onde ainda não havia pensamento, onde surgiam apenas [...][27].

A instância talássica do traumatismo do nascimento encontra em Bielyi uma ilustração igualmente obsessiva:

SURGIMOS DOS MARES

Em nós estão os mundos marinhos das "Mães", e eles se desencadeiam, rubras as matilhas furiosas dos delírios [...].

Meu corpo de criança é um delírio das "Mães"; fora dele apenas existe um olho; ele é bolha sobre o abismo balouçado; mal surgido [...] ele volta a desaparecer; somente minha cabeça ficou no mundo: por minhas pernas estou em minha matriz; a matriz soldou-me as pernas e, lá embaixo, lá pelas minhas pernas, sinto-me a mim mesmo serpente; e meus pensamentos são mitos ofiomorfos; experimento titanismos [...][28].

O retorno à memória primeira, à memória da memória, impõe a Bielyi un registro escrupuloso das instâncias psíquicas que assegura à escritura uma flutuação constante entre o isto, o eu (*moi*), a consciência e o corpo.

– mal eu me havia agitado, e ISTO começava, ISTO se condensava, lá embaixo sobretudo, nas minhas costas; e ISTO não era eu, mas algo ardente, rubro, balão ardente, incandescente, algo senil.

Por quê? Eu não teria sabido dizer.

O nada-sem-imagens edificava-se em imagem, uma imagem que aumentava.

Inexplicável, incrível sensação da consciência que está-no-corpo; sentimento de que tu és Tu e de que tu não és Tu, mas uma espécie de inflação, tudo isso agora era vivido mais ou menos assim: [...][29]

– estou louco de pavor e sinto: ISTO cresce, ISTO infla em mim, ISTO não vai a lugar nenhum, de modo algum, e nada prosperará e –
– Mas o que é então?

27. Idem, p. 16-17.
28. Idem, p. 18.
29. Idem, p. 20.

A DISSIDÊNCIA DO CORPO ALÉM DA ORTODOXIA DO TEXTO   147

ISTO não era eu; mas estava como em mim, embora *fora-de-mim*: – Por que "ISTO"? Onde? Será que ISTO já não é Kotik Letaiev? "Onde estou?" Como é possível? E por que é que ISTO é eu e não eu?[30]

O eu *moi* é colocado nessa escritura epifanizante como realidade/irrealidade. Como instabilidade do saber e como potencialidade ameaçadora de uma pulsão de morte que o projeta no terreno vago do somático.

"Eu" e "tudo que me cerca" estamos ligados: é uma sensação que edifica o mundo em torno de mim: desabamento dos muros em obscuros abismos; papai, mamãe e a babá são precipitados na voragem; o Eu fica sem realidade: o menor abalo das sensações desfolha o mundo, tal como a lanugem de um dente-de-leão que levanta vôo da vela trêmula, no caos vazio das noites[31].

Ao reproduzir epifanicamente as instâncias tópicas do aparelho psíquico, a escritura de Bielyi aceita o desafio da existência pulsional do sujeito constantemente à escuta de suas pulsões. Esse desafio situa-se no limite do narrável e do suportável:

As posições da consciência sob o crânio são estranhas e atrozes [...]
A polimorfia infinita da consciência em relação a si mesma dança sem trégua, fogo-fátuo de significações, sem revestimento de imagens: ela rodopia em suas auréolas de anéis como um disco incandescente em mim; e abre-se em dois crescentes; o pensamento flui na fuzilada de estranhos ritmos; todo meu ser é sacudido: inconscientemente, instantaneamente explode, não conseguindo libertar-se pela imagem; e levanta vôo da janela[32].

A tensão entre a polimorfia da consciência e as estruturas fantásmicas do corpo retalhado só pode ser resolvida na interseção da pulsão de vida e da pulsão de morte, lá onde as pulsões se projetam no mito endopsíquico. Em uma carta endereçada a Fliess em 12 de dezembro de 1897, Freud precisa:

A obscura percepção interna, pelo sujeito, de seu aparelho psíquico suscita ilusões (*Denkillusionen*) que naturalmente são projetadas para fora e, de modo característico, para o futuro, para um além. A imortalidade, a recompensa, todo o além (*das ganze Jenseits*), essas são as concepções de nossa psique interna [...]. É uma psicomitologia[33].

Bielyi cria seu próprio mito endopsíquico ao inspirar-se na antropossofia de Rudolf Steiner. No entanto, a dimensão transferencial desse mito em Bielyi traduz a impossibilidade de superar as estruturas de desindividualização e de desapropriação que a escritura, ao mesmo

30. Idem, p. 146.
31. Idem, p. 38.
32. Idem, p. 182 e 184, respectivamente.
33. Apud Pierre Kaufmann, Freud: la théorie freudienne de la culture, em François Châtelet (org.), *Histoire de la philosophie*: idées, doctrines. Le XXème siècle, Paris: Hachette, 1973, p. 27.

148 DIALÉTICAS DA TRANSGRESSÃO

tempo fragmentária, epifânica, pulsional e fluxal, veicula como constantes obsessivas.

A memória narrativizada, metaforizada ou conceptualizada tropeça nas imagens traumatizantes do somático e do psíquico indissociavelmente ligados na manifestação narrativa do sujeito clivado. O traço mnésico do corpo retalhado, do trauma do nascimento, do barro quente em que está imerso o soma encontra seu equivalente simétrico no traço paramnésico que projeta o sujeito na imortalidade. A ressurreição é, todavia, precedida por cissão, pelo estilhaçamento do corpo:

> Eu sei, os tempos virão – (Quando? Não sei)
> – serei cindido no interior de mim mesmo, com o corpo pregado, recortado, assim como a alma,
> – pelos dilaceramentos de meu tormento fixarei um longo olhar; como brumas, os acontecimentos subirão em fumarolas muito antigas; meu corpo de escarras endurecidas se gretará; e o hemisfério dos sonhos se inflará de novo, como um disco resplandecente; o disco cairá sobre mim (como o Sol sobre a Terra) e me consumirá[34].

Se a escritura de Bielyi em *Kotik Letaiev* é heterodoxa ou paradoxal, é na medida em que ela supera sem recurso, pela pulsão somática do psíquico, as estruturas doxais do romance autobiográfico. Estas dependem de uma oposição narrativizada: eu (*moi*) *versus* mundo, que adquire na escritura autobiográfica a forma de uma injunção temática, como no romance dito de formação (*Bildungsroman*). O eu (*moi*) está em formação como sujeito social em devir, o mundo é esse formante no qual se forja a resistência do sujeito. Vimos como em Bielyi se complexifica essa relação.

Ao colocar o problema das "relações da linguagem poética com a série" e o da literatura que "procura igualar a música", Julia Kristeva observa, a respeito do sujeito-destinatário de tal literatura, que ele "reproduz operações fundamentais da semiose: operações de seriações, de estruturações etc. que dispõem dos suportes sensório-motores (o corpo próprio, suas fixações libidinais, a erogeneidade de seus órgãos etc.)". E Kristeva acrescenta:

> As conseqüências de uma tal concepção musicada da prática translingüística são que a linguagem deixa de aparecer como uma camada fina de sentido puro ou de forma pura, mas se apresenta como uma série de funções que recortam e articulam o corpo e o sujeito em sua relação pulsional com o outro e com o objeto[35].

O recorte e a articulação do corpo pela linguagem garantem e condicionam a superação da ortodoxia textual e a permanência de uma escritura de vanguarda.

---

34. Julia Kristeva, La musique parlée, ou remarques sur la subjectivité dans la fiction à propos du *Neveu de Rameau*, em Michèle Duchet; Michèle Jalley (orgs.), *Langues et langages de Leibniz à l'Encyclopédie*, Paris: U.G.E., 1977, p. 194, (Col. 10/18).

35. Idem, p. 189.

A DISSIDÊNCIA DO CORPO ALÉM DA ORTODOXIA DO TEXTO   149

As funções que nomeamos epifânica, fluxal, tmésica e gênito-cinética ilustram também as observações de Kristeva. Pode-se ver como elas se manifestam em Bataille, Beckett e Guyotat.

Ao retomar a estratégia sadiana da narrativização naturalizante do "escandaloso" do corpo, da obscenização, Bataille coloca ao mesmo tempo a problemática do corpo na perspectiva da dialética do *continuum*, do jogo, da morte e do nada. Os esquemas estabelecidos à margem de sua obra *Sur Nietzsche* (Sobre Nietzsche) situam o corpo no nível do *continuum* e da "particularidade", da "negação vazia", "*continuum* dos corpos que mantém a particularidade que a alma humilde negará"[36]. O corpo participa do *continuum* de duas maneiras, sempre em "estado de transe elementar, o *continuum* da festa": tragédia e comédia. Em relação ao corpo, Bataille atribui à primeira direção beleza, pureza, divindade, imortalidade. À segunda ("posição do cômico abaixo do corpo"), feiúra, excreção, sensualidade, animalidade, corruptibilidade. Assim, Bataille dá ao corpo a seguinte posição conceptual na dialética do ser e do nada: "O corpo é definido como o domínio do nada dado como pasto ao nada, como tal separado do ser"[37]. Se esses esquemas são marcados por uma nítida influência hegeliana, nem por isso Bataille deixa de já situar neles o corpo como estrutura econômica na problemática da despesa. Esta, como se sabe, é reservada por Bataille a atividades tais como: "O luxo, os lutos, as guerras, os cultos, as construções de monumentos suntuários, os jogos, os espetáculos, as artes, a atividade sexual perversa (isto é, desviada da finalidade genital)"[38]. Todas essas atividades têm, segundo Bataille, um denominador comum, a *perda*. Esta deve ser a "maior possível para que a atividade adquira seu verdadeiro sentido". A perda é a "despesa incondicional". Ora, no sistema de Bataille, a perda associa-se igualmente à noção de *potlatch*, de dom:

O dom deve ser considerado como uma perda e, por isso, como uma destruição parcial: pois o desejo de destruir é transferido em parte para o donatário. Nas formas inconscientes, tais como a psicanálise as descreve, ele simboliza a excreção que, por sua vez, está ligada à morte de acordo com a conexão fundamental entre o erotismo anal e o sadismo[39].

A noção de despesa, que orienta em Bataille a posição simbólica do corpo, remete a uma referencialidade fechada: corpo-dom-perda-nada-excremento-festa. Compreender-se-á facilmente que é sobretudo essa referencialidade que sobredetermina a imagem e a

36. G. Bataille, Notes, *Œuvres complètes*, t. 6, Paris: Gallimard, 1973, p. 455.
37. Idem, p. 457.
38. La notion de dépense, *Œuvres complètes*, t. 1, Paris: Gallimard, 1970, p. 305.
39. Idem, p. 310.

150   DIALÉTICAS DA TRANSGRESSÃO

função do corpo no texto de Bataille. Se o corpo comanda uma função textual específica, é fora da "atividade sexual perversa", sobretudo se se trata da função epifânica, estruturada de modo gnômico, mais conceptual do que fluxal. É dessa maneira que o corpo irrompe, em Bataille, no espaço poético em que ele assegura e encarna a estrutura e a função da poesia, "holocausto da linguagem que encontra todos os elementos não-vazios do nada no cadinho da festa antes de sua segregação"[40].

> O corpo
> de delito
> é o coração
> deste delírio[41]

Bataille projeta na poesia a função do nada por intermédio do corpo, medida, resultado e instrumento da festa que se desenrola no jogo do impossível. O corpo é, antes de mais nada, a prática da perda no palco de um teatro metafísico, de uma semiótica em que os signos do corpo-nada se transformam em signos de plenitude da morte.

Eu teria de mim uma idéia sublime: por isso tenho a força necessária. Eu igualaria o amor (o indecente corpo-a-corpo) ao ilimitado do ser – à náusea, ao sol, à morte. A obscenidade dá um momento de rio ao delírio dos sentidos[42].

> Coração ávido de clarão
> ventre avaro de carícias
> o sol falso os olhos falsos
> palavras provedoras da peste
>
> a terra ama os corpos frios[43].

Beckett, em *Comment c'est* (Como é), organiza um discurso descontínuo que se joga em uma dessintaxe, uma quase-sintaxe direcional que não conduz a lugar nenhum. A desespacialização, a destemporalização do discurso asseguram a esse dizer convulsivo, sacolejante, regressivo-progressivo, uma estase semiótica de retorno pulsional e somático à corporeidade, a uma presença vocal rumorejante, rangente. Para além das epifanias abafadas, para além dos fluxos que poderiam realçar o ritmo, delineia-se o corpo. Ele opera uma tmese narrativa, discursiva, um corte que se narrativiza como estrutura de sua presença recorrente, esvanescente.

40. Notes, op. cit., t. 6, p. 455.
41. L'être indifférencié n'est rien, *Œuvres complètes*, t. 3, Paris: Gallimard, 1971, p. 370.
42. La Scissiparité, op. cit., t. 3, p. 228.
43. Moi, op. cit., t. 3, p. 197.

A DISSIDÊNCIA DO CORPO ALÉM DA ORTODOXIA DO TEXTO 151

Beckett diz o corpo corporal, atormentado, indiferente, somático, a carapaça, a tautologia e a repetição orgânicas do corpo. Este se desprende dos blocos, das tmeses que atravessam o espaço das palavras, das repetições, dos ritmos que dizem essa plenitude do vácuo, esse vácuo da plenitude, vácuo e plenitude voltados para uma gestualidade sempre anterior, sempre futura. É o corpo revelado pelos signos intercalados de sua presença em frases sem pé nem cabeça, nessa música do dizer aumentativo paranarrativo, paradiscursivo, nem lamento, nem reportagem, música nem fúnebre nem nupcial, glorificação de rupturas sem justificação. Tmese fiada, tmese orgânica do ritmo do nada, o corpo é neste texto como o signo indelével de seu ente, de sua arrogância, de seu jogo com o tempo e o espaço reunidos, nem solidários nem inimigos, dois parênteses que o concretizam e o desrealizam.

um saco em boa hora cor de lama na lama depressa dizer que é um saco cor do meio ele a desposou sempre a tinha é um ou outro não procurar outra coisa que outra coisa isso poderia ser tantas coisas dizer saco velho palavra primeira a vir duas sílabas co no fim não procurar outras tudo se apagaria um saco está bem a palavra a coisa está nas coisas possíveis neste mundo tão pouco possível sim mundo o que mais se pode desejar uma coisa possível ver uma coisa possível vê-la nomeá-la vê-la bastante descanso voltarei obrigado um dia

um corpo que importância dizer um corpo ver um corpo todo o reverso branco na origem dos cabelos eles crescem ainda bastante uma cabeça dizer uma cabeça ter visto uma cabeça visto tudo todo o possível um saco de víveres um corpo inteiro em vida sim que vive cessar de ofegar que isso cesse de ofegar dez segundos quinze segundos ouvir esse sopro penhor de vida ouvi-la dizer
dizer ouvi-la bom ofegar mais e mais[44]

O que repetem essas repetições? O que dizem essas palavras que avançam para o limite do último? Pulsão não-pulsão, libido não-libido. Respiração do corpo não-respirado. A morte colocada em aproximação verbal. Beckett coloca o corpo como redução primeira e última do ente do homem. O ritornelo do soma. O sopro do não-desejo na vivência somática da morte: o corpo aquém da doxa, da ortodoxia. Um jogo sem nome de movimentos, de sucos, de barro, de superfícies.

lavram-me as costas através da juta as arestas das últimas caixas arestas confusas juta apodrecida costas superiores lado direito um pouco acima de onde a gente as mantém mantinha minha vida naquele dia não me escapará aquela vida ainda.

Depois de Artaud, Genet, Beckett e Bataille, Guyotat desarticula definitivamente a ortodoxia de uma textualidade que assume o corpo. A função genital vai de par com a função cinética da escritura. A sexualização em *Éden, Éden, Éden* exprime-se por uma repetição e

44. S. Beckett, op. cit., p. 127-128.

152 DIALÉTICAS DA TRANSGRESSÃO

uma multiplicação incessantes da violência corporal. Os verbos desbordam e são solidários dos corpos:

os soldados cochilam; seu sexo tinto, enrolado sobre a coxa, goteja: o motorista do caminhão em que estão amontoados machos, gado, fardos, cospe uma saliva negra, uma picada de vespa infla sua bochecha, o inchaço está abaixo do olho, seus bolsos estão carregados de passas pretas: a cabeça curtida, rubescente sob o pelo branco, de um velho, sobressalta-se na chapa, sob a alavanca das marchas: com o salto pregado, o motorista, saliva negra secando no queixo, esmaga, puxa as mechas imaculadas do occipício, sobre a chapa batida, por baixo, com pedras estilhaçadas; / no campo, o soldado: "cachorros, lavem minhas chapas!"; / as fêmeas penduram nas sarças os trapos dos recém-nascidos; / os machos montam as barracas ao longo do fosso de esgoto: a lama de dejetos de carne, de vômitos, cintila, rosada, sob os arcos dos caniços átonos; os soldados repelem com as coronhas as fêmeas que depositam seus bebês embaixo das barracas montadas[45].

A violência sexual, como qualquer violência, representa-se num palco indeterminado, mas alusivo. É uma África apreendida como campo de uma guerra convertida em agressão permanente, observada e descrita por um narrador que também participa do pacto da gestualidade incessante entre o sexo e a violência. A recorrência dos atores e a recorrência dos gestos subjazem a um imenso fazer genital em que a diferenciação narrativa dos acontecimentos ressalta a pancronia do movimento sexual e pulsional. A propósito de seu romance, observa Guyotat: "Não há, aqui, 'desejo', há vontade: o movimento é exclusivamente econômico; não há 'amor', mas escriptosseminalograma, se ouso dizer, no sentido de eletrocardiograma"[46]. Mais que a dissidência do corpo, é a inversão da relação fundamental entre o indivíduo e a sexualidade que Guyotat opera definitivamente, de acordo com a justa fórmula de Michel Foucault: "não são mais os personagens que se apagam em prol dos elementos, das estruturas, dos pronomes pessoais, mas a sexualidade que passa para o outro lado do indivíduo e deixa de ser 'submetida'"[47]. A metaforização e a realização textuais da relação ortodoxia *versus* dissidência revelam a função central e seminal do corpo na superação da ortodoxia. O corpo é o ponto de não-retorno da ortodoxia no texto moderno, que marca a progressão das estruturas significativas desde Sade até Guyotat. Na funcionalidade semiótica do texto, o corpo é assim o reflexo e o instrumento de uma des-centralização e de um des-locamento das estruturas do poder: censura, autoridade, opressão, sujeição à ideologia dominante.

A posição tópica do corpo no texto moderno torna transparente a contradição entre a normatividade, a legibilidade e a representa-

45. Pierre Guyotat, *Eden, Eden, Eden*, Paris: Gallimard, 1970, p. 17.

46. Réponses, em *Littérature interdite*, Paris: Gallimard, 1972, p. 31, entrevista com Thérèse Réveillé.

47. Michel Foucault, Il y aura scandale, mais..., em *Littérature interdite*, op. cit., 1972, p. 161.

ção repetitivas, garantes da ortodoxia, e a organização polissêmica das estruturas textuais que mimam, representam, conceptualizam ou encenam o corpo, estruturas essas que são os signos operatórios da homologia significativa corpo/liberdade, bem como da homologia escritura/dissidência do inconsciente.

12. A Voz do Eros no Primeiro Renga Ocidental

O fim do mês de abril de 1969 marca um acontecimento excepcional na história da poesia ocidental. Reunidos em Paris, o mexicano Octavio Paz, o francês Jacques Roubaud, o italiano Edoardo Sanguineti e o inglês Charles Tomlison escrevem o primeiro renga ocidental em suas respectivas línguas: espanhol, francês, italiano e inglês[1].

Sabe-se que o renga é uma forma poética praticada no Japão desde, pelo menos, o século XII. É uma cadeia de poemas escritos por um mínimo de três poetas alternadamente. A composição de um renga exige um senso agudo de criação coletiva e o domínio do princípio estruturador desse empreendimento, princípio fundado na alternância das duas partes do poema que comportam dezessete e quatorze sílabas, respectivamente[2].

O Ocidente não conhece formas poéticas equivalentes ou análogas, salvo talvez, e guardadas as devidas proporções, o jogo surrealista do "cadáver excelente". Isso quer dizer que a experiência tentada em 1969 pelos quatro poetas tem algo de excepcional e até de provocante.

Esse primeiro renga ocidental nasce de múltiplas nostalgias. Em primeiro lugar, o desejo de um gesto poético coletivo e comunitário;

---

1. *Renga*, poema de Octavio Paz, Jacques Roubaud, Edoardo Sanguineti e Charles Tomlison, apresentado por Claude Roy, Paris: Gallimard, 1971.

2. V. Renga, em Ryogi Nakamura; René de Ceccatty, *Mille ans de littérature japonaise*: une anthologie du VIIIe au XVIIIe siècle, Paris: Éditions de la Différence, 1982, p. 284.

156 DIALÉTICAS DA TRANSGRESSÃO

a seguir, a vontade de superar, senão de apagar, o eu (*moi*) individual e individualista, o "eu (*moi*) odioso" ocidental; e, em terceiro lugar, a tentativa de subverter a estratégia poética ocidental, ao mesmo tempo formal e temática. Este terceiro elemento parece-me importante na medida em que Paz, Sanguineti, Roubaud e Tomlison escolheram a forma do soneto.

Na poesia ocidental, o soneto é fortissimamente conotado tanto no plano formal quanto no plano temático. Desde Petrarca e Dante até Baudelaire e Pablo Neruda, passando por Shakespeare e Góngora, o soneto sempre foi uma espécie de acontecimento formal e semânti-co. Por sua arquitextura quaternária, ele se escreve como uma forma extremamente fechada e cinzelada, que não tolera nenhuma falha da estrutura. Uma única voz poética constrói uma única forma perfeita.

Tematicamente, no soneto se inscrevem a imagética, os códigos e as mensagens do desejo e do eros. De Petrarca a Neruda, a experiên-cia poética do eros realizada pelo soneto é, senão a confirmação, pelo menos a expressão do eu poetizante ocidental. De qualquer forma, a busca da identidade se inscreve nele pela imaginação do eros.

Aqui vão, a propósito, duas evocações dentre as mais conhecidas e que dispensam comentários:

Petrarca:

Amor me pôs como alvo à flecha, / como ao sol a neve, como cera ao fogo, / e como bruma ao vento, e já estou rouco, / Senhora, a clamar mercê, e pouco vos importa.
Soneto CXXXIII[3].

Shakespeare:

Sendo eu vosso escravo, que faria eu senão velar / Pelas horas e momentos de vosso desejo? / Não tenho tempo precioso algum para despender, / Nem serviços para fazer, até que requeirais.
Soneto LVII[4].

Ao quererem criar uma poesia transindividual e transcultural, os quatro poetas do primeiro renga ocidental desafiam a tradição e rea-lizam um gesto subversivo, pois o soneto não parece tolerar uma "co-letivização" formal nem temática. É nisso precisamente que reside o paradoxo. Entretanto, essa "subversão" da poesia ocidental é apenas aparente. Na verdade, esse primeiro renga ocidental marca e estigmatiza

3. "Amor m'ha posto come segno a strale, / come al sol neve, come cera al foco, / e come nebbia al vento i son già roco, / donna, mercè chiamando, e voi non cale". *Dal Canzoniere / Le Chansonnier*, tradução francesa, introdução e notas de Gérard Genot, Paris: Aubier-Flammarion, 1969, p. 158-159.

4. "Being your slave, what should I do but tend / Upon the hours and times of your desire? / I have no precious time at all to spend, / Nor services to do, till you re-quire". *Sonnets*, seguidos de *Le phœnix et la colombe*, precedidos de *Les sonnets et la saison*, de Henri Thomas, edição bilíngüe, Paris: U.G.E., 1965, p. 74-75, (Col. 10/18).

A VOZ DO EROS NO PRIMEIRO RENGA OCIDENTAL   157

de certa maneira a volta dos temas dos quais o soneto não conseguiu desembaraçar-se a não ser negando-se a si mesmo como forma fechada, fortemente determinada por sua poética. Podemos, portanto, perguntar-nos se esse poema coletivo é um sucesso de acordo com os critérios japoneses. Ora, apesar de toda a ciência e as intenções que os quatro poetas nele investiram, deve-se concluir por seu relativo fracasso.

A velha tradição do renga japonês também apresenta uma extraordinária sobredeterminação formal e temática, mas, contrariamente ao soneto, a diferenciação formal e temática é nele ao mesmo tempo muito mais marcada e muito mais recorrente. Coloquemos um outro paradoxo. O renga japonês é a inscrição diferencial do mesmo. O soneto ocidental é o mesmo que se quer diferente por sua inscrição recorrente. O "mesmo", no renga e no *haiku*, é a consciência da permanência das coisas e do eterno retorno. No soneto, é o retorno do eu clivado que exibe indiferentemente suas luzes do eros e suas sombras da morte.

A arte poética japonesa repousa em duas noções centrais: *kokoro* e *kotoba*. *Kokoro* é o coração, o espírito, a emoção; e *kotoba*, as palavras e as linguagens. A criação do renga é também determinada e supercodificada por um jogo formal e temático da construção ou da conexão das estrofes quer pelas palavras *kotobazuke*, quer pela concepção *kokorozuke*. Ao mesmo tempo, a alternância intra-estrófica e interestrófica do renga implica a estruturação e a imbricação de temas tais como *Zo*, as quatro estações (*Haru, Natsu, Aki, Fuyu*), bem como temas ou motivos secundários tais como *Jingi* (*Shinto*), *Koi* (amor), *Tabi* (viagem), *Shakkyo* (budismo), *Jukkai* (lamento)[5].

Para resumir os princípios da sobredeterminação formal do renga, citarei Jacques Roubaud, o poeta mais "japonês" dos quatro participantes do primeiro renga ocidental. Ao referir-se ao tratado *Sasame-Goto*, do poeta japonês Shinkei (1406-1475), Roubaud precisa:

O problema da escritura do renga é este: através do movimento que conduz o poema ao longo das cinco fases restituídas por Shinkei, hen-jo-dai-kyoku-tyu (início-prelúdio-tema-centro-queda), assegurar a ligação perfeita de estrofe a estrofe, a construção da cadeia[6].

Quem quisesse fazer uma análise aplicando esses princípios de composição, poderia sem dúvida glosar sobre a imperfeição do primeiro renga ocidental. De fato, ele é construído mais como a busca de uma temática, como ruptura das vozes e como persecução problemática de uma linguagem[7] do que como continuidade mutante, expressa

5. Refiro-me principalmente à notável análise da poesia japonesa ligada em Earl Miner, *Japanese Linked Poetry*, Princeton, New Jersey: Princeton University Press, 1980.

6. La tradition du renga, em *Renga*, op. cit., p. 35-36.

7. No mesmo poema, Jacques Roubaud o define muito bem no último soneto (IV6), quando diz: "[...] esta frase em meandros que se encaminha para seu fim perplexo / de imagens citacionais, silvados (solilóquios polêmicos)", idem, p. 97.

158 DIALÉTICAS DA TRANSGRESSÃO

pelo célebre *mono no aware* japonês, o "sentimento das coisas". E a despeito dos esforços de Jacques Roubaud para japonizar os sonetos em cadeia, poder-se-ia então demonstrar que é devido a uma diferenciação das vozes individuais, devido a essas rupturas individualistas ou narcísicas, que o primeiro renga à ocidental não está à altura de seus modelos japoneses.

Mas é precisamente por seu relativo fracasso que essa primeira cadeia ocidental de poemas é interessante. Na verdade, é pelo retorno compulsivo do eros ao texto poético que os poetas ocidentais, sobretudo Paz, Sanguineti e Tomlison, retranscrevem-no em termos quase antológicos e sintéticos. O eros é aí problematizado a ponto de nos permitir, senão dizer de onde vem o Ocidente, pelo menos precisar onde ele parou e como fixou o texto poético numa espécie de retorno de reflexos e de caretas temáticas do eros e da sexualidade.

Volvamos ainda ao renga japonês. O que é feito do eros e do amor? Se nos situamos no plano estrito da comparação entre a expressão poética japonesa do eros no renga ou na poesia ligada ao sentido geral (*Choka* – o poema longo, *Chorenga*, *Tanrenga*, *Kusarirenga* – renga ligado que data do século XII) e sua expressão no renga ocidental, devemos reconhecer que, no poema japonês, o amor-eros (*koi*) não constitui o tema principal, mas um tema nitidamente secundário[8].

Uma diferença essencial separa a vivência do eros, ou a experiência amorosa, de suas expressões poéticas. No tratado *Ubuginu*, lembra-se que a principal significação do amor é amar alguém apaixonadamente, mas sem sucesso, sem reciprocidade: "Mas escrever do amor não é a mesma coisa que amar ou que o caráter essencial do amor. É a mesma coisa que esperar em vão o canto das sarças"[9].

A expressão poética do eros no renga japonês funda-se no reconhecimento, pelo poeta, do caráter essencial das coisas, que é "posse do coração" (*kokoro aru*) ou então a "natureza profunda das coisas" (*ushin* – oposto a *unushin*). Esse reconhecimento impõe ao poeta ao mesmo tempo uma disciplina, uma compostura e a redução do amor à sua dimensão nostálgica. É, pois, pela voz das mulheres que ele se exprime da melhor maneira. Como em "Cem Estrofes Ligadas a Uma Pessoa", do poeta Sogi (1421-1502). Eis uma voz feminina:

> Tudo que desejo é uma poção
> a fim de acabar com esta vida de amor angustiado
> este fim é bem-vindo
> haja visto a promessa de renascer
> no trono de lótus[10].

8. E. Miner, op. cit., p. 363.
9. Idem, p. 84.
10. V. Idem, p. 271, o texto japonês: "Shinuru kusuri wa / koi ni emahoshi / hachisuba no / ue o chigiri no / kagiri nite".

A VOZ DO EROS NO PRIMEIRO RENGA OCIDENTAL   159

Essas vozes e essas imagens reaparecem sem cessar nos rengas japoneses. Elas marcam uma diferença essencial entre as poetizações do eros pelos mestres japoneses do renga e os poetas ocidentais, entre os quais os quatro autores da poesia coletiva reunidos no subsolo de um hotel parisiense no mês de abril de 1969. Não que repitam os modos poéticos e os esquemas temáticos de Petrarca, Dante, Shakespeare ou Neruda. É antes tentando superá-los, recolocá-los num contexto novo que essa encenação coletiva do eros revela uma permanência circular e fechada dos signos do amor erótico tal como é repensado e redito em 1969 no horizonte parisiense do Oriente.

O primeiro renga ocidental é um texto sintomático. É um discurso que desejaria superar os pressupostos temáticos do eros em novas condições planetárias, sociais, poéticas e intertextuais. Ora, os quatro poetas não conseguem nem erotizar seu poema nem sair do círculo vicioso dos signos do eros, sejam eles mitológicos, pulsionais ou utópicos. Seria preciso, todavia, excluir Jacques Roubaud desse julgamento demasiado geral. Seu conhecimento da poesia japonesa e do renga permite-lhe não cair nos mitos e nos signos recorrentes do eros ocidental. A voz de Roubaud é, portanto, a mais neutra, a mais conforme ao renga. Mas ela não chega, por si só, a estabelecer a continuidade e a harmonia do tom japonês ao longo do poema.

Uma leitura atenta do *Renga* revela que nele o eros é intelectualizado e submetido a uma espécie de controle discursivo pelo sistema das alusões ao já-dito. É verdade que esse já-dito é indicativo das estruturas e das obsessões temáticas que a voz dos poetas desejaria repor de uma vez por todas em seu lugar. No entanto, o espaço do poema revela-se insuficiente e por demais disperso devido a outras intervenções temáticas ou poéticas para que essa reposição no devido lugar realmente ocorra. Pode-se constatar isso quando Charles Tomlison define a dimensão alusiva e erótica do poema:

> Os fantasmas literários, estes penetravam sem bater; Baudelaire, já nos quatro primeiros versos, Rimbaud, Lautréamont e – testemunhas de nossa herança compartilhada – Arnaut Daniel, Dante, Donne, Quevedo, Góngora, Garcilaso. Os amantes imóveis do poema "The Extasie", de Donne, tornavam-se o casal etrusco da Villa Giulia: encarnavam a vertente erótica de nosso poema, celebrando seu lado pessoal, traduzindo-o no mesmo instante em escultura[11].

Renga é um texto em que as intertextualidades se desencadeiam: poéticas, filosóficas, mitológicas. Elas concorrem para fixar o horizonte interpretativo do texto. Esse é o sistema dos signos de referências que permite situar a busca poética dos valores coletivos ocidentais. Tais referências colocam o amor numa rede explícita, mas não-con-

---

11. C. Tomlison, L'unisson: une réflexion rétrospective, em *Renga*, op.cit., p. 38.

160 DIALÉTICAS DA TRANSGRESSÃO

clusiva. Os quatro poetas exercem um controle discursivo sobre esse já-dito, que funciona acima de tudo como evocações, evocações essas que exacerbam a dualidade do eros. No soneto três da primeira série, a evocação do Eros unido a Ceres produz uma série de referências culturais e eróticas que, por um lado, definem o eros ocidental como prática e como discurso, mas que, por outro lado, repetem sua figura poética ambígua de que se investe o discurso poético ocidental desde a Antigüidade grega até o presente, passando pelos trovadores, Dante e Petrarca. As evocações parecem ter essa função, sem que uma nova dinâmica discursiva se apodere delas. Eis a seqüência:

Tomlison:

de mãos dadas, Eros e Ceres recapturam a paisagem.

Sanguineti:

comentário (em grego) *Os 120 Dias* – em Port Saint-Germain, com Octavio e Jean, em 31 de março – Jean diz: mas há três níveis (na *Filosofia na Alcova*): e o segundo nível (cênico) não é praticável, por ex. – figuras estreitamente enlaçadas: eles praticam o segundo nível:

Paz:

Nota (em náuatle?): o Ocidente diz: *"Eros e Ceres*, de mãos dadas etc." mas *pratica* (sem dizê-lo) *Os 120 Dias*. Sade: o que não dizemos; Rousseau: o que não fazemos

Roubaud:

Comentário (1180?): Arnaut: desde que floresceu a Verga/Virga árida... etc.) e, mais adiante: sua *Desejada* que entra no quarto seu Prêmio... – (e Dante: "como se afoga uma pedra na grama...") *kokoro no kami* a obscuridade do coração)[12]

Essa seqüência resume bem a situação poética e problemática do eros na área ocidental de seus signos e de seus discursos. Os quatro poetas não correm risco algum ao irem além de uma série de evocações ou de imagens poéticas que pertencem ao museu da poesia ocidental. É significativo, todavia, que Roubaud termine sua intervenção com uma referência japonesa. Esse *"kokoro no kami* a obscuridade do coração"* não é exatamente a mesma coisa que a dualidade e a ambigüidade ocidentais do eros, às quais, aliás, se acrescenta a hipocrisia do Ocidente, pelo menos tal como Paz a formula. Entre o fazer e o dizer, a divisão é nítida. O que é sublimado no discurso se desrecalca pelo fazer. Mas a evocação de Sade oposto a Rousseau só aumenta a polarização entre o corpo e o coração, entre o sexo e o eros. Como, aliás, a citação de Arnaut. No verso: "desde que floresceu a Verga/Virga árida..." – o termo *verga*

12. *Renga*, op. cit., p. 47.

A VOZ DO EROS NO PRIMEIRO RENGA OCIDENTAL   161

pode significar ao mesmo tempo "pênis" e "virgem". Essa ambigüidade repousa num trocadilho da poesia médio-latina entre *virgo* (virgem) e *virga* (vara). Na mesma sextina de Arnaut, a ambigüidade do termo é, aliás, mantida no verso da qual Roubaud cita somente a última parte:

> son Dezirat c'ale Pretz en cambra intra...

O verso inteiro lê-se assim:

> A grat de lieis de sa verg' a l'arma
> Son Desirat, cui pretz en cambra intra.

Esse verso, que, de acordo com os comentaristas, é obscuro, foi traduzido da seguinte maneira para o francês por Pierre Bec:

> A toi qui tiens son âme sous ta verge
> Son Désiré, dont le Prix en chambre entre[13].
>
> (A ti que tens sua alma sob tua verga,
> Seu Desejado, cujo Prêmio no quarto entra.)

A palavra *verga* significa, de acordo com as opções, "dominância" ou "pênis". No segundo caso, Desirat ou Dezirat deve ser traduzido por *Desejada*, como, aliás, o faz Roubaud. De qualquer modo, bem menos do que as sutilezas e as ambigüidades filológicas, o que importa é que, neste lugar preciso de *Renga*, a evocação da verga situa o eros no espaço da ambigüidade em que os poetas de *fin'Amor* o inscreveram. O retorno ao já-dito reconstitui de certa forma a cena poética ocidental do eros. O fato de Roubaud acrescentar, imediatamente após o que chama de "comentário (1180?)", a fórmula japonesa *kokoro no kami* leva a supor que esta constitui um equivalente japonês da desordem do corpo ocidental. No entanto, entra-se aqui num outro registro poético. O eros japonês como prática e como discurso não parece estar conjugado da mesma maneira que o eros ocidental, pelo que deixam entender os nomes de Sade e de Rousseau.

O prosseguimento textual dos grandes mitos do amor esboça uma certa dinâmica de ironização que, todavia, não será levada até o fim, como indicam as seguintes seqüências:

Soneto quatro da quarta série:
Tomlison:

mas Filêmon e Báucis (amantes como aposentados) desapareceram na coletivização dos jardins e das vinhas, e o inspetor dos gramofones (1 *vermelho cego*) dobrou a paisagem para confeccionar postigos[14]

---

13. *Anthologie des troubadours*, textos selecionados, apresentados e traduzidos por Pierre Bec, edição bilíngüe, Paris: U.G.E., p. 193, (Col. 10/18).

14. *Renga*, op. cit., p. 91.

162 DIALÉTICAS DA TRANSGRESSÃO

Soneto cinco da quarta série:
Tomlison:

Ele diz, ela diz (telhado verde-balançante acima de)
(este diálogo de um só) hemos visto com isso que não era o sexo.

Cidade: não hemos visto o que se movia.

Sanguineti:

Assim permanecemos, ano após ano, mudos, sem expressão, estendidos em nosso sarcófago: e as crianças, figuras ainda intactas, choram nos baixos-relevos: e nossos nomes são indecifráveis teus lábios estão gretados: mas em nós os turistas vêem o amor.

Roubaud:

casal da Villa Giulia (aves etruscas: azuis, depois vermelhas) de um para o outro, sorriso – entretanto, chafarizes gritavam tacho fervente de amoras sobre brasas (Capodi-
monte, seios da Vênus com chapéu de Lukas Cranach, serpente bagunça)[15]

Os elementos poéticos e culturais, esculturais e pictóricos se
misturam e sintetizam a ambigüidade do amor. Tomlison transpõe
livremente "O Êxtase", de John Donne, notadamente a seguinte estrofe:

> Este Êxtase nos torna imperplexos
> (Dissemos) e nos diz o que amamos,
> Vemos assim, isso não foi sexo,
> Vemos, não vimos o que o moveu[16].

A dicção poética de Tomlison acrescenta esta "Villa" que não
existe no poema de Donne. É provavelmente o prolongamento daquela distanciação-ironização esboçada por Tomlison na seqüência
que encena "Filêmon e Báucis (amantes como aposentados) que desapareceram na coletivização dos jardins e das vinhas...". Ora, os
amantes extáticos do poema de Donne, imóveis em seu enlace e em
sua convicção do amor puro, tornam-se, em Sanguineti, o casal da
Villa Giulia. O poeta italiano joga com a ambigüidade do visível e
do simbólico. Por um lado, o "sarcófago", "nossos nomes são indecifráveis", "teus lábios estão gretados", e, por outro, "mas em nós os
turistas vêem o amor". Aparentemente, o visível assim descrito por
Sanguineti exclui o simbólico, mas, na realidade, o simbólico pouco se preocupa com a decadência do objeto representado. O amor

15. Idem, p. 95.
16. "This Extasie doth unperplex / (We said) and tell us what we love, / We see
by this, it was not sex, / We see, we saw not what did move". *Poèmes de John Donne*,
traduzidos do inglês para o francês por Jean Fuzier e Yves Denis, com introdução de J.
R. Poisson, edição bilíngüe, Paris: Gallimard, 1962, p. 174.

A VOZ DO EROS NO PRIMEIRO RENGA OCIDENTAL 163

está simbolicamente inscrito na ordem do discurso como idealidade absoluta. Os turistas simbolizam o simbólico sobredeterminado e sobredeterminante.

O que Roubaud acrescenta só aperfeiçoa a ordem do símbolo em outro registro. Aquela "serpente bagunça" aplicada aos "seios da Vênus com chapéu de Lukas Cranach" é uma evocação do mito paradisíaco com sua carga de culpabilidade. O espaço mitológico e a circulação dos objetos e das figuras simbólicas imobilizam a voz dos poetas em repetições e símbolos incontornáveis. O eros é apreendido como uma espécie de rotação dos signos que o recobrem sem cessar com vozes outras, preestabelecidas, cujo retorno logra fixar irremediavelmente o horizonte erótico do poema.

Nesse sentido, *Renga* seria o balanço da experiência planetária do eros ocidental. A experiência poética e mitológica do amor se funda e se diz no espaço do texto através de uma série de referências a mitos tais como os de Perséfone, Ceres, Eros, Eva e Ares. Esse balanço articula-se com duas vertentes principais, a do amor feliz, da pulsão de vida, e a da pulsão de morte, da união com Tânatos. Essas clivagens são também reveladoras da ambigüidade obsessiva do amor que as vozes dos quatro poetas não cessam de marcar. Eis alguns exemplos desse vaivém dos mitos positivos e dos mitos negativos.

No soneto dois da segunda série:
Tomlison:

Ceres, Perséfone, Eva, esfera terra, amarga é nossa maçã, quem no final ouvirá este grito de amor?[17]

No soneto um da terceira série:

<Solo, árvores, emaranhamentos, umbigo, raio fixo (Ares, Eros), a escritura respira: mar nupcial.> [18]

No soneto quatro da terceira série:

Sílabas emigrantes, bulas semânticas, álgebra passional: pirâmide de quatorze graus (Eres) e Palavra una, transparências convergentes[19].

Essa série permutacional de nomes em que o dia avizinha com a noite remete alusivamente às cosmogonias e às teogonias órficas e hesiódicas. A duplicidade e a polivalência semânticas do eros estão muito fortemente marcadas. Eros, Ares, Eres, opostos a Ceres, Perséfone,

17. *Renga*, op. cit., p. 57.
18. Idem, p. 71.
19. Idem, p. 89.

164 DIALÉTICAS DA TRANSGRESSÃO

Eva, constituem evocações que significam a maternidade noturna[20], mas também a atração terrestre. O reino do dia e o reino da noite delineiam-se no pano de fundo dessas evocações poéticas cuja importância simbólica no espaço do poema não pode ser desconsiderada.

Eros participa de uma cosmogonia complexa e, pelo menos, ambígua. Seus termos são múltiplos, negativos e positivos, as figuras luminosas estão lado a lado com as figuras sombrias e noturnas. Ares/ Éris/ Eres são três nomes concorrentes que expressam um Ares negro ou uma Éris negra. "Ares negro: patrono da guerra intestina, ódio e violência no interior do grupo"[21]. Ele é inseparável dos gênios da Vingança: ódio e violência no interior do grupo familiar. A insistência dos poetas de *Renga* na co-presença desses nomes diferentes na proximidade de Eros lembra a realidade complexa do amor por esse retorno aos mitos.

Nessa circulação dos signos, o eros é dito e redito pelas imagens e pelas metáforas barrocas. Estas adquirem uma função irônica. Simulam, de certa maneira, a permanência do corpo de gozo sobre o fundo das utopias e dos mitos decaídos e repetitivos. No soneto dois da terceira série, Sanguineti e Roubaud polarizam excessivamente os termos barrocos:

> porque teus lábios são labirintos de geléia
> jaulas de fósforo para os obeliscos de meu zôo pavilhão de
> gramofones para os pincéis de meus dedos
> ninhos para minhas vespas, jardins para meus camundongos mortos
>
> deambulo entre tuas liças de patelas
> sou banquisa de tuas peliças, sou dobrão de teus brincos
> arquejo contra a lã que pavoneias
> gongo oscilo sob os sustenidos de teus risos[22]

Renga afirma tanto as contradições entre as utopias, suas respectivas exclusividades, quanto seu fim definitivo na era industrial. Octavio Paz exprime e condensa esse balanço do acabamento das utopias, bem como a relatividade da poesia numa das mais belas estrofes de *Renga*:

Sobre as utopias esfarrapadas, os trapos eróticos, os detritos da era industrial, caem os tições do incêndio genital: choros, incandescência, soneto, jardim de chamas[23].

Vimos acima que o eros é colocado pelos poetas de *Renga* como pulsão inescrutável através de duas utopias opostas, a de Rousseau

---

20. V. Clémence Ramnoux, *La nuit et les enfants de la nuit de la tradition grecque*, Paris: Flammarion, 1959, p. 54.

21. Idem, p. 135.

22. *Renga*, op. cit., p. 73.

23. Idem, p. 53.

A VOZ DO EROS NO PRIMEIRO RENGA OCIDENTAL   165

e a de Sade[24]. A primeira é uma utopia da "bela alma" e da sublimação. A segunda é uma utopia de alcova, portanto do desrecalcamento. Essas duas utopias encerram o eros em duas finalidades quase contraditórias mas, ao mesmo tempo, incontornáveis.

A voz do eros em *Renga* está longe de ser unívoca. Ela expressa sobretudo a deslocação e a permanência do amor. Os quatro poemas brincam de ser os Don Juan dos mitos que eles convocam e provocam no espaço do poema[25].

Pela progressão das vozes convergentes/divergentes dos quatro poetas, os signos do eros são evocados, postos, reditos ou problematizados. Esses signos remetem, como eu já disse, às linguagens, aos sistemas, às utopias. São recortados em suas totalidades prévias, históricas, filosóficas, linguageiras e semióticas. Sua taxa de pertinência nem por isso deixa de ser elevada. Esta se define por uma dialética entre a imutabilidade e as mutações do eros. Em 1984, o eros parece participar de um empreendimento de libertação, de superação, de sublimações. Contudo, pelo jogo das ambigüidades prolíferas, este *Renga* significa que seria ilusório concluir por uma libertação real dos instintos e das pulsões eróticas, pelo menos se tivéssemos de levar em consideração as vozes dos poetas.

Se a libido de Freud deve ser o eros dos poetas, a primeira experiência ocidental do renga revela mais uma vez uma lacuna a ser preenchida e um acréscimo interpretativo a ser repetido. Esse eros poético e repoetizado atualiza o jogo das instâncias pulsionais que o poeta ocidental não conseguirá superar, salvo talvez se dissociar a sensibilidade poética da sobredeterminação pulsional. É esse o caminho da sabedoria poética oriental, a julgar pelas manifestações poéticas do amor (*Ikoi*) nos rengas japoneses. A intertextualidade alusiva e sintética do primeiro renga ocidental é, entre outras coisas, o signo de um desvio e de um retorno compulsivos do eros para os espaços simbólicos que os grandes precursores ocidentais do soneto estigmatizaram em seu discurso debruçado sobre as lacunas, as pulsões e as incongruências do amor.

Na Introdução de seu *O Erotismo*, Georges Bataille dá a seguinte definição da poesia: "A poesia conduz ao mesmo ponto como cada forma do erotismo; conduz à indistinção, à fusão dos objetos

---

24. Idem, p. 47.

25. Cf. as seguintes considerações de Paul Ricœur:

"Podemos nós viver em todos esses universos míticos ao mesmo tempo? Seremos então, nós, filhos da crítica, nós, homens de memória imensa, os Don Juan do mito? Cortejá-los-emos a todos um após outro?

E, se tínhamos alguma razão para eleger um deles contra todos, que necessidade tínhamos de dar tanta atenção e compreensão a mitos que diríamos abolidos e mortos? É preciso tentar superar essa alternativa [...]", Le cycle des mythes, Em: *Finitude et culpabilité, II*: la symbolique du mal, Paris: Aubier, 1960, p. 285.

166 DIALÉTICAS DA TRANSGRESSÃO

distintos"[26]. Essa definição aplica-se por isso mesmo à poesia ocidental, da qual o *Renga* parisiense é um dos modelos recorrentes e estáveis. Mas o renga japonês, tal como pode ser perscrutado sobre o fundo de sua manifestação e de sua encarnação ocidentais, representa provavelmente o oposto dessa definição. O renga japonês conduz a outro ponto que cada forma do erotismo, à distinção, à harmonia dos objetos distintos.

26. Georges Bataille, *O Erotismo*, tradução de Antonio Carlos Viana, 2. ed., Porto Alegre: L&PM, 1987, p. 23.

13. Quem Tem Medo do Sonho Americano?

Embora não tenha perdido nada de sua força de atração e de insistência, o sonho americano encarado em seu substrato eufórico e como culto é um assunto desgastado. Isso pelo menos na cultura e na literatura. Quem quiser tomar a temperatura da literatura, do teatro ou do cinema americanos, perceberá facilmente que, aquém e além do *kitsch* invasor, a sobrevivência discursiva e estética deles é garantida pelo fato de denunciarem, senão sistematicamente, pelo menos com força e convicção, a irrealidade e o caráter factício desse sonho. Portanto, debruçar-se hoje sobre o sonho americano como objeto de conhecimento é mensurar a variabilidade e a pertinência crítica das modalidades e das formas de sua desmistificação. Aventuremos até uma extrapolação provocadora: a grandeza ou o valor da literatura e das artes americanas residem no confronto implacável entre o sonho e a realidade. Esse confronto cumpre por vezes uma espécie de análise espectral de uma sociedade "condenada" à felicidade que desperta por choques para se refletir negativamente nas antivisões do sonho. São precisamente certas forças temáticas e certos signos particulares dessas antivisões que me proponho escrutar, tomando como campo de demonstração alguns fatos literários e teatrais.

A fim de compreender melhor as paradas das antivisões do sonho, lembremos brevemente as promessas de grandeza da literatura e das artes americanas, bem como os suportes simbólicos e psíquicos do sonho que, desde Thoreau até Whitman, penetram no espaço criador americano para fazer dele uma busca dos valores comunitários

168 DIALÉTICAS DA TRANSGRESSÃO

que, infelizmente, não se realizaram com a força e a precisão das utopias sociais, políticas ou artísticas.

Em seus primórdios, o sonho americano tem a pureza e o êxtase de uma convicção espontânea, de uma juventude de espírito que não se embaraça com nuanças e investe contra o real, não tendo paraíso a perder. É, pelo contrário, a construção coletiva do paraíso que vai ocupar os americanos levados a esse empreendimento por seus primeiros chefes de Estado e pelos primeiros grandes poetas da espontaneidade fraterna.

Comparar hoje a *Declaração da Independência,* de Thomas Jefferson com o canto encantatório de Walt Whitman remete ao princípio de *wishful thinking* (utopia) que governa os sonhos, como lembra Karen Horney, a psicanalista americana de inspiração freudiana[1]. O sonho americano é a vibrante intensidade do *wishful thinking* compulsivamente projetada na resistência infernal do real. São estas as palavras generosas de Jefferson:

> Sustentamos serem estas verdades por si só evidentes: todos os homens são criados iguais, são dotados por seu Criador de certos Direitos inalienáveis, entre os quais estão a Vida, a Liberdade e a persecução da Felicidade. Para garantir tais direitos, são instituídos Governos entre os Homens, derivando seus justos poderes do consentimento dos governados[2].

E este é o cântico de Walt Whitman:

> Celebro a mim mesmo, e canto para mim mesmo,
> E o que eu assumir, tu irás assumir,
> Pois cada átomo pertencente a mim igualmente pertence a ti [...][3]

> Destes anos canto eu,
> Como passam e têm passado por dores convulsivas, como por partos, [...]
> Como a América é o continente das glórias, e o triunfo da liberdade e das Democracias, e dos frutos da sociedade, e de tudo o que se iniciou,
> E como os Estados são completos em si – e como todos os triunfos e glórias são completos em si, para levar adiante [...][4]

Nas encantações de Whitman de 1855, há um dom absoluto de si, uma vontade de criar uma literatura nacional que seria o suporte flexível e permanente da democracia americana. Nos anos que seguem a Guerra Civil, Whitman está obcecado com a imagem do "national bard", que seria um sacerdote e um chefe moral. Já em 1870, o tom muda. Em *Democratic Vistas*, Whitman procura e postula uma

1. Karen Horney, *Self-Analysis*, New York: W. W. Norton, 1942, p. 178.
2. Thomas Jefferson, *The Complete Jefferson*, Saul R. Padover (org.), New York: Tudor, 1943, p. 28.
3. Walt Whitman, Song of Myself, *Leaves of Grass*, New York: Signet Classic, New American Library, 1980.
4. Thoughts, op. cit., p. 375-376.

QUEM TEM MEDO DO SONHO AMERICANO?

grande literatura para a democracia americana tal como ela se desenha utopicamente na *Declaração da Independência*, na Constituição e no Bill of Rights, mas, ao mesmo tempo, ele não pode deixar de denunciar a corrupção da classe capitalista, a hipocrisia daquela sociedade, "hollowness of heart"[5]. Whitman ressalta que não se pode honestamente acreditar nos princípios que oficialmente sustentam os Estados Unidos. Para o Whitman de *Democratic Vistas*, a democracia do Novo Mundo é um fracasso no que concerne ao social e a seus resultados religiosos, morais, literários e estéticos. Whitman denuncia também nomeadamente "uma certa intelectualidade superficial altamente falaz". No que diz respeito ao "sonho americano", ele identifica alguns de seus componentes, como "o ardor héctico" e os "alaridos melodramáticos"[6].

O caso de Whitman é particularmente significativo. Continua sendo um partidário incondicional do sonho, embora esteja consciente do caráter ilusório e até impossível de sua realização. O mal social e político americano, por mais poderoso que seja, não desvia Whitman do sonho. No entanto, os obstáculos estão bem identificados. O problema central de Whitman, assim como o de outros escritores implicados no devaneio do sonho, é o da alteridade. Para Whitman, ela está englobada em bloco no "todo" com o qual ele desejaria identificar-se. Esse "todo" procede de um processo mitopoético que transforma todo indivíduo americano em participante ativo da coletividade fundada no sonho. Nessa dialética, o outro passa a ser o camarada, antes que seja descoberto como um indivíduo moldado pelos filtros negativos do social, do econômico e do político. Whitman cria assim a poesia e o mito da camaradagem, do "Unionismo". Observa Gilles Deleuze:

> A Camaradagem é essa variabilidade que implica um encontro com o Fora, uma caminhada das almas ao ar livre, na "estrada real". É com a América que a relação de camaradagem presumivelmente assume o máximo de extensão e de densidade, atinge amores viris e populares, adquirindo ao mesmo tempo um caráter político e nacional: não um totalismo ou um totalitarismo, mas um "Unionismo", como diz Whitman [...] (Morte do Presidente Lincoln).

E Deleuze conclui:

> A sociedade dos camaradas é o sonho revolucionário americano, para o qual Whitman contribuiu poderosamente. Sonho frustrado e traído bem antes daquele da sociedade soviética. Mas é também a realidade da literatura americana, sob estes dois aspectos: a espontaneidade ou o sentimento inato do fragmentário; a reflexão das relações vivas cada vez adquiridas e criadas. Os fragmentos espontâneos são o que constitui o

5. W. Whitman, *Prose Works 1892*, F. Stovall (org.), New York: New York University Press, 1964, p. 369-370.

6. *Idem*, ibidem.

170 DIALÉTICAS DA TRANSGRESSÃO

elemento através do qual, ou nos intervalos do qual, se tem acesso às grandes visões e audições refletidas da Natureza e da História[7].

Grande adepto da literatura inglesa e americana, Deleuze passa em silêncio a questão da alteridade pateticamente englobada no "todo", no *allness* de Whitman. Ora, o problema da alteridade é o limite do sonho americano. Cinqüenta anos antes de Deleuze, David Herbert Lawrence, mais crítico em relação a Whitman, coloca o problema precisamente nesses termos. No capítulo dedicado a Whitman em seu livro *Studies in Classic American Literature* (Estudos sobre a Literatura Clássica Americana), constata:

DEMOCRACIA, EM MASSA, UMA IDENTIDADE.
O universo é pequeno, acrescenta-se a UM.
UM.
1.
Que é Walt.
Seus poemas, "Democracia", "Em Massa", "Uma Identidade", são longas contas de adição e multiplicação, cuja resposta é invariavelmente EU.
Ele atinge o estado de TOTALIDADE.
E daí? É tudo vazio. Apenas uma Totalidade vazia. Um ovo gorado.
Walt não era um esquimó. Um esquimozinho miúdo, amarelo, manhoso, matreiro, obsceno. E quando Walt assumiu suavemente a Totalidade, inclusive a Esquimosidade, em si mesmo, ele só estava chupando o vento de uma casca de ovo quebrada, nada mais. Os esquimós não são Waltzinhos menores. São algo que não sou, sei disso. Fora do ovo de minha Totalidade zombeteia o obsceno esquimozinho. Fora também do ovo da Totalidade de Whitman[8].

Walt Whitman não teve medo do sonho americano. Alguns dos escritores americanos que virão depois dele interpretarão esse sonho em termos de vazio, de angústia, de vulgaridade, de ilusão, de grotesco e de queda livre da civilização americana. Fazer o histórico do problema seria uma tarefa impossível, visto que o sonho americano preocupou não somente os escritores e dramaturgos, mas também os filósofos, os sociólogos, os jornalistas e os pensadores de todas as castas. Eu gostaria de voltar ainda aos dois aspectos do sonho tal como este foi visto e questionado por alguns de seus observadores. O sonho americano é, por um lado, um problema espaciotemporal e, por outro, um problema cultural. Eis uma breve tentativa de problematizar essas duas dimensões.

O cronótopo do sonho é fugaz, inapreensível. Quanto mais o tempo passa, mais o espaço de sua realização é invisível e, em todo caso, fragmentado. É cada vez mais falsamente paradisíaco. Tenta institucionalizar a alteridade. Venham todos por aqui. A felicidade jaz

7. Gilles Deleuze, Whitman, *Critique et clinique*, Paris: Seuil, 1993, p. 80.
8. David Herbert Lawrence, Whitman, *Studies in Classic American Literature*, Baltimore, Maryland/ Ringwood, Victoria: Penguin Books, 1971, p. 175.

na América. Mas, face às forças dominantes, a alteridade não encontra ali seu lugar. Antes que John Dos Passos empreenda uma cruel autópsia romanesca do sistema do "grande bolo", Thoreau, Melville, Cooper, Emerson, Poe mitificam o espaço e protestam romanticamente contra a América capitalista. Plekhanov chamará esse romantismo de tendência a "idealizar a negação do modo de vida burguês"[9]. Porém essa idealização desconstrói o espaço global da sociedade americana. Os grandes escritores americanos do século XIX traçam "linhas de fuga" e prefiguram as desterritorializações dos *beatniks* e de outros sonhadores impenitentes do sonho no século XX. Todavia, o nomadismo dos *beatniks* é profundamente suspeito. Mais que uma busca do espaço do sonho, é uma fuga do pesadelo.

O cronótopo do sonho americano desconstrói-se pelo espaço e pelo tempo. O cavaleiro de Edgar Allan Poe que está em busca do Eldorado tropeça no vazio:

> Mas ele envelheceu –
> Este cavaleiro tão ousado –
> E sobre seu coração uma sombra
> Caiu quando ele não achou
> Nenhum pedaço de chão
> Que se assemelhasse ao Eldorado[10].

Na perspectiva histórica, o sonho em questão é uma espécie de *blind date*, sistematicamente renovada, um fracasso e um mal-entendido, pois o que a nação ou o Estado prometeu a cada indivíduo jamais se realizou. Ou melhor, realizou-se para alguns, jogando à margem os outros. O tempo histórico da América é um fator de divisão da sociedade e da nação. A marcha da História distancia constantemente a realização do sonho. Em 1970, Charles Reich observa em seu célebre livro *The Greening of America* (O Desabrochar da América):

> Para o povo americano de 1789, sua nação prometia um novo modo de vida; cada indivíduo, um homem livre, cada qual tendo o direito de buscar sua própria felicidade; uma forma republicana de governo em que o povo seria soberano; e nenhum poder arbitrário sobre a vida das pessoas. Menos de duzentos anos depois, quase todos os aspectos do sonho haviam sido perdidos[11].

Para certos desconstrutores do sonho, o tempo histórico leva a distinguir, na sociedade americana, entre o que lhe pertence como cultura e como inteligência próprias autenticamente nacionais e o que nela se manifesta como potência da vulgaridade, da ignorância e do

---

9. Y. Kovalev, American Literature and Two Revolutions, *20th Century American Literature*: a soviet view, Moscou: Progress Publishers, 1976, p. 28.

10. Edgar Allan Poe, Eldorado, *The Poems of Edgar Allan Poe*, London: Kegan Paul, Trench and Co., 1965, p. 155-156.

11. Charles Reich, *The Greening of America*, New York: Random House, 1970, p. 11.

172 DIALÉTICAS DA TRANSGRESSÃO

ignóbil. Assim, dois pontos de vista radicais, o de H. L. Mencken e o de Ezra Pound, relegam o sonho americano ao domínio do irrealizável, porque o triunfo da vulgaridade e da incultura destruiu todas as oportunidades de sua realização.

Em 1938, em seu manifesto intitulado *Impacto: Ensaios sobre a Ignorância e o Declínio da Civilização Americana*, Ezra Pound defende a idéia de que a cultura autenticamente nacional da América existia entre 1770 e 1861. A seguir, ela pereceu durante a Guerra Civil. Essa cultura era, em sua essência, de origem anglo-francesa. Quando essa fonte secou e foi substituída pelas tendências realistas e democráticas como resultado da Guerra Civil, a cultura nacional americana deixou de existir. O que explica, conforme Pound, a emigração dos intelectuais e dos escritores americanos para a Europa.

A teoria de Pound vale provavelmente o que valem suas extravagâncias políticas. De qualquer forma, ela lança uma luz singular sobre a irrealização do sonho. Esta é imputável ao vulgar e ao popular. Em seu ódio e seu mau humor contra a América, Pound não pode deixar de escrever, em 1967, versos como estes:

> Eu cantaria o povo americano,
> > Deus lhes enviou alguma civilização; [...]
> Sou aquela coisa terrível,
> > o produto da cultura americana,
> Ou melhor, aquele produto melhorado
> > por considerável cuidado e atenção[12].

Quando, em 1956, H. L. Mencken prefacia o célebre panfleto de J. F. Cooper, *The American Democrat*, observa enfaticamente: "Suas advertências eram lúgubres, mas o evento era sempre mais lúgubre ainda. Ele morrera havia dez anos quando a Guerra Civil deixou a Velha República em frangalhos e trouxe essa hegemonia dos ignorantes e ignóbeis que ainda nos aflige"[13].

Vê-se que o território ideológico do sonho está minado. É um espaço de clivagem permanente, uma segregação constantemente potencial e singularmente atual da sociedade. Se constato que a substância positiva e eufórica do sonho esgotou seu potencial artístico de gozo fácil sob o signo do *kitsch* hollywoodiano ou outro, é porque, depois de Whitman, o sonho americano engendrou cada vez mais antivisões, imagens de alienação e de frustração. Sob suas formas exageradas, a desmistificação do sonho dá lugar às formas extremas, artisticamente poderosas, que pregam a tampa de seu caixão. As antivisões veiculam então não apenas um retorno ao cotidiano desencantado, à dura

12. Ezra Pound, Redondillas, or something of that sort, *Collected Early Poems of Ezra Pound*, New York: New Directions Book, 1976, p. 216 e 220.
13. H. L. Mencken, Introduction to the Second Edition (1931), em James Fenimore Cooper, *The American Democrat*, New York: Vintage Book, 1956, p. xiv.

QUEM TEM MEDO DO SONHO AMERICANO? 173

verdade do real, mas repousam igualmente numa evidenciação dos elementos patogênicos, patológicos, grotescos e simbolicamente negativos.

Na América, os signos do real traem freqüentemente com violência os signos do sonho. Entre o discurso do sonho e a resistência do real aos mitemas do sonhos estende-se um espaço discursivo da desmitificação do sonho.

Não é necessário ter sido correspondente do jornal ex-soviético *Pravda* para perceber que sobejas coisas não vão bem no país do sonho americano. A lista delas seria provavelmente demasiado longa. Os correspondentes do *Pravda* observavam e repetiam à porfia que nos Estados Unidos a miséria, o problema racial, a prostituição infantil, a violência e a desigualdade de oportunidades constituíam uma tela de fundo bem sombria para os sonhadores do paraíso. Por outro lado, não é necessário ser correspondente do *New York Times* para constatar que os Estados Unidos não têm o monopólio desses componentes do anti-sonho. Entretanto, na América, a estroboscopia dos mitemas do sonho obscurece sistematicamente a confissão do mal. A utopia do sonho sempre irá bem enquanto houver estroboscópios mediáticos irrepreensíveis em sua produção de mensagens pró-míticas do sonho destinadas aos nostálgicos sempre numerosos da felicidade e do paraíso à americana.

Desmitificar o sonho americano é complexificar ainda mais o problema da identidade americana, que procura solidificar-se, mas que, auscultada no espelho de suas contradições, recai nas múltiplas aporias de onde tem dificuldade em sair. A literatura e o teatro evidenciaram e singularizaram efeitos patogênicos do sonho.

A dramaturgia de Edward Albee é quase inteiramente dedicada à representação da América desencantada e louca, povoada de seres bizarros, violentos, rancorosos, alienados, autistas, vulgares, tocantes e desesperados, que falam socioletos de vocabulário repetitivo e limitado. Em Albee, a representação teatral da América sonhadora e desperta assume formas cênicas engenhosas que exprimem adequadamente a contradição entre a nostalgia do sonho e a violência do cotidiano. Num conjunto de peças tais como *The Zoo Story* (História do Zoológico), *The American Dream* (O Sonho Americano) e *Who is Afraid of Virginia Woolf?* (Quem Tem Medo de Virginia Woolf?) , desenha-se uma temática constante. É a esquizofrenia constitutiva da sociedade americana que capta o real através dos filtros deformadores do sonho e de seu contrário. O contrário do sonho é a banalidade aflitiva do cotidiano, as situações repetitivas do individual encerrado no familiar e no social. O teatro de Albee, outrora classificado, graças a uma moda, como "teatro do absurdo", tende para uma pintura grotesca da sociedade americana. E já que o grotesco é um gênero impuro, Albee o compõe, o amalgama ocasionalmente com o trágico e o cômico.

174 DIALÉTICAS DA TRANSGRESSÃO

Sua visão do sonho americano é, portanto, uma antivisão muito elaborada e teatralmente convincente na medida em que, projetado no grotesco, o sonho americano se torna uma alegoria do impossível. Se os personagens das três peças mencionadas são acima de tudo vítimas do sonho, são igualmente marionetes irrisórias de um falso teatro a que foram condenadas pelas forças invisíveis, pelas estruturas idealizadas ou aceitas de boa-fé. Pegos entre o sonho e suas antivisões, os personagens do teatro de Albee gesticulam na superfície de um social perfeitamente organizado e funcional, mas que não tolera nenhum desvio em relação à norma.

Em *História do Zoológico*, dois homens, Jerry e Peter, que se encontraram no Central Park, em Nova York, não têm o mesmo desejo de se comunicar. Jerry fala muito, conta sua vida, conta a história de um cão, quer contar sua visita ao zoológico, provoca e ofende Peter. Este é silencioso e indiferente. Representa uma outra classe social. Bem aquinhoado, casado e pai de família, não escuta o que diz Jerry, que é marginal e desajustado. Vítima da marginalização urbana, Jerry torna-se cada vez mais agressivo e insistente. Albee manipula sabiamente a violência e projeta a situação cênica no trágico. Não é Peter que vai ser assassinado por Jerry, é Jerry que vai ser golpeado com a faca que entregou a Peter, forçando-o à autodefesa. O suicídio de Jerry, tal como se realiza com plena consciência, lembra o suicídio de Ajax, esse herói trágico do drama de Sófocles que se aniquila, não suportando a vergonha que deve passar após haver massacrado o gado, quando pensava estar aniquilando os Átridas. A análise perspicaz da tragédia de Sófocles por Jean Starobinski ressalta a ambivalência extrema do gesto suicida de Ajax e da interpretação trágica, quase moderna, que dela fornece Sófocles. Escreve Starobinski:

> No personagem de Ajax, Sófocles faz intervir sucessivamente, no decurso de um só dia mortal, os dois estados contrastados do desvario absoluto e da extrema lucidez, da pressão sofrida e da livre decisão de morrer. Esses estados pertencem a momentos perfeitamente distintos, cuja oposição tão nitidamente marcada vai, sem dúvida, de par com a persecução do efeito trágico. Da revolta ao desvario, do desvario ao reconhecimento da desonra, desse conhecimento humilhante à morte voluntária, Sófocles escande com surpreendente precisão a sucessão, o encadeamento e a diferença das atitudes passionais: o leitor moderno tem a sensação de ver se espalharem, no curso temporal da representação, as cores puras nas quais se decompõe a luz ofuscante do suicídio[14].

Em *História do Zoológico*, Albee opta também pela perspectiva dramática complexa de Sófocles. A lucidez extrema que Jerry manifesta no gesto de autodestruição vai de par com o desenrolamento espetacular, argumentativo, do suicídio. Em seu monólogo final dirigido a Peter, Jerry evidencia o conformismo, a animalidade, bem como a monstruosidade de seu coirmão americano. Quer também convencê-lo

14. Jean Starobinski, *Trois fureurs*, Paris: Gallimard, 1974, p. 19.

QUEM TEM MEDO DO SONHO AMERICANO? 175

a afastar-se da cena deste assassinato-suicídio a fim de evitar qualquer suspeita dos transeuntes que poderiam aproximar-se do banco em que estão sentados os dois homens. Peter, assustado pelo que está ocorrendo, repete por várias vezes "Meu Deus" (*My God*). Jerry, imediatamente antes de morrer, pronunciará exatamente a mesma frase. A didascália indica: ("Com os olhos ainda fechados, ele sacode a cabeça e fala; uma combinação da mímica desdenhadora com o suplício") "Oh... meu... Deus... (*Oh... my... God*) ele está morto"[15].

História do Zoológico desenrola-se entre um actante comum do sonho americano e seu antiactante marginalizado. Via de regra, Albee coloca seus personagens aquém e além do sonho. Figuras alegóricas, os personagens de seu teatro funcionam como signos de uma neurose nacional. Levando ao extremo a intenção de auto-aniquilamento de Jerry, Albee ressalta o estatuto perturbador do sonho como catalisador do mal americano.

Ao refletir sobre as diferentes formas de suicídio na cultura ocidental, Jean Starobinski distingue o "suicídio realizado com plena consciência, ao termo de uma reflexão", do suicídio resultante de um "desvario demencial que se entrega à morte sem pensar a morte". Observa Starobinski : "De acordo com o vocabulário contemporâneo: no intervalo entre a razão intata e a psicose, estende-se a possibilidade multiforme da neurose [...] a lógica, tendo-se tornado o paralogismo, salva a honra preservando as aparências, mas obedece às injunções de um pânico obscuro"[16]. O comportamento suicida de Jerry confirma a justeza de suas observações. Forçado ao gesto definitivo, o personagem trágico de *História do Zoológico* escorrega no caminho multiforme da neurose. Seu suicídio compulsivo parece depender ao mesmo tempo de uma, a única talvez, lógica, paralogismo que "salva a honra, preserva as aparências", mas "obedece às injunções de um pânico obscuro". É sua resposta ao sonho americano. Albee constrói em sua pessoa uma figura emblemática do protesto racional contra o americanismo ambiente de bem-estar sonhado, mas essa própria figura já está tão implicada no estatuto neurótico do americano médio que ele não pode escapar às "injunções de um pânico obscuro". As forças maléficas do sonho americano determinam os limites sociais do comportamento individual que, custe o que custar, deve submeter-se às normas comunitárias regidas pela organização estratificada da sociedade de um bem-estar apregoado em todas as escalas.

O Sonho Americano, peça de Albee, e *Um Sonho Americano*, romance de Norman Mailer, utilizam múltiplas imagens e situações estereotipadas que significam, global e especificamente, a americanidade

---

15. Edward Albee, *The American Dream and The Zoo Story*, New York: New American Library, 1961, p. 49.

16. J. Starobinski, op. cit., p. 12.

tomada nas contradições paranóicas da disciplina social utopicamente normativa e onírica e da transgressão das normas.

Embora o subtítulo de *O Sonho Americano* seja "A Play in One Scene" (Uma Peça em uma Cena), trata-se, na realidade, de onze cenas ou situações cênicas que reúnem os cinco personagens da peça: Mommy, Daddy, Grandma, Mrs. Baker e Young Man. Essas onze cenas dividem-se em três partes principais: as cenas um a quatro inclusive representam o conflito entre Mommy e Grandma; Mommy queria livrar-se de Grandma e mandá-la para um asilo de idosos; as cenas cinco, seis e sete agrupam-se em torno da visita de Mrs. Baker, a ex-colega de Mommy num clube social, que trabalhava outrora para uma Associação "Bye-Bye Adoption Service", onde Mommy e Daddy adquiriram uma criança ingrata e má. As cenas oito a onze mostram a chegada de um moço muito bonito que Grandma vai chamar de "O Sonho Americano" (*The American Dream*).

Albee tematiza nessa peça o conflito familiar, a falta de estabilidade psicológica e a fragilidade identitária dos grupos sociais que a linguagem comum chama de *upper-middle-middle-class* e *lower-upper-middle-class*. A família de Mommy, Daddy e Grandma situa-se em algum lugar entre *upper-middle* e *lower-upper-middle*. A peça ressalta também os efeitos perversos e grotescos do sonho americano. Quando o belo moço chega, Grandma, impressionada por sua beleza e juventude, chama-o espontaneamente de "sonho americano". Ora, a própria concretização desse sonho é enganosa. O moço em questão está desempregado. Procura qualquer trabalho; fala constantemente de dinheiro. A visibilidade e a tangibilidade do sonho americano remetem simbolicamente ao que chamei de alegoria do impossível. Na verdade, frente ao "moço-sonho americano", todos os personagens de *O Sonho Americano* colocam-se na atitude de um voyeurismo compulsivo. Olham-no; podem, no máximo, tocá-lo. Podem servir-se dele como executor de suas necessidades, mas, fundamentalmente, estão cortados, separados desse sonho do qual não terão nem a juventude, nem a beleza, nem o futuro potencial e aberto. O texto de Albee deixa evidente que a situação aporética do sonho americano vivido cotidianamente pelos grupos sociais representados só pode ser um simulacro e uma quimera. Profundamente ancorado na socialidade de miragens manipuladas, *O Sonho Americano* é também uma representação e uma crítica implacável da sociedade americana. À idealidade do sonho, Albee opõe o concreto dos artifícios com que se nutrem os americanos ao longo de suas vidas. Respondendo a certos críticos ofendidos por *O Sonho Americano*, Albee caracteriza sua peça da seguinte maneira: "A peça é um exame da Cena Americana, um ataque à substituição de valores reais por valores artificiais em nossa sociedade, uma condenação da complacência, crueldade, emasculação e vacuidade; é uma posição contra a ficção de que tudo em nosso

QUEM TEM MEDO DO SONHO AMERICANO? 177

mundo escorregadio é deliciosíssimo"[17]. Houve quem se empenhas-
se em fazer listas de valores artificiais que determinam o comportamento dos personagens em *O Sonho Americano*. Roupas distintas,
o poder como substituto do amor na vida familiar, o sexo substituto
do amor, o parasitismo feminino, a importância do dinheiro no casamento, a importância da força de caráter, da firmeza e da virilidade
nos homens, a institucionalização dos velhos como única maneira de
resolver seus problemas, o conforto pessoal a sobrepor-se ao dever
coletivo, a importância exagerada da televisão, o arrivismo, o culto
da beleza do corpo e dos exercícios físicos.

O circo social do qual participam os actantes do sonho americano transforma-se num campo de batalha em que estão constantemente
em jogo as opções de valores que são sucedâneos de uma sociedade
falsamente feliz. A neurose obsessiva que atravessa, aparentemente,
a vida cotidiana dos indivíduos da coletividade onírica da América é
um suporte psíquico sólido e incontornável que determina a patologia
e os efeitos perversos da ideologia dominante do sonho americano.
Não é de surpreender então que a criação artística denuncie as marcas
violentas da vida à americana.

Em um primeiro nível, o sonho americano pode ser considerado um fenômeno transicional no sentido em que o entende Donald
Woods Winnicott, isto é, um campo relacional em que, entre uma
criança e o mundo exterior, estabelecem-se as relações de tipo objetal. Um objeto específico pode tornar-se então um objeto fetiche e
persistir sob essa forma na vida sexual adulta. Conforme Winnicott,
o objeto transicional "precede o estabelecimento da prova da realidade"[18]. Em um nível mais profundo, o sonho constitui-se em objeto de
desejo e manipula o sujeito. Os que caem na armadilha do sonho passam a ser os executantes de seus postulados perversos e mergulham
na irrealização infinita do desejo. Assim, violentamente, sadicamente,
sadomasoquisticamente, eles realizam seus fantasmas.

Ninguém tem medo do sonho americano. Ele é tão belo quanto
o sonho do homem ridículo descrito por Dostoiévski em seu célebre conto. Sobrevoando o globo terrestre, o homem ridículo goza
a elevada distância do esplendor e da felicidade presumidos da
terra. Mas o despertar é duro. A Arcádia existe somente na pintura,
e Dostoiévski escreveu esse conto sob a impressão deixada pelo
quadro de Claude Lorrain representando a Arcádia, que ele viu no
Museu de Dresden.

Seria o momento de falar do romance de Norman Mailer. *Um
Sonho Americano* é um texto muito mais subjetivo do que as sátiras

17. E. Albee, op. cit., p. 53-54.
18. Donald Woods Winnicott, *Jeu et réalité*: L'espace potentiel, tradução francesa
de C. Monod e J.-B Pontalis, Paris: Gallimard, 1975, p. 18.

178   DIALÉTICAS DA TRANSGRESSÃO

expressionistas de Edward Albee. Em todo caso, a vida exemplar do protagonista, narrador intradiegético do romance de Mailer, mereceria um estudo aprofundado ao cabo do qual se abriria um novo espaço, e quão diversificado, da realização substitutiva do sonho, no qual talvez fosse preciso investir novos parâmetros críticos. O herói desse romance, *alter ego* presumido de Norman Mailer, não tem medo nenhum do sonho americano. Mas qualquer sociedade civil e sociedade de direito poderia ter medo dele. Chama-se ele Stephen Richards Rojack. Em Harvard, no clube esportivo, era chamado *Raw-Jock* (Jóquei Bruto). A etimologia rica e polivalente desse nome situa o comportamento de Rojack nas zonas de violência e de arrivismo, de trapaça e de perversidade. Com efeito, o verbo *to jockey* é rico de conotações negativas: enganar, ludibriar, enrolar, passar no beiço, calotear, escamotear, usar de influências escusas para fazer com que alguém seja nomeado para um posto, levar sorrateiramente alguém a fazer algo. A história de sua vida, que ele mesmo narra, mostra que ele não renuncia a nenhuma dessas ações. À beira do suicídio, assassina sua mulher, Deborah, apaixona-se por uma cantora de boate, Cherry, tem relações sexuais perversas com a faxineira de sua própria mulher e é testemunha da morte violenta de Cherry e de seu ex-amante. No final do romance, Rojack abandona o mundo violento e perigoso de Nova York, passa por Las Vegas e decide deixar o espaço americano. Ruma para o Iucatan e para a Guatemala.

Rojack é um estereótipo brilhante do sonhador americano que, tendo obtido tudo, não consegue escapar ao espaço de multiplicação de desejos compulsivos. É o protótipo daquele outro sonhador que Mailer descreveu em *Anúncios para Mim*: "Como muitos outros corpos vãos, vazios e ameaçadores de nosso tempo, tenho sido candidato a presidente nestes últimos dez anos na privacidade de minha mente[...]"[19].

Tendo atravessado o inferno, Rojack a ele se acostumou e, assim, o purgatório tornou-se impossível. Sua viagem rumo ao Sul não é uma fuga. Provavelmente busca ele se oferecer um descanso antes de recomeçar. Um dos críticos mais perspicazes de Mailer, Andrew Gordon, observa em seu livro *Um Sonhador Americano*:

> Em *Um Sonho Americano*, tudo fede, inclusive o sonho americano e o próprio herói. Mas Rojack ama secretamente aquela podridão. Como consegue alguém atingir autocontrole e pureza num mundo uniformemente corrupto? Uma purgação total é impossível para Rojack, pois isso significaria a autodestruição. O substituto é a destruição dos objetos amados. Como lhe diz Shago Martin, "Isso é M. M. Merda na Mãe'"[20].

19. Norman Mailer, *Advertisements for Myself*, New York: Putman, 1959, p. 131.
20. Andrew Gordon, *An American Dreamer*, New York: Rutherford, Fairleigh Dickinson, 1980, p. 168.

Mailer confessa que o "grande escritor deve ser capaz de conhecer a podridão, deve saber desnudá-la até o cheiro, mas também deve amar a podridão"[21].

O romance de Mailer aborda o sonho americano pela via oblíqua da podridão social da América. Considerando-se os diferentes graus de manifestações da neurose obsessiva, que é um dos efeitos secundários das numerosas indústrias do sonho, pode-se afirmar que Rojack é um indivíduo bastante paradigmático. E a mudança do paradigma não se desenha no horizonte. O problema do sonho torna-se então um tanto insolúvel, repetitivo, congênito e indecidível. E o próprio Mailer parece resignar-se com a fatalidade da compulsão do sonho. Em sua linguagem característica, na qual as palavras de quatro letras aparecem com bastante freqüência, ele constata, a respeito de todos os que quiserem escrever uma tese de doutorado sobre ele, que ninguém deve interrogar-se sobre sua gana de escritura, sobre sua visão, quando o que ele queria dizer se resume a: "As merdas estão nos matando" (*Anúncios para Mim*).

Sabe-se que a metáfora recorrente da merda transmite a mensagem da intrepidez e da permanência do mal. Beckett, cortês e elegante, o diz em alemão-francês: *Die Merde hat uns wieder* (A merda nos tem de novo).

Tranqüilizemo-nos, o último avatar do desejo compulsivo materno enquadrado pelo sonho americano está mais para perfumado. Vocês, sem dúvida, não esqueceram a história do casal Bobbit. A realidade recupera facilmente a ficção. E o sonho americano entra novamente em jogo. Depois de haver secionado o pênis de seu marido, depois de haver sido absolvida e depois de haver passado algum tempo numa instituição psiquiátrica da qual saiu pleiteando a favor da Internacional das esposas violentadas, Lorena Bobbit anunciou que gostaria de fazer filhos e de reencontrar seu sonho americano. Assim, não se deve ter medo do sonho americano, mas, antes, temer seus efeitos secundários e suas lúgubres conseqüências.

---

21. Idem, p. 168.

14. Discurso de Viagem e Senso da Alteridade[1]

> *É possível que a relação com outros, hoje, que pode ser uma relação psicológica, social etc., tenha um pouco dessa dimensão transitiva, transversal, vetorial; a rigor, que mais não se faça do que circular no desejo dos outros, na relação com os outros. Pode-se imaginar uma relação com os outros forte, com um desejo próprio, uma descoberta do outro, do afeto, tudo o que poderia constituir paixões, com uma certa intensidade. E também, pode-se imaginar efetivamente o outro como lugar de desterritorialização, pura e simplesmente. Quer dizer que o outro existe, mas é feito para ser atravessado; de certa maneira, pode-se viver no desejo do outro, mas como no exílio, numa outra dimensão, de fundo holográfico. É quase por um holograma, nesse momento, que você pode passar.*

JEAN BAUDRILLARD[2]

ENTRE NARRAÇÃO E DISCURSO: A VIAGEM COMO OPERADOR COGNITIVO

1

"Narrativa de viagem", "relato de viagem", "crônica de viagem", "viagem de x ao país de y", todos esses títulos e denominações remetem ao longo dos séculos a uma exuberância textual, determinada pelo fato de que o deslocamento moldou o mundo e a humanidade. A viagem também formou a cultura e, em certos casos, como o de Portugal, foi a própria sociedade que a moldou. A viagem é então consubstancial à história, à mitologia e à literatura, sem falar, evidentemente, da etnografia. A viagem é um dos arquétipos temáticos e simbólicos entre os mais produtivos da literatura. Sempre renovável, voltada para um lugar variável por excelência, a viagem oferece à literatura uma de suas grandes matérias primas.

Desde Homero até Elias Canetti[3], passando por Mendes Pinto, Swift, Sterne, Diderot, Chateaubriand, Almeida Garret, Melville, Joyce,

---

1. A versão original deste texto, em francês, foi publicada em Maria Alzira Seixo (org.), *A Viagem na Literatura*, Lisboa: Publicações Europa-América, 1997, p. 235-263.

2. A Viagem Sideral, em Jean Baudrillard; Marc Guillaume, *Les figures de l'altérité*, Paris: Descartes & Cie., 1994, p. 91-92.

3. V. *Die Stimmen von Marrakesch*. Referimo-nos aqui à edição em língua portuguesa: E. Canetti, *As Vozes de Marrakech*, tradução de Marijane Lisboa, Porto Alegre: L&PM,

182 DIALÉTICAS DA TRANSGRESSÃO

Michel Butor, Henri Michaux, Darcy Ribeiro[4] ou Allen Ginsberg[5], a viagem sustenta os avanços do discurso literário. A viagem condiciona os relatos e as formas simbólicas que se interpõem entre o viajante-narrador, o espaço e o tempo. Esses relatos e essas formas são sustentados por um discurso que insere sua subjetividade na objetividade do real, do histórico, do social e do político.

No domínio bastante heterogêneo dos fatos literários, seria tentador propor uma tipologia das narrativas de viagem, passar no bisturi genológico ou genealógico? essa imensa literatura que cobre uma tão grande diversidade de formas e de estruturas. Meu objetivo será diferente. Eu gostaria de mostrar como a viagem tomada como invariante temática passa por uma série de avatares discursivos, como ela se complexifica enquanto discurso na perspectiva de um afrontamento de alteridades múltiplas e como, no espaço da modernidade, ela se torna um operador cognitivo que produz sem cessar um efeito estimulador em sujeitos de enunciação em busca de saber. O que me interessa especialmente é ver como os discursos de viagem geram a estrutura tripartida da literatura definida por Roland Barthes como matese, mimese e semiose, quer dizer, como saber, representação e sentido[6].

As discursividades e as narratividades que se organizam em torno da viagem parecem colocar em prática os postulados e as intuições críticas de Roland Barthes a respeito desses três elementos, que seriam constitutivos da literatura. Por meio das narrativas de viagem, pode-se observar, de fato, que a literatura mobiliza um saber que "não é jamais nem inteiro nem último; a literatura", prossegue Barthes, "não diz que sabe algo, mas que sabe de algo"[7].

1987, especialmente ao capítulo Visita ao Mellah, em que o narrador relata: "[Eu] Tinha a impressão de que havia alcançado realmente a meta da minha viagem. Não desejava mais ir embora, já havia estado aqui há centenas de anos, mas esquecera. Agora reencontrava a praça. Aqui me ofertavam a densidade e o calor da vida que sempre sentira dentro de mim. Eu era essa praça onde me encontrava. Creio que continuo sendo essa praça" (p. 55).

4. V. Darcy Ribeiro, *Maíra*, Rio de Janeiro: Civilização Brasileira, 1976, (Col. Vera Cruz). Edição francesa: *Maïra*, tradução do português por A. Raillard, Paris: Gallimard, 1980. Na quarta capa dessa versão, consta que se trata de um romance em que o autor retoma o tema da viagem iniciática às avessas. Darcy Ribeiro "dá a entender como que *diretamente* a voz dos índios da Amazônia, o grito de uma civilização agonizante por não poder adaptar-se às normas tecnológicas de nossa sociedade. [...] Isaías parte para o seminário em Roma. Obsedado pela lembrança de sua aldeia, roído de dúvidas, pede para rever os seus antes de ser ordenado padre. Não voltará mais para o meio dos brancos: tendo se tornado novamente Ava, sujeitar-se-á às exigências atávicas e tornar-se-á chefe de sua tribo".

5. V. Allen Ginsberg, *Journaux indiens*, tradução de P. Mikriammos, Paris: Christian Bourgeois, U.G.E., 1977, (Col. 10/18). Esse livro representa uma viagem ao mesmo tempo real e onírica e constitui um "notável *pot-pourri*" (cf. a opinião de Yves Le Pellec, citada na quarta capa).

6. Roland Barthes, *Leçon*, Paris: Seuil, 1978, p. 17.

7. Idem, p. 18-19.

DISCURSO DE VIAGEM E SENSO DA ALTERIDADE

2

O saber dos narradores-viajantes está engrenado "no mecanismo da reflexibilidade infinita: através da escritura, o saber reflete sem cessar sobre o saber, segundo um discurso que não é mais epistemológico, mas dramático"[8]. Se, pois, a viagem é um operador cognitivo, ela o é enquanto dialética simbólica das trocas semânticas entre a topologia variável dos deslocamentos e a multiplicação dos signos que o viajante-narrador produz para superar as alteridades com que ele se defronta. A viagem opera recursivamente de algum modo como operador de cognição, e isso na medida em que o narrador, que se encontra constantemente numa posição exotópica[9], isto é, exterior em relação ao objeto de seu olhar, deve manifestar sua curiosidade e seu desejo de empatia e, ao mesmo tempo, desenrolar seu ato representativo, mimético, para situar o sentido. Este não se pode materializar a não ser sob a forma de uma troca, de uma reciprocidade de signos entre o que é estranho e o que é familiar. Essa troca acaba levando freqüentemente a colocar o outro numa ficção ao preço de estereótipos que encerram as sensações em esquemas narrativos e discursivos receptíveis pela comunidade de leitores à qual pertence o viajante-narrador.

Tantas viagens narrativizadas, tematizadas e problematizadas revelam que o saber é condicionado pelas limitações espaciotemporais e subjetivas de uma situação de comunicação específica. Esta engaja o narrador-observador-analista e o espaço experimentado pelo olhar, bem como o desafio das alteridades que fixam o limiar e o ponto de chegada do conhecimento. Essa situação de comunicação produz efeitos de sentidos na medida em que o viajante-narrador deve necessariamente enfrentar a tensão entre a experiência metaorgânica do espaço estrangeiro e as características imanentes desse mesmo espaço, que ele não pode penetrar senão aproximativamente.

3

É particularmente significativo ver que na modernidade, que conduz de Cervantes a Canetti, Michaux ou Le Clézio[10], por exemplo, a

8. Idem, p. 19.

9. V. Mikhail Bakhtin, *Estética da Criação Verbal*, prefácio de Tzvetan Todorov, tradução de Maria Ermantina Galvão G. Pereira, 2. ed., São Paulo: Martins Fontes, 1997, (Col. Ensino Superior). Em seu Prefácio, o crítico russo aborda principalmente o "tema da relação entre o criador e os seres criados por este, ou, como diz Bakhtin, entre autor e herói". Todorov caracteriza assim essa questão: "Em linhas gerais, ela consiste em dizer que uma vida encontra um sentido, e com isso se torna um ingrediente possível da construção estética, somente se é vista do exterior, como um todo; ela deve estar completamente englobada no horizonte de alguma outra pessoa; e, para a personagem, essa alguma outra pessoa é, claro, o autor: é o que Bakhtin chama a 'exotopia' deste último" (p. 6).

10. V. especialmente Le Clézio, *Voyages de l'autre côté*, Paris: Gallimard, 1975, (Col. L'Imaginaire).

viagem se verticaliza de alguma maneira, e o espaço se transforma noologicamente por interiorização e por mitopoese. Aos olhos do narrador-poeta ou do poeta-narrador, mas também na consciência reflexiva da etnografia, os universos étnicos e psicológicos conservam sempre uma parte do hermetismo: jamais será possível conhecê-los totalmente. A alteridade é fundamentalmente inconhecível. A viagem aparece como a revelação tangível de exotopias que se afrontam na reciprocidade do olhar que olha e é olhado. Assim sendo, a viagem só pode dramatizar e problematizar essa não-permeabilidade dos universos representados. O outro é tão outro que eu jamais poderei conhecê-lo.

No limiar de nossa modernidade, esse caso limite da alteridade é perscrutado narrativamente por Joseph Conrad em *Heart of Darkness* (O Coração das Trevas). Esse texto, capital pela tematização particular de uma viagem aos confins da África negra, levanta as grandes questões do século XX sobre a identidade e a alteridade na perspectiva da oposição entre o mundo imperialista dos ocidentais e o mundo colonizado dos selvagens, assim relegados ao estatuto de alteridade desdenhável, desconhecida e inconhecível, posta entre parênteses, para não dizer rejeitada pelo mundo ocidental. Os ecos da narração maiêutica de Conrad são audíveis no *Diário,* de Bronislaw Malinóvski, mas também em *L'Afrique fantôme* (A África Fantasma), de Michel Leiris, e em *Tristes tropiques* (Tristes Trópicos), de Claude Lévi-Strauss. A obra poética e as viagens paradoxais de Henri Michaux constituem um contraponto absolutamente fascinante para essas viagens-interrogações, para essas problematizações da alteridade.

A exotopia, isto é, o lugar do olhar sobre a alteridade, é uma posição cognitiva que permite conhecer o Outro, pelo menos exteriormente, por meio das invariantes da humanidade, como a religião, a língua, o amor, o comportamento corporal, a proxêmica. Essa dialética relativiza o familiar, ao mesmo tempo em que questiona o estrangeiro. A viagem orientada para um objetivo é superação do cotidiano. Ela conduz ao outro lado. Eu veria em Calvino e em Le Clézio esse esforço exemplar que visa ao conhecimento do outro através da estranheza de seu espaço.

É preciso ver, entretanto, que, no espaço discursivo das viagens, nossa modernidade abriga ainda discursos tais como os de Michel Butor, de Jean Baudrillard e de Walter Abish.

4

Se Baudrillard, em *Amérique* (América), prolonga a tradição das viagens filosóficas, analíticas e críticas, Butor, em *Mobile* (Móbile), e Abish, em *Alphabetical Africa* (África Alfabética), domesticam a complexidade e a intraduzibilidade do espaço estrangeiro por uma abordagem combinatória. A alteridade é encarada como uma entidade integrável. É modalizada por um saber ocular e abrangente, que é também mítico e antropológico, por vezes estatístico, mesmo nas grandes montagens textuais, precisamente em Butor, Calvino e Abish, que levam a questão da identidade e da alteridade a um outro nível, o do espaço cosmológico, que confraterniza com todos sem distinção. Abish investiga alfabeticamente o espaço africano, a ponto de fazer dele uma combinatória disciplinada e catalogada, ao passo que Butor representa os Estados Unidos através de um enorme recorte, construção à semelhança dos móbiles de Calder, em que se representa a onipresença do visível e do tecnológico.

Assim sendo, o sentido da alteridade é provido de novos signos. Verifica-se que, no século XX, a viagem desempenhou até o fim seu papel de operador cognitivo. O mosaico semântico dos signos distribuiu olhares e intencionalidades frente à situação comunicacional arquetípica do narrador-viajante, tal como a defini: o eu narrante, o espaço percorrido e investigado, o outro posto como desconhecimento fundamental ou ainda como teatro descritível da diferença. Seria ilusório pensar que toda a literatura de viagem proveniente da modernidade repousa sobre essas premissas. No entanto, as posições respectivas de Conrad, de Malinóvski, de Leiris (*A África Fantasma*), de Michaux (*Voyage en Grande Garabagne* [Viagem pela Grande Garabagne]), em *Ailleurs* [Alhures]), de Lévi-Strauss (*Tristes Trópicos*), de Darcy Ribeiro (*Maíra*) e de Le Clézio (*Voyages de l'autre côté* [Viagens pelo Outro Lado]) criam, ao que parece, um paradigma onde a alteridade encontra uma problematização máxima que passa sobretudo pela experiência ocular do Outro e que acentua a distância etnográfica e a não-comunicabilidade. O olhar do escritor e o do etnógrafo tocam-se na encruzilhada de um saber sempre parcial, de um espaço intransponível onde se desfaz o projeto do Ocidente moderno, o da emancipação da humanidade, caro ao século das Luzes. Seria necessário, então, repensar as incertezas de certos discursos de viagem, bem como certos sentidos de alteridade. É a esse preço que se chegará a uma compreensão melhor e mais completa do século. Essa compreensão passa pela valorização da tensão fundadora da literatura moderna entre a vontade de conhecer e a complexidade do saber.

PARADIGMAS PARALELOS E CONCORRENTES: SUBJETIVIDADES E ALTERIDADES "ETNOGRÁFICAS"

1

Em sua análise de *Les Indes Noires* (As Índias Negras), de Júlio Verne, Michel Serres define a viagem da seguinte maneira:

186 DIALÉTICAS DA TRANSGRESSÃO

Toda viagem é indexada com uma legenda de três entradas. É um deslocamento no espaço ordinário, orientado, como vimos, no plano horizontal ou vertical: percurso de apropriação da terra, visita, exploração, giro. É uma investigação científica, que varre lentamente o currículo enciclopédico: é por isso que o viajante é (ou é acompanhado ou precedido por) um engenheiro ou um cientista, geólogo, entomologista etc. A meta é encontrar o lugar onde certo problema é por si resolvido, descobrir o local privilegiado onde certo conhecimento está presente[11].

Guardadas todas as proporções, essa definição aplica-se aos discursos de viagem aqui propostos, na medida em que neles se encontra essa mesma dinâmica cognitiva que marca as relações entre o deslocamento e o que Michel Serres chama "certo conhecimento [...] presente". Ver-se-á como os diferentes paradigmas dos discursos de viagem estruturam a narração, o espaço e o conhecimento. Desde o início do século, a inscrição relacional do sentido aparece como determinante. Ela se desempenha, não sem dificuldade, como uma imposição ontológica entre a visão produzida pelos deslocamentos, os signos da alteridade incaptável ou ambígua e as conjeturas do sentido. A vetorialidade desse jogo varia segundo as circunstâncias de cada viagem, mas o deslocamento e a observação orientada persistem como suportes simbólicos fundamentais da recriação e da explicação do mundo. Frente à alteridade, os viajantes não podem senão conjeturar o saber, marcar as clivagens múltiplas que separam seus próprios modelos de ser ou de pensar daqueles que eles ladeiam, que eles se propõem apreender. O jogo constante da identidade e da alteridade sustenta então a produção do sentido engendrado pela viagem.

O Coração das Trevas pode ser considerado como uma das primeiras inscrições discursivas modernas da separação entre as identidades próprias de um Ocidente capitalista, burguês, imperialista e, além disso, britânico e uma África selvagem, inconhecível, feixe de signos que o homem branco se esforça em vão por interpretar e compreender. No romance de Conrad, a viagem está carregada de um simbolismo cósmico fundamentalmente negativo. Conrad vai explorá-lo sistematicamente num texto prenhe de numerosas ambigüidades.

Interpretado segundo diferentes grades de leitura, *O Coração das Trevas* pertence àquela categoria de textos cujo sentido é de uma grande polivalência hermenêutica. Praticamente inesgotável, esse texto adquire uma pertinência semântica e uma densidade interpretativa que varia de acordo com o ponto de vista crítico adotado. Todavia, o que me parece essencial em *O Coração das Trevas*, visto não somente como a descrição de uma viagem, mas também como a tematização e a problematização de uma viagem-aventura, de viagem-busca, de uma viagem iniciática, é que o romance, que joga com

11. Michel Serres, Un voyage au bout de la nuit, *Critique*, Paris, n. 263, p.292, abr. 1969.

DISCURSO DE VIAGEM E SENSO DA ALTERIDADE

a dramaturgia do enigma situado em seu centro, coloca de alguma maneira as premissas morais da descolonização. Está ali, posta no início do romance, uma advertência, um esclarecimento que tem a importância de uma perspectiva ética e que vai sustentar implicitamente a narrativa de Marlow:

> A conquista da terra, que em sua maior parte significa tomá-la daqueles que têm uma cor ligeiramente diferente ou narizes ligeiramente mais chatos que os nossos, não é uma coisa bonita quando a gente a olha de muito perto. O que redime é apenas a idéia. Uma idéia por trás disso; não uma impostura sentimental, mas uma idéia; e uma crença abnegada na idéia... uma coisa que se pode erguer, e se curvar diante dela, e oferecer-lhe um sacrifício...[12]

Conrad introduz uma dúvida epistemológica na escritura romântica e vitoriana das viagens realizadas sobretudo na África Central pelos escritores ingleses. Essa "escritura de viagem" (*travel writing*) está fundamentada em princípios estéticos e ideológicos bem identificados por Mary Louise Pratt em sua obra *Imperial Eyes*: *travel writing and transculturation* (Os Olhos do Império: relatos de viagem e transculturação). Tomando como base e como ponto de partida de sua análise o texto de Richard Burton intitulado *Lake Regions of Central Africa* (Regiões dos Lagos da África Central) e publicado em 1860, M. L. Pratt distingue três grandes princípios: 1) a estetização da paisagem (*the landscape is estheticized*); 2) a densidade semântica (*density of meanig*); 3) a relação de domínio predicada entre quem vê e o que é visto (*the relation of mastery predicated between the seer and the seen*)[13]. Esses três princípios funcionam como suportes estéticos da ideologia vitoriana da descoberta por intermédio de um tropo repetitivo que M. L. Pratt chama de "monarca-de-tudo-o-que-vejo" (*the monarch-of-all-I-survey scene*)[14]. Esse tropo persiste no século XX, mesmo entre escritores como Alberto Moravia. Para M. L. Pratt, pode-se definir o funcionamento ideológico dos três princípios da seguinte maneira: a estetização embeleza a paisagem e faz dela, retroativamente, uma obra de arte, reduzindo-a assim exclusivamente ao prazer estético. O valor cognitivo da descrição encontra-se com isso consideravelmente relativizado.

Por outro lado, a paisagem é representada como extremamente rica no plano material e semântico. Mas essa "densidade semântica" é um engodo, pois, na realidade, ela remete constantemente à cultura

---

12. Joseph Conrad, *O Coração das Trevas*, prefácio de Roberto Muggiati, tradução de Marcos Santarrita, 2. ed., São Paulo: Brasiliense, 1984, p. 16, (Col. Circo de Letras). Edição original: *Heart of Darkness*, London: Penguin Books, 1902.

13. Mary Louise Pratt, *Imperial Eyes*: travel writing and transculturation, London/ New York: Routledge, 1992. Cito de acordo com a edição brasileira: *Os Olhos do Império*: relatos de viagem e transculturação, tradução de Jézio Hernani Bonfim Gutierre, Bauru, SP: Edusc, 1999, p. 343-344.

14. Idem, p. 345, 346, 348 e 350.

188   DIALÉTICAS DA TRANSGRESSÃO

do viajante. No presente caso, a riqueza semântica da paisagem estrangeira, tal como é descrita por Burton, é uma referência explícita e constante à Inglaterra.

A relação de domínio entre quem vê e o que é visto implica que Burton é ao mesmo tempo espectador, pintor e juiz do que vê. M. L. Pratt assinala que o tropo do "monarca-de-tudo-o-que-vejo" pressupõe "uma interação particularmente explícita entre estética e ideologia, no que se poderia chamar de uma retórica da presença"[15]. É ela, essa retórica da presença, que projeta sobre a paisagem e sobre o espaço a identidade do viajante-escritor. É evidente que, nessa perspectiva, o problema da alteridade que seria um equivalente dialético da identidade do viajante-escritor não pode colocar-se tão radicalmente como ele se coloca para Conrad em *O Coração das Trevas*.

2

Uma escritura de viagem que transgride os três princípios próprios da retórica da presença e que se distancia em relação ao tropo do "monarca-de-tudo-o-que-vejo" vai minar a ideologia vitoriana da descoberta. Conrad é, sem dúvida, aquele escritor que rompe com a escritura vitoriana da viagem. *O Coração das Trevas* tem o valor de um texto transgressivo que, pelo menos no espaço literário inglês, perturba a ordem estabelecida da escritura de viagem.

No romance de Conrad, a viagem é contada por um dos dois narradores implicados estrutural e axiologicamente na narrativa. O primeiro narrador inicia o leitor na situação narrativa de enquadramento: em Londres, alguns empregados de uma companhia marítima (diretor, jurista, contador) reúnem-se para escutar a narrativa de Marlow. O que Marlow comunica é justamente a descrição muito subjetiva de uma viagem pelo rio Congo da qual ele participou na qualidade de capitão. A descrição organiza-se em torno do avanço no continente negro, que é visto a partir de um barco que abriga turistas circunstanciais, peregrinos, gente destinada profissionalmente a viajar, bem como negros. Essa viagem, concebida inicialmente como um empreendimento banal, transforma-se em uma descida aos infernos por ser narrada com uma intensidade simbólica e alegórica notável.

O romance de Conrad revela acima de tudo a heterogeneidade do espaço que ameaça e subverte a ordem da escritura da viagem tal como a caracterizamos, fundamentando-nos nas perspectivas críticas de M. L. Pratt. Com seu texto, Conrad coloca em jogo a divisão do mundo em espaços e subespaços fortemente diversificados que contêm identidades incompatíveis, uma impenetrabilidade do outro, uma não-adesão dos brancos aos valores dos negros. Essas separações espaciais

15. Idem, p. 345.

DISCURSO DE VIAGEM E SENSO DA ALTERIDADE 189

pressupõem uma distinção entre a identidade do mesmo e a diferença do outro. Essas separações espaciais são portadoras de conflitos potenciais e parecem presidir ao discurso de Conrad. Elas são perceptíveis na dramaturgia discursiva do enigma que pressupõe uma busca da certeza condenada ao fracasso. Em *O Coração das Trevas*, o discurso de viagem torna-se então a revelação e a interrogação implícita da alteridade que está aí, intensa, violenta e indiferente, mas sobretudo inatingível sob a forma dos corpos negros e das aparições humanas. Essas aparições fantasmáticas deslocam as certezas identitárias do sujeito narrante. Conrad coloca em cena a superestrutura ideológica do capitalismo imperialista e rapace, oposta ao jogo dos fantasmas. Nessa alegorização negativa do espaço misterioso, enigmática e adversa, a alteridade coloca-se como fascinação e como horror. As expressões recorrentes, tais como "coração das trevas" (*heart of darkness*), "trevas do coração" (*darkness of heart*), "natureza selvagem"/"selva" (*wildness*), "escuridão"/"negror" (*blackness*), resumem a perspectiva narrativa e a visão do mundo. Conrad coloca no centro da busca cognitiva da narrativa um personagem obscuro, ambíguo e fascinante, um nomeado Kurtz. Conrad parece querer interrogar o potencial de uma fraternidade entre os negros e os brancos, mas a ambivalência do personagem é tal que ele escapa a uma representação clara do que ele é na realidade. Ele é uma alegoria truncada, uma encarnação do diabo e das forças obscuras que, afinal, assustam o narrador Marlow. Pela ironia e pelo acúmulo de traços contraditórios no limite do suportável, Marlow desenha na pessoa de Kurtz o retrato de um aventureiro e de um místico, de um impostor e de um catador do absoluto, de um charlador e de um mágico venerado por hordas de negros, mas que pactua com o desconhecido. É significativo ver que é justamente Kurtz quem, por seu comportamento e por sua missão, encarna a má consciência e a culpabilidade dos europeus. Ele é aquele que "toda a Europa contribuiu para elaborar":

> Toda a Europa contribuíra para a fabricação de Kurtz; e aos poucos fui sabendo que, da maneira mais apropriada, a Sociedade Internacional para a Supressão de Costumes Selvagens lhe confiara a elaboração de um relatório, para sua futura orientação[16].

A presença invisível mas eloqüente de Kurtz, bem como seu encontro com Marlow, não resulta numa aquisição de saber por parte do narrador. Pelo contrário, assim como o continente negro, como a natureza selvagem, Kurtz pertence ao horror e à obscuridade, e o narrador o enfrenta de maneira pulsional em decorrência de suas experiências africanas:

> […] eu me voltara para a selva, não para o Sr. Kurtz, o que, dispunha-me a admitir, já era o mesmo que estar enterrado. E por um momento pareceu-me como se também eu

16. J. Conrad, *O Coração das Trevas*, op. cit., p. 80.

190 DIALÉTICAS DA TRANSGRESSÃO

estivesse enterrado numa vasta sepultura de segredos indizíveis. Sentia um peso intolerável oprimindo-me o peito, o cheiro da terra úmida, a invisível presença de corrupção vitoriosa, as trevas de uma noite impenetrável...

Ansiava por enfrentar sozinho aquela sombra – e até hoje não sei por que tinha tanto ciúme de partilhar com qualquer um o negror peculiar daquela experiência[17].

Sobre o fundo de uma disforia generalizada, o romance de Conrad desenha uma alteridade compreendida como uma diferença, e mesmo como uma estranheza absoluta, para a qual o escritor deve encontrar um sentido. Este não pode ser senão relacional. Entre a identidade do narrador e a aparição dos corpos negros, ou a natureza selvagem e o coração das trevas, a alteridade seria uma ponte a ligar os humanos num espaço inter-relacional. Impressiona constatar que a aparição dos corpos negros confina com uma experiência dos limites cujo acesso parece interdito. A viagem é uma experiência acima de tudo ocular. Ainda que ela catalise as reações negativas do narrador, reações dominadas pela angústia e pela fascinação, a viagem só pode pressupor um saber relativo a fatos potenciais cujo aprofundamento poderia ser um postulado ético do narrador coincidente com a consciência moral de Conrad.

A questão do sentido da alteridade engendrado pela viagem passa a ser então o sentido de um jogo relacional de forças temáticas e semânticas cuja eficácia social e humana poderia realizar-se num outro espaço sociocultural, que o romance de Conrad não se aventura a prefigurar. Conrad torna-se simbólica e dialeticamente um precursor do trabalho etnográfico de campo, demonstrando ao mesmo tempo que a incursão nos espaços em que evoluem outras alteridades é não somente um problema antropológico ou etnográfico, mas também político.

3

Bronislaw Malinóvski, o etnógrafo que inventa e pratica o trabalho de campo, vê em Conrad seu ideal de sucesso profissional fora das fronteiras de seu país natal, um exemplo de complexidade psicológica e intelectual, mas também a realização de um processo ficcional digno de ser observado e praticado por um etnógrafo à medida em que este possa não dispor das ferramentas para dominar a complexidade do Outro. O *Diário,* de Malinóvski é, entre outras coisas, um relato sistemático da viagem às ilhas Trobriand. Esse *Diário* ocupa um lugar totalmente especial no *corpus* científico de Malinóvski. Ele se situa numa época difícil na vida do grande antropólogo, que deixa a Polônia em 1910 para iniciar estudos de etnologia em Londres. Escrito principalmente em polonês, com um grande número de frases em outras línguas, sobretudo em inglês, em alemão, em espanhol, em

17. Idem, p. 101 e 104, respectivamente.

DISCURSO DE VIAGEM E SENSO DA ALTERIDADE 191

grego e em latim, mas também em línguas vernáculas, o *Diário* não era destinado à publicação; no entanto, por iniciativa de sua mulher, foi publicado em 1967, traduzido do polonês sob o título *A Diary in the Strict Sense of the Term* (Um Diário no Sentido Estrito do Termo). O espaço de tempo coberto pelo *Diário*, de setembro de 1914 a agosto de 1915 e de outubro de 1917 a julho de 1918, corresponde às missões que Malinóvski realizou na Autrália, na Nova Guiné e, mais particularmente, nos arquipélagos do sudeste da Melanésia (região de Massim, arquipélago das ilhas Trobriand).

Se o *Diário* fez escândalo, foi porque nele se vê o autor, viajante-escritor, o futuro grande etnólogo, às voltas com seus problemas psicológicos, com seu corpo debilitado, com sua memória, com seu instinto sexual, com sua doença. Em suma, as experiências subjetivas de Malinóvski, descritas com precisão, refletem e revelam, como observa Remo Guidieri, o que há "de 'impuro' na viagem etnográfica"[18].

Surpreende ver que a maioria dos críticos e comentaristas do *Diário,* de Malinóvski, estabelecem paralelos entre este texto e *O Coração das Trevas*, de Conrad. O comentário mais elaborado dos dois casos-limites foi feito por James Clifford em sua obra *The Predicament of Culture: twentieth-century ethnography, literature, and art* (Desafios da Cultura: etnografia, literatura e arte do século vinte)[19]. Clifford vê na obra de Conrad a realização e a aplicação do que ele chama de "subjetividade etnográfica". Ele a define da seguinte maneira:

> A "subjetividade etnográfica" se constrói a partir da observação participante num mundo de "artefatos culturais" ligados [...] a uma nova concepção da linguagem – ou melhor, linguagens – enquanto sistemas discretos de signos[20].

A subjetividade etnográfica seria então essa atitude criativa e participante, própria de certos escritores ou etnólogos nos quais a verdade se relativiza consideravelmente; ela se torna a resultante de diferentes ficções, de diferentes línguas e diferentes discursos numa perspectiva relacional em que, todavia, uma língua, um discurso ordenador vai dominar, representar e traduzir outras línguas ou outros discursos[21]. A propósito do segundo narrador de *O Coração das Trevas*, Clifford observa que ele "justapõe escrupulosamente diferentes verdades" (*truthfully juxtaposes different truths*)[22]. Sua subjetividade trabalha contra o reconhecimento de uma única verdade retilínea e ortodoxa. Em suma, a "subjetividade etnográfica" seria

18. Remo Guidieri, em, Bronislaw Malinowski, *Journal d'ethnographe,* Paris: Seuil, 1985, Quarta capa.

19. James Clifford, *The Predicament of Culture*: twentieth-century ethnography, literature, and art, Cambridge, Massachusetts/ London: Harvard University Press, 1988.

20. Idem, p. 94-95.

21. Idem, p. 112, nota 10.

22. Idem, p. 99.

192 DIALÉTICAS DA TRANSGRESSÃO

uma espécie de polifonia bakhtiniana englobada por uma voz e posta na boca de um narrador. Clifford formula esse problema em termos um pouco diferentes:

> Marlow, inicialmente, "detesta a mentira", mas aprende a mentir, isto é, a comunicar-se no interior das ficções coletivas e parciais da vida cultural. Conta histórias limitadas. O segundo narrador salva, compara essas verdades encenadas, e (ironicamente) acredita nelas. A voz do narrador "mais exterior" de Conrad é uma voz estabilizadora cujas palavras não são orientadas para que se desconfie delas[23].

4

O comentário e o paralelo que Clifford estabelece entre as duas obras, assim como entre autores, permitem-nos retomar o problema da alteridade em suas relações com os discursos de viagem. Se, como Clifford constata, *O Coração das Trevas* constitui um "paradigma da subjetividade etnográfica"[24], como nele se inscreve também *Um Diário no Sentido Estrito do Termo*, podemos avançar hipoteticamente que à subjetividade etnográfica corresponde do lado do Outro o que se pode chamar de alteridade etnográfica. Ela é também uma construção relacional e pressupõe aquele jogo de ficções e de signos que o viajante-observador-escritor empreende necessariamente para estabilizar suas relações com o Outro. Este último é uma construção, um produto do viajante-escritor. Se a viagem é um operador cognitivo, ela catalisa os processos discursivos para construir a alteridade etnográfica, pano de fundo indispensável sem o qual nenhuma narrativa de viagem e, mais particularmente, nenhum discurso de viagem de nossa modernidade seria possível.

A aproximação entre o discurso literário de viagem e a viagem etnográfica permite-nos avançar a idéia de que entre os dois se estabelece uma complementariedade funcional que revela a polidimensionalidade do problema do Outro e da Alteridade. Essa simetria prende-se ao fato de que o escritor de viagem ou o viajante-escritor é também necessariamente um etnógrafo, assim como o etnógrafo não pode se dispensar de ser escritor. Os casos de Conrad e de Malinóvski são os melhores exemplos desse estado de coisas. Tanto *O Coração das Trevas* quanto *Um Diário no Sentido Estrito do Termo* são textos escandalosos, pois seu caráter híbrido pressupõe essa duplicidade de papéis. O problema dos sentidos da alteridade coloca-se então de maneira mais específica, na medida em que nem o Outro nem a Alteridade podem ser absolutizados. Na, ou antes, pela escritura de viagem, vê-se bem que, como a identidade, que é uma estrutura polipredicativa, a alteridade não se define com um só e único predicado.

23. Idem, ibidem.
24. Idem, p. 100.

DISCURSO DE VIAGEM E SENSO DA ALTERIDADE

A hipótese da alteridade etnográfica permite afirmar que ela é antes de mais nada uma ficcionalização do Outro, uma relativização de seu absoluto subjetivo como diferença. Eu diria que essa alteridade é uma "etnografização", isto é, um realçamento de sua diferença, não somente subjetiva, mas também social e antropológica, na medida em que ela está associada à identidade coletiva do grupo social ao qual ela pertence e pelo qual ela se forja.

5

Os modos de funcionamento da alteridade etnográfica são similares a certas problematizações recentes, como as de Jean Baudrillard ou de Marc Guillaume. Essas problematizações situam a alteridade nas construções discursivas que, por um lado, reduzem o Outro ao Outrem e, por outro, exprimem a "alteridade radical". Entramos aqui no espaço das "figuras da alteridade".

Baudrillard e Guillaume abordam a questão complexa da alteridade numa perspectiva inovadora, marcando sobretudo o sentido e a função da "alteridade radical". Sua teorização nos servirá como ferramenta crítica para exemplificar as diferentes formas da alteridade nos discursos de viagem. O que é claramente colocado em *Les figures de l'altérité* (As Figuras da Alteridade), de Guillaume e Baudrillard, é a distinção entre o outro como outrem e a alteridade radical. Guillaume coloca esse problema da seguinte maneira:

[…] em todo outro existe outrem – o que não é eu, o que é diferente de mim, mas que eu posso compreender, e até assimilar – e existe também uma alteridade radical, inassimilável, incompreensível e mesmo impensável[25].

As sociedades ocidentais homogeneizaram sistematicamente o que é radicalmente heterogêneo, o que é uma verdadeira raridade, a saber, a alteridade. Guillaume estima que é através de "ficções mistas" que se pode lutar eficazmente contra a raridade do outro. Segundo Guillaume, "ficções mistas […] é algo que é construído a partir de um real e que a seguir é dosado com uma certa quantidade de imaginário, de ficção"[26].

Podemos confirmar essa posição do problema referindo-nos a certos discursos de viagem. Vejamos em primeiro lugar os discursos que tentam assimilar e compreender o outro no ponto em que ele passa a ser uma entidade existencial e social domesticada, domada, conhecível. Em certos discursos de viagem, ocorre freqüentemente que o Outro e a Alteridade sejam representados a partir da experiência ocular transcrita pela narrativa de maneira, digamos, superficial,

25. J. Baudrillard; M. Guillaume, *Les figures de l'altérité*, Paris: Descartes & Cie., 1994, p. 10.
26. Idem, p. 49.

194 DIALÉTICAS DA TRANSGRESSÃO

muitas vezes pelo recurso a estereótipos ou a generalizações abusivamente sintetizadoras.

Eis como Almeida Garrett vê Laura, a mulher que é esse Outro ao qual o viajante-narrador consagra uma descrição estritamente ocular:

> Laura não era alta nem baixa; era forte sem ser gorda, e delicada sem magreza. Os olhos, de um cor-de-avelã diáfano, puro, aveludado, grandes, vivos, cheios de tal majestade, quando se iravam; de tal doçura, quando se abrandavam, que é difícil dizer quando eram mais belos. O cabelo, quase da mesma cor, tinha, de mais, um reflexo dourado, vacilante, que ao sol resplandecia, ou antes, relampejava; mas, a espaços, não era sempre, nem em todas as posições da cabeça: cabeça pequena, modelada no mais clássico da estatuária antiga, poisada sobre um colo de imensa nobreza, que harmonizava com a perfeição das linhas dos ombros.
> A cintura, breve e estreita, mas sem exageração, via-se que o era assim por natureza e sem a menor contrafeição de arte. O pé não tinha as exigüidades fabulosas da nossa Península; era proporcionado, como o da Vênus de Médicis[27].

A descrição dos árabes por Chateaubriand, em seu *Itinéraire de Paris à Jérusalem* (Itinerário de Paris a Jerusalém), tem com que surpreender pelas opiniões e julgamentos extrapolantes:

> Os árabes, em toda parte onde os vi, na Judéia, no Egito, e mesmo na Barbária, pareceram-me de estatura antes alta do que baixa. Seu passo é altivo. São bem feitos e esbeltos. Têm cabeça oval, fronte alta e arqueada, nariz aquilino, olhos grandes no formato de amêndoas, olhar úmido e singularmente meigo. Nada anunciaria neles o selvagem, se tivessem sempre a boca fechada, mas, assim que se põem a falar, ouve-se uma língua ruidosa e fortemente aspirada, vêem-se longos dentes deslumbrantes de brancura, como os dos chacais e das onças: diferentes nisso do selvagem americano, cuja ferocidade está no olhar, e a expressão humana, na boca[28].

Em *Un barbare en Asie* (Um Bárbaro na Ásia), Henri Michaux, da mesma forma, não escapa aos estereótipos nem às generalizações abusivas:

> O árabe, tão violento em sua linguagem arrotada, o árabe duro e fanático, o turco conquistador e cruel também são pessoas com perfumes nauseabundos, geléia de rosas e *loukoum*[*, 29].

Esses exemplos marcam a intenção redutora e generalizante dos viajantes-narradores. Em seus discursos, o outro aparece, não como indivíduo, mas como ator coletivo e, por conseguinte, naturalmente

27. Almeida Garrett, *Viagens na Minha Terra,* organização, prefácio e notas de José Pereira Tavares, Lisboa: Livraria Sá da Costa, 1954, p. 295-296, (Col. Clássicos Sá da Costa).

28. François Auguste René, Vicomte de Chateaubriand, *Itinéraire de Paris à Jérusalem, Œuvres complètes*, Paris: Garnier, s.d., v. 5, p. 301-302.

* Confeito oriental feito de uma massa aromatizada coberta de açúcar refinado. (N. da T.)

29. Henri Michaux, [1933], *Un barbare en Asie*, Paris: Gallimard, 1967, p. 39, (Col. L'Imaginaire).

DISCURSO DE VIAGEM E SENSO DA ALTERIDADE 195

redutível a outrem. O personagem de Laura descrito por Almeida Garrett pertence à categoria das mulheres excepcionalmente belas, tão sublimes quanto a Vênus de Médicis. Os árabes de Chateaubriand são selvagens apesar de sua nobre aparência. É sua língua "ruidosa e fortemente aspirada" que os torna selvagens. Para H. Michaux, os árabes, que são violentos por sua "linguagem arrotada", e os turcos, que são "conquistadores e cruéis", são repugnantes por seus "perfumes nauseabundos" e infantis pelo fato de consumirem "geléia de rosas e *loukoum*".

FICÇÃO MISTA E CONSTRUÇÃO DA ALTERIDADE RADICAL

1

A constituição da alteridade radical passa pela revelação e pelo realçamento de certos traços significativos ou de certos comportamentos, individuais ou coletivos, que, intencionalmente e pelo desejo de captar a verdadeira diferença, escapam aos estereótipos. Eles são então irredutíveis a esse comércio fácil que se estabelece na escritura de viagem, como vimos, entre o Outro e Outrem, comércio que engloba assim ideologicamente todas as diferenças subsumindo-as em estereótipos e, por isso mesmo, assimilando o Outro a Outrem.

Em certos discursos em que a viagem é fortemente problematizada, observa-se a tentativa de complexificar a questão da identidade e da alteridade. São as ficções mistas que melhor evidenciam a complexidade da alteridade radical. Contrariamente aos processos homogeneizantes, as ficções mistas misturam o real e o imaginário num gesto etnográfico que visa a fazer emergir a alteridade radical.

A manifestação da alteridade radical, que é também uma alteridade etnográfica no sentido em que a definimos, pode ancorar-se no testemunho etnográfico. Veja-se *A África Fantasma*, de Michel Leiris. O sacrifício dos frangos é minuciosamente descrito em 4 de outubro de 1932:

[...] Distribuição dos frangos: cada adepta, após três saudações, recebe o volátil que Malkam Ayyahou, dizendo: "*Djeba!*" (oferenda), lhe dá; depois ela dança, com o bastão na mão e o frango na cabeça.

Dança coletiva. Partida para um outro ponto do jardim, escolhido como local do sacrifício. As adeptas reclamam *raki**; Griaule manda buscá-lo.

Transe de Malkam Ayyahou, que é escondida atrás de *chammas*. É Wassan Galla. Em seu *foukkara*, esse *zar* declara-se, entre outras coisas: "Comedor de Enqo Bahri!". Enqo Bahri vem saudar Malkam Ayyahou, após seu transe. Depois, segurando o carneiro entre as pernas, como se estivesse a cavalo em cima dele, apresenta-o a Malkam Ayyahou. Esta, sempre sentada, toma o carneiro pelos cornos e o expõe a uma fumi-

* Licor do Oriente com sabor de anis. (N. da T.)

196 DIALÉTICAS DA TRANSGRESSÃO

gação de incenso. Ela o deita a seguir por terra e lhe põe o pé direito sobre a cabeça, desejando uma derrocada semelhante aos inimigos de Enqo Bahri[30].

O caráter misto dessa descrição reside no fato de que a escritura de Leiris é, antes de mais nada, um jornal, mas o escritor-etnógrafo lhe associa também o ritual, o gestual, a proxêmica e o narrativo, introduzindo palavras da língua vernácula.

O olhar etnográfico de Claude Lévi-Strauss, em *Tristes Trópicos*, volta-se também, e talvez acima de tudo, para as multidões que vivem nas grandes cidades da Índia. A alteridade radical dos indianos será então apreendida na escala massiva das multidões que participam sofrivelmente da vida nas "zonas", pois, como Lévi-Strauss observa: "As grandes cidades da Índia são uma zona"; e ele prossegue:

> [...] mas o que nos envergonha como uma tara, o que consideramos como uma lepra, constitui aqui o fato urbano reduzido à sua expressão mais simples: a aglomeração de indivíduos cuja razão de ser é a de se acumular aos milhões, quaisquer que sejam as condições reais. Sujeira, desordem, promiscuidade, acotovelamento; ruínas, casebres, lama, imundície; humores, fezes, urina, pus, secreções, purulências: tudo aquilo contra o que a vida urbana nos parece a defesa melhor organizada, tudo o que odiamos, tudo aquilo contra o que nos protegemos a um preço tão alto, todos esses subprodutos da coabitação, aqui não são jamais o seu limite. Ao contrário, formam o meio natural de que a cidade necessita para prosperar. Para cada indivíduo, a rua, atalho ou viela, fornece um lar em que repousa, em que dorme, onde cata sua alimentação no lixo pegajoso. Longe de repeli-lo, ela adquire uma espécie de estatuto doméstico pelo simples fato de ter sido exsudada, defecada, pisada e manejada por tantos homens[31].

Prolongando a tradição da viagem filosófica, Lévi-Strauss esboça um quadro e constrói um discurso cuja poética se caracteriza pela fusão de elementos heteróclitos. Em sua ficção mista, o viajante-narrador combina elementos sociológicos (estudo do fato urbano), etnológicos (comportamento coletivo das pessoas "naturalmente" miseráveis), comparativos (oposição entre "nós", o Ocidente próspero e sábio, e o Oriente dos outros, dos indianos, pobres e condicionados pela cata do alimento diretamente num "lixo pegajoso"). Essa identidade coletiva da condição pseudo-existencial dos indianos e da miséria que tem seu assento nos dejetos de todo tipo revela também a alteridade radical. Essa diferença é intransponível para um ocidental.

Talvez seja útil ressaltar que a enumeração adquire nesse discurso um estatuto particular, o do verdadeiramente diferencial. Todos os objetos e gestos repugnantes parecem pertencer unicamente àqueles lugares particulares da Índia. Sem dúvida, poder-se-ia situá-los também em Nápoles, no Rio de Janeiro ou nos "bairros" ou "favelas" da

30. Michel Leiris, [1934], *L'Afrique fantôme*, Paris: Gallimard, 1981, p. 409.

31. Claude Lévi-Strauss, *Tristes Trópicos*, tradução de Wilson Martins, revista pelo autor, São Paulo: Anhembi, 1957, p. 137. Edição original: *Tristes tropiques*, Paris: Plon, 1955, p. 113, (Col. Terre Humaine).

DISCURSO DE VIAGEM E SENSO DA ALTERIDADE

América Latina. No entanto, a enumeração reúne elementos irrepetíveis, próprios àqueles lugares da Índia, como se as fezes, a promiscuidade, as purulências e os acotovelamentos existissem unicamente lá.

2

Em certos discursos, a manipulação textual e discursiva confere à viagem uma função de operador cognitivo problematizando o espaço. Desde Kant, sabemos que o espaço não é um conceito empírico. É definido pelo discurso do observador a partir do lugar da observação. Viajar é conhecer por seus próprios olhos um espaço pretensamente objetivo. Na verdade, essa fórmula poderia assumir uma outra forma nos textos com fortes doses de descontinuidades, de recortes, de fragmentações e de montagens.

Viajar é conhecer o espaço pelos olhos do texto. Tal parece ser a ficção mista em *Le città invisibili* (As Cidades Invisíveis), de Italo Calvino, em *Móbile*, de Michel Butor, e em *África Alfabética*, de Walter Abish. Cada um desses livros constitui a síntese de uma ou de múltiplas viagens. A exemplo da metáfora "tramada" (*filée*) dos surrealistas, esses escritores-viajantes propõem viagens textualmente tramadas. Textualmente descontínuas, fragmentadas, totalmente montadas. Seus discursos de viagens são então metadiscursos na medida em que a escritura ali se olha a si mesma e a viagem tem um estatuto espaciotemporal particular. A viagem funciona ali como texto, sempre aberto, potencialmente infinito, de um novo espaço em que se posicionam os discursos dos três narradores-manipuladores. Não há, pois, inscrição das impressões de viagens. Há, sim, viagens textuais que remetem às lembranças compreendidas como categoria mental e como categoria intelectual, da mesma forma que a memória, o desejo e o olhar. A viagem é então essa substância rica, sempre *in statu nascendi*, determinada-indeterminada, esse *iceberg* cuja parte emersa Calvino, Butor e Abish se empenham em mostrar.

Nessa configuração das ficções especificamente mistas, as relações com a alteridade estruturam-se de maneira particular: por uma negociação constante do sentido, por um posicionamento intencional dos signos relacionais cuja presença engendra os sentidos da alteridade. Esses três escritores-viajantes recorrem então à subjetividade e à alteridade etnográficas, enquanto procedem à composição dinâmica de suas ficções mistas. É a esse preço, portanto, que eles produzem a radicalidade das alteridades engajadas no vai-e-vem da mimese, da matese e da semiose.

3

Em *As Cidades Invisíveis*, de Calvino, o grande viajante Marco Polo conta suas viagens ao imperador dos tártaros. As narrativas de

198 DIALÉTICAS DA TRANSGRESSÃO

Marco Polo referem-se a uma série de cidades, atravessadas pelo emissário do imperador. O contador deslumbra o imperador, embora este não acredite em tudo o que Marco Polo lhe conta. A vertigem dessas narrações descontínuas produz um efeito de enfeitiçamento nos leitores. Todas as cidades narradas têm nomes femininos; elas são todas estranhas, desconhecidas, invisíveis nos mapas geográficos. Elas evoluem no discurso, e seus signos são dificilmente interpretáveis. Elas existem provavelmente na memória, no sonho e no desejo. Remetem constantemente à memória imaginativa e às imagens memoriais, mas também ao discurso de Marco Polo. O desfile das cidades invisíveis desemboca na metrópole moderna, infernal, onde todavia Calvino sugere procurar ilhotas do que não é o inferno. A aparição fictícia bem como a configuração dos traços das cidades invisíveis as inscrevem num campo simbólico global da humanidade.

A mixagem das ficções de Calvino é obtida pela junção dos elementos discursivos descritivos, quase etnográficos, que fazem significar a especificidade de cada cidade. As cidades, precisamente por sua estranheza, apontam para os habitantes, para as alteridades. São alteridades utópicas, pois elas se definem por sua relação com o sonho, com o desejo, com os projetos de vida e em relação ao espaço de fortes conotações simbólicas e alegóricas. Em relação ao próprio narrador e ao destinatário das narrativas, essas cidades abrigam os outros, as alteridades anônimas, massas mudas às quais não é permitido falar. Seu silêncio nem por isso exclui que elas sejam signos a exprimir seu apego ao espaço e à vida. O sentido das alteridades em questão seria então algo como figura da utopia para sempre perdida, vida no desejo aquém do inferno urbano moderno: "Todas as coisas que vejo e faço ganham sentido num espaço da mente em que reina a mesma calma que existe aqui, a mesma penumbra, o mesmo silêncio percorrido pelo farfalhar das folhas"[32].

Calvino produz, em *As Cidades Invisíveis*, uma espécie de cosmogonia urbana total. Os seres humanos que a habitam comportam-se de maneira tão estranha quanto o insólito de que cada cidade é feita. Suas alteridades são implicitamente e ironicamente fixas. "Eis as cidades invisíveis cuja visibilidade mostro a vocês", parece querer dizer Calvino. E seus habitantes, semelhantes a nós, viveram numa utopia que lhes podemos invejar. Nós estamos no inferno da cidade moderna e da aldeia global, pois perdemos a utopia. Poderíamos ter sido como eles. Felizes ou infelizes, mas num espaço diferente do qual as cidades invisíveis figuram o sentido tão ambíguo e tão rico quanto a condição humana.

---

32. Italo Calvino, *As Cidades Invisíveis*, tradução de Diogo Mainardi, Rio de Janeiro: O Globo/ São Paulo: Folha de S. Paulo, 2003, p. 99.

4

Em que consiste a radicalidade da alteridade americana? A viagem de Michel Butor através de cinqüenta estados nos informa a esse respeito sistematicamente, mas indiretamente. *Móbile* é a enorme montagem de uma enormidade espacial que não pára de mudar. No espaço de algumas páginas do livro, passa-se de um estado a outro, onde se é bem-vindo. Pois a palavra *bienvenue* (boas-vindas) é o principal embreante do texto. "Bienvenue au Texas", "Bienvenue au Tennessee", "Bienvenue en Oklahoma" etc.

Misturando os signos onomásticos com nomes históricos ou apelações comuns, com citações de documentos históricos, com crônicas, com fragmentos de artigos recortados nos jornais americanos, com fragmentos de textos literários ou com frações de diálogos, Butor cria um fascinante *patchwork* do qual se depreende uma imagem dos Estados Unidos rica em fatos, em gestos, em costumes e em palavras. É uma viagem quase fantástica, textualmente homologada pelos efeitos da montagem, das fragmentações, do avanço no tempo e no espaço.

A ficção de Butor é mista em virtude dos elementos que apontamos. Ela se afirma como o discurso de uma viagem que atravessa com naturalidade todo um continente e, com ele, séries de contingências e de necessidades verbais, gestuais, visuais. A estrutura do texto representa o acaso dos encontros e o que o narrador-chefe da montagem ouve e registra, o que ele vê e compreende, o que ele introduz no texto após haver feito uma triagem semiótica na massa dos documentos compilados.

Nessa montagem de espaços seccionados em cinqüenta estados, os americanos aparecem como um povo feliz, proprietário de um território imenso provido de uma história curta, mas gloriosa, que os conduziu diretamente à democracia. Os cidadãos americanos são freqüentemente cidadãos vindos de outros países. Eles participam do *melting pot* cuja sensação se depreende também do texto. Mas os americanos são também índios, autóctones, um mosaico de raças diversas. O poliglotismo do país é fortemente ressaltado por Butor. Ele escolhe freqüentemente títulos de jornais em diferentes línguas para significar a estratificação poliétnica dos Estados Unidos.

A viagem de Butor é moderna e modernista, mas é também etnográfica e histórica. Essa polivalência pessupõe uma alteridade radical. Ela é correlativa à identidade americana, cujos elementos têm todos o seu ponto de partida no "sonho americano". E para lá convergem. Esse sonho realiza-se no texto pela exaltação e pela expressão da imensidão espacial, mas, ao mesmo tempo, Butor introduz em sua montagem elementos negativos: o racismo, a violência, os episódios vergonhosos da história, como a caça às bruxas. Poder-se-ia dizer que a alteridade americana é ideologicamente homogênea e pragmatica-

DIALÉTICAS DA TRANSGRESSÃO

mente funcional. Mas, vista de mais perto, a alteridade radical que se depreende de *Móbile* está em equilíbrio instável. Ela é herdeira do peso da história com seus acontecimentos carregados de conseqüências. Ela é, pois, clivada, cheia de suscetibilidades, mas isso deriva talvez de um fato sublinhado por um dos motivos condutores de *Móbile*:

O que havia de assustador neste continente não eram somente seus cipós envenenados...

Seus carvalhos envenenados, sumagres envenenados, serpentes peçonhentas, flechas de índios envenenadas...

O que havia de assustador, antes de qualquer experiência, era a própria existência deste continente, surgido de além do horizonte, lá onde ele não deveria ter sido...[33]

5

O "romance" *África Alfabética*, de Walter Abish, não é contável. Embora haja acontecimentos e fatos narrativos e narrados, trata-se de um projeto metadiscursivo que expõe o referente *África* à totalidade da língua inglesa, totalidade simulada pelo alfabeto. O autor expõe tudo o que é africano à cronologia das letras, de A a Z e de Z a A. Forma, assim, séries de palavras, de sintagmas, de termos pertinentes para o conhecimento da África, não somente em inglês, mas também em diferentes línguas africanas. Em suma, trata-se de submeter a África à saturação pela linguagem alfabeticamente ordenada. O que é fascinante nessa África alfabética é a vertigem da repetição que resulta na monotonia, na "mesmice" da África, assunto esgotado até o extremo. Assim, o metanarrador desencadeia-se a partir da letra *S*, o que dá, entre outros, o seguinte encadeamento:

[...] mesmos escravos mesmo sono mesma doença do sono mesmo massacre mesma fumaça mesma superfície lisa mesma obscenidade mesmas serpentes mesmas fotografias mesmos escárnios mesmos cenários sociais mesmos estudos mesmo sistema solar mesmos soldados mesmo SOS mesma investigação mesmo espaço mesmas faíscas mesmas lanças mesmo espírito mesmo esfíncter mesmas espirais mesmas aranhas mesmos espetáculos teatrais mesmas paradas mesmas declarações [...] mesma merda mesmas repressões mesma supremacia mesmos excedentes mesmos ambientes mesma sobretaxa mesmos sobreviventes mesmos suspeitos mesmo suspense mesmas andorinhas suaílis mesmos cisnes mesmas trocas mesmos enxames mesmos suázis bronzeados [...] mesmos juramentos mesmos símbolos na moda mesma esgrima mesmas sílabas mesmos silogismos mesma simbiose mesma simetria [...] mesmas surpresas [...][34]

---

33. Michel Butor, *Mobile*: étude pour une représentation des États-Unis (*Móbile*: estudo para uma representação dos Estados Unidos), Paris: Gallimard, 1962, p. 105, 106 e 107, respectivamente.

34. "[...] same slaves same sleep same sleeping sickness same slaughter same smoke same smooth surface same smut same snakes same snapshots same sneers same social scenes same studies same solar system same soldiers same SOS same searching

Ao ler Abish, fica-se impressonado pela riqueza do catálogo das coisas africanas. O percurso do alfabeto nos dois sentidos acaba na seguinte constatação: "outra África, outro alfabeto"[35]. Essa manipulação textual produz um efeito de monotonia e de repetitividade existenciais. Poder-se-ia ter a impressão de que se trata de lembranças ordenadas de um turista desencantado que não retornará à África após haver catalogado suas impressões de viagem.

A questão da alteridade radical situa-se no nível da percepção do povo africano por um escritor e viajante cosmopolita. E essa percepção é bastante lúdica; ela se inscreve na brincadeira verbal à qual se entrega Abish. Manipulando seu saber africano, Abish constrói um móbile que vai em todos os sentidos, mas sistematicamente e concentricamente, como as pétalas de uma rosa. África Alfabética é uma simulação da descoberta do continente africano. Ela é bem-sucedida e, como tal, representa-se sob a forma dos átomos que constituem o imenso edifício africano. A alteridade da África inscreve-se nessa grade textual. Ela significa a diferença posta como um conjunto de peças ordenadas visando a construir a ficção de um guia turístico ou de uma enciclopédia africana.

CONCLUSÃO

O problema que abordamos define-se como representações discursivas de viagens e de sentidos da alteridade. Avançamos que, nessas representações, a mimese pressupõe uma manipulação dos diversos saberes que entram mais especificamente na construção da subjetividade e da alteridade ditas etnográficas. Estas baseiam-se em processos discursivos variáveis, mas sobretudo mistos. O sentido da alteridade deduz-se então de construções narrativas e discursivas complexas, polivalentes, que exprimem o outro e os outros nas diferentes modalidades de sua participação numa coletividade humana, e frente aos outros. A alteridade é assim pensada como correlação da identidade numa relação inter-humana.

Nos textos que analisamos, desde Conrad até Abish, vê-se como a posição dos narradores bem como suas operações discursivas e textuais determinam o sentido da alteridade inscrevendo-o num jogo

---

same space same sparks same spears same spirit same sphincter same spirals same spiders same staged shows same standstills same statements [...] same shit same suppressions same supremacy same surplus same surroundings same surtax same survivors same suspects same suspense same Swahili swallows same swans same swaps same swarms same swarthy Swazis [...] same sworn statements same swinging symbols same swordsplay same syllables same syllogisms same symbiosis same symmetry [...] same surprises [...]". Walter Abish, *Alphabetical Africa*, New York: A New Directions Book, 1974, p. 101.

35. Idem, p. 152.

relacional. A semiose é, por sua vez, determinada pela dinâmica inesgotável da tríplice relação: viajante-narrador / espaço / alteridade. A viagem na alteridade moderna apresenta paradas múltiplas e funcionais na medida em que ela é, antes de mais nada, um operador cognitivo, gerador de saberes diversos e de metadiscursos.

Índice Onomástico

Abate, Carmine – 10, 11
Abish, Walter – 184, 185, 197, 200, 201
Adorno, Theodor W. – XX, XXVI, XXVII, XXVIII, XLV, 20, 21, 49, 52, 64, 137, 138, 204
Albee, Edward – 173, 174, 175, 176, 177n, 178
Andrade, Mário de – XII, XV, 18
Apollinaire, Guillaume – XXIV, XXVI, 48
Aquin, Hubert – XI, XIV, XXXIV, XXXV, XXXVII, 111-119
Arenas, Reinaldo – XIII, XXIV, XXVII
Aristóteles – XXV, 51, 115, 116, 117, 121, 137
Arp, Hans – 17
Artaud, Antonin – 35, 66, 151
Ashbery, John – 56
Asturias, Miguel Angel – XXII
Axelos, Kostas – 1
Azúa, Félix de – 99

Bakhtin, Mikhail – XXV, 4, 57, 60, 61, 62, 63, 65, 98, 107, 108, 116, 183n, 192

Balestrini, Nanni – XXVII, 28, 35, 36, 45n, 48
Ball, Hugo – 17
Balzac, Honoré de – 52
Barilli, Renato – 28n, 36n, 48, 101, 102
Barth, John – XXXV, 36
Barthes, Roland – XIXn, XXIII, 122, 123, 138, 139n, 182
Bastos, Augusto Roa – XIV, XXII, XXIII, XXV, 13, 115
Bataille, Georges – 35, 141, 142, 149, 150, 151, 165, 166n
Bateson, Gregory – 101
Baudelaire, Charles – XXI, XXXII, 23, 24, 66, 122, 156, 159
Baudrillard, Jean – XXXI, 122, 123, 181, 184, 193
Bec, Pierre – 161
Becker, Jürgen – XXVII
Beckett, Samuel – XXIV, 99, 104, 106, 125, 133, 141, 149, 150, 151, 179
Benet, Juan – XXV, XXVII
Benjamin, Andrew – 21
Benjamin, Walter – 16, 25
Bense, Max – 43n, 49
Berman, Marshall – 15, 16n

204 DIALÉTICAS DA TRANSGRESSÃO

Bernhard, Thomas – 5, 63
Bielyi, Andréi – XXVII, 103-104, 105, 106, 141, 145, 146, 147, 149
Biran, Maine de – 55, 110
Borges, Jorge Luis – XXVII, XXX, 51
Boulez, Pierre – 35
Brandão, Ignácio de Loyola – XXVII
Brecht, Bertolt – 29, 39
Breton, André – 82
Broch, Hermann – XXIII, XXVII, 13, 63, 115
Brodsky, Joseph – 86
Brooks, Cleanth – 52
Buarque, Chico – XXIX
Büchner, Georg – XXIV
Bulgakov, Mikhail – 83n
Bürger, Peter – 20, 21
Burgess, Anthony – 125
Burke, Kenneth – 134, 135, 136n, 137
Butor, Michel – XXX, 182, 184, 185, 197, 199, 200n
Byron, George Gordon – 70, 71, 82

Cabral de Melo Neto, João – XLVI
Cage, John – 124
Caillois, Roger – 123, 129
Calinescu, Matei – 20
Calvino, Italo – XXVII, XXX, XXXV, 10, 63, 125, 184, 185, 197, 198
Campos, Augusto de – XVI, 32, 34n, 36, 37, 40, 47
Campos, Haroldo de – VII, XII, XVI, XXII, XXX, 20, 28, 33, 34, 36, 37, 38, 39n, 40, 45n, 47, 48, 50
Candido, Antonio – XXIX, XLV
Canetti, Elias – 181, 183
Carpentier, Alejo – XII, XXIII
Celan, Paul – XXIV, 66
Céline, Ferdinand – 28
Cervantes, Miguel de – XIV, XXI, XXVI, 20, 70, 115, 183
Charles, Daniel – 124
Chateaubriand, François-René de – 181, 194, 195
Chklovski, Viktor – 71n
Clément, Catherine – 58, 59n, 60
Clifford, James – 191, 192
Coelho, Paulo – XXX, XXXI
Conrad, Joseph – XXXVI, 91, 103, 106, 184, 185, 186, 187, 188, 189, 190, 191, 192, 201

Contini, Gabriella – 102
Cooper, James Fenimore – 171, 172
Coquet, Jean-Claude – 64, 65
Cortázar, Julio XXI, XXII, XXIII, XXIV, 91, 115, 125, 126, 127, 128, 129
Cruz, João da – 133, 136, 138
Cummings, Edward Estlin – 35
Cunha, Euclides da – XXIX

Dante, Alighieri – 28, 35, 156, 159, 160
David, Catherine – 12, 25n
Debenedetti, Giacomo – 107
Deleuze, Gilles – XXXVI, XXXVII, 56, 117n, 169, 170
Derrida, Jacques – 57, 129
Descartes, René – 51, 55
Diderot, Denis – XXVI, 181
Döblin, Alfred – XXIII, XXVII, 13
Dolezel, Lubomir – 79
Donne, John – 159, 162
D'Ors, Eugenio – 117
Dos Passos, John – XXVII, 171
Dostoiévski, Fiódor – XXIV, XXXIV, 61, 63, 82, 91, 93, 99, 103, 104, 105, 106, 107, 116, 177
Duchamp, Marcel – 15

Eckermann, Johann Peter – 1, 4, 13
Eco, Umberto – 9, 10, 13, 20, 117n
Eliot, Thomas Stearns – XXVI, XXVII, XXX
Ellmann, Richard – 27, 28n
Emerson, Ralph Waldo – 171
Engels, Friedrich – 15
Enzensberger, Hans Magnus – XXVI, 20, 28
Esterházy, Petér – XXIII, XXVI
Eurípides – XXII

Faulkner, William – XXVII, 63
Faye, Jean-Pierre – 34n, 36
Federman, Raymond – 36
Feuerbach, Ludwig Andreas – 39
Fortini, Franco – 28
Foucault, Michel – 52, 56, 103, 152
Freud, Sigmund – XXXVIII, 52, 57, 58, 60, 147, 165
Frye, Northrop – 52, 53
Fuentes, Carlos – XXIII

ÍNDICE ONOMÁSTICO

Gadamer, Hans Georg – 121, 122, 124, 128, 129
Gadda, Carlo Emilio – 10, 45, 63
Gaj, Ljudevit – 7
Garrett, Almeida – 181, 194, 195
Gazda, Grzegorz – 21
Gelman, Juan – XXI
Genet, Jean – 151
Gide, André – 78
Ginsberg, Allen – 182
Girard, René – 116
Giuliani, Alfredo – 28, 34, 35, 48
Goethe, Johann Wolfgang von – XV, XXVIII, XXIX, 1, 4, 5, 8, 13, 52, 82, 83, 84, 98
Gógol, Nikolai Vasilievich – 63, 84, 85
Gombrowicz, Witold – XIV, XXVI, XXXIV, XXXV, XXXVII, 12, 72, 77, 78, 91-96
Góngora y Argote, Luis de – 156, 159
Gordon, Andrew – 178
Goytisolo, Juan – XXV
Grass, Gunter – XXVI, XLV, 15
Greimas, Algirdas Julien – XV, 28
Guglielmi, Angelo – 28n, 36
Guillaume, Marc – 181n, 193
Guyotat, Pierre – XXV, 141, 149, 151, 152

Habermas, Jürgen – XX, XXIII, 123
Hamburger, Michael – 42n, 43
Hašek, Jaroslav – 91
Hassan, Ihab – XXIII, 20, 21, 122
Hatherly, Ana – 36, 47, 48
Hegel, Georg Wilhelm Friedrich – XXVII, XLV, 49, 56, 92, 108, 132
Heidegger, Martin – XXV, 39, 51, 52, 56, 65, 122, 124
Heissenbüttel, Helmut – XXVII, 37, 42, 43, 44, 49, 125, 129, 130, 131, 132
Herling-Grudziński, Gustaw – 12
Hobbes, Thomas – 139, 140
Holbein, Hans – 114
Hoelderlin, Friedrich – XXII, XXXIII, 39, 65, 66
Homero – 47, 181
Huelsenbeck, Richard – 17
Huidobro, Vicente – XXVI
Huizinga, Johan – 121, 122
Hume, David – 51, 56

Husserl, Edmund – 56

Iribarne, Louis – 76
Irzykowski, Karol – XXXV, 72, 73, 74, 75

Jacob, François – 60
Jakobson, Max – 40,52
James, Henry – 91
Jameson, Fredric – XXIII
Jimenez, Marc – XXXVIIIn, 30
Joyce, James – XXIII, XXIV, XXVI, 13, 27, 28n, 35, 63, 78, 81, 105, 115, 116, 117, 118, 125, 141, 143, 144n, 145, 181

Kafka, Franz – XXIV, 28
Kant, Immanuel – 2, 55, 56, 110, 197
Kantor, Tadeusz – 28
Keats, John – 127
Kenner, Hugh – 4, 38
Kierkegaard, Søren – 56
Kijowski, Andrzej – 91
Kiš, Danilo – XXIII, XXXV, 72, 86, 87
Kluszczynski, Ryszard – 21
Kolakowski, Leszek – XXIII
Kostelanetz, Richard – 20, 26, 28, 32, 33, 36
Kristeva, Julia – 59n, 148, 149
Krleza, Miroslav – 6, 7, 8
Kundera, Milan – XIV, XXIII, XXVI, XXXV, 72, 79, 81, 82

Lacan, Jacques – 52, 57, 58, 59, 60, 108
Laforgue, Jules – 66
Lautréamont, Conde de – 35, 159
Lawrence, David Herbert – 170
Le Clézio, Jean-Marie Gustave – 183, 184, 185
Le Goff, Jacques – 10
Leibniz, Gottfried Wilhelm, Freiherr von – 56
Leiris, Michel – 184, 185, 195, 196
Leopardi, Giacomo – 28, 66
Lermontov, Mikhail – 82
Leskov, Nikolaï Semenovich – 91
Lévinas, Emmanuel – 51
Lévi-Strauss, Claude – XXXVIII, 184, 185, 196

Lima, Luiz Costa – 1
Lispector, Clarice – XXIII, XXIV, 66
Lorca, Garcia – XXVI
Lorrain, Claude – 177
Lotman, IuriXVI, 49, 105
Löwith, Karl – 107, 108
Lukács, Georg – XXXIV, 98, 116
Lyotard, Jean-François – XV, XXIII, XXIV, XXVn, 3, 20, 21, 37, 122, 123, 124

Machado de Assis, Joaquim Maria – XXVI
Mailer, Norman – 175, 177, 178, 179
Malinowski, Bronislaw – 191n
Mallarmé, Stéphane – 34, 35, 37, 38, 48
Mancinelli, Laura – 27
Manganelli, Giorgio – 125
Mann, Paul – 21, 33n
Mann, Thomas – 13, 91
Marinetti, Filippo Tommaso – 15, 16, 18
Marlow, André – 187, 188, 189, 192
Matillon, Janine – 7
Mead, George H. – 53
Mead, Margaret – 54, 55n
Melo e Castro, Ernesto Manuel de – 36, 43n, 47, 48
Melville, Herman – 171, 181
Mencken, Henry Louis – 172
Meschonnic, Henri – 20
Michaux, Henri – 182, 183, 184, 185, 194, 195
Miller, Heiner – XXV
Milosz, Czesław – 12
Minarelli, Enzo – 48
Mishima, Yukio – XXIV
Montale, Eugenio – 100
Moravia, Alberto – 187
Morin, Edgar – XXXVIII
Mosès, Stefan – 25
Mukarovsky, Jan – 53
Musil, Robert – XXIV, XXVI, XXVII, 63, 106, 116

Nabokov, Vladimir – XXVII, XXXV, 72, 84, 85, 86, 116
Nadin, Mihai – 41, 42
Neruda, Pablo – XXVI, 50, 156, 159
Neto, Álvaro – 47

Nietzsche, Friedrich Wilhelm – XIX, 57
Novalis – XXVI, XXXIII
Novarina, Valère – XXV

O'Neill, Eugene – 13

Pagliarani, Elio – 35
Palazzeschi, Aldo – 16
Parret, Herman – 64, 65
Paz, Octavio – XXI, XXII, XXX, XX-XIII, 20, 21, 22, 23, 24, 33, 155, 156, 158, 160, 164
Perec, Georges – 125
Perloff, Marjorie – 20
Perrone-Moisés, Leyla – XXX
Pessoa, Fernando – XV, XXIV, 17, 18n, 66, 104, 105, 106, 107n
Petrarca, Francesco – XIV, XXI, 66, 156, 159, 160
Pignatari, Décio – XXXI, XXXV, XLVI, 34n, 36, 37, 38n, 40, 47
Pignotti, Lamberto – 33n, 48
Pimenta, Alberto – 47
Pinto, Mendes – 181
Pirandello, Luigi – XIV, XXIV, XXVI, 63, 102, 104
Plekhanov, Georgiï Valentinovic -
Pleynet, Marcelin – 171
Poe, Edgar Allan 171
Poggioli, Renato – 20, 21
Polo, Marco – 196, 197, 198
Ponyrev, Ivan Nikolayevitch – 83
Porta, Antonio – 35, 36, 48
Portella, Eduardo – 20
Pound, Ezra – XXV, XXX, XXXII, 35, 118, 172
Pratt, Mary Louise – 187, 188
Prigogine, Ilya – 58, 60
Propp, Vladimir Jakovlevic – 52
Proust, Marcel – XXIV, 63
Púchkin, Aleksandr Sergueievitch – 70, 71, 82, 84, 85

Queneau, Raymond – 125, 126

Rabelais, François – 61, 91
Ramnoux, Clémence – 164n
Reich, Charles – 171
Rezač, Vaclav – XXXV, 72, 79, 80
Ribeiro, Darcy – 182, 185

ÍNDICE ONOMÁSTICO

Ricœur, Paul – 57, 165n
Rilke, Rainer Maria – XXVI, XXXIII, 52, 105, 106, 116
Rimbaud, Arthur – XXII, 81, 82, 159
Robbe-Grillet, Alain – XXVII
Roche, Maurice – 36, 125
Rokha, Pablo de – XXIV, 50
Romano, Immanuel – 29
Rosa, Alberto Asor – 20, 27
Rosa, João Guimarães – XXII, XXIII, 13, 45
Roubaud, Jacques – XXXIII, 36, 37, 42, 155, 156, 157, 158, 159, 160, 161, 162, 163, 164
Roussel, Raymond – 125
Russel, Charles – 21, 33n

Sábato, Ernesto – XXIV, 99, 106
Sade, Marquês de – XXVI, 29, 35, 141, 142, 143, 152, 160, 161, 165
Sanguineti, Edoardo – XXXIII, 20, 28, 29, 30, 35, 36, 37, 42, 45n, 48, 50, 125, 155, 156, 158, 160, 162, 164
Santo Agostinho – 66, 133, 134, 135n, 136, 138
Sapir, Edward – 54
Saramago, José – XXVI, XXVII
Sarduy, Savero – 38
Sartre, Jean-Paul – XXV, XXXVII, 56
Scarpetta, Guy – 20, 21
Schlegel, Friedrich – XXVI, 70
Schwitters, Kurt – 15
Scialoja, Toti – 48
Sêneca – XXII
Serres, Michel – 185, 186
Shakespeare, William – 5, 52, 91, 156, 159
Sibony, Daniel – 140
Simon, Claude – XXVII
Skreb, Zdenko – 20
Słowacki, Juliusz – 70, 71
Sollers, Philippe – XXVI, XXX, 33n, 34, 35, 36, 45n, 118, 142, 143
Starobinski, Jean – 174, 175
Stein, Gertrude – 49, 125
Steiner, George – 121
Stengers, Isabelle – 60

Sterne, Lawrence – XXVI, 52, 71, 115, 181
Stockhausen, Karlheinz – 35
Svevo, Italo – XIV, XXIV, XXXIV, XXXVII, 97-110, 116
Swift, Jonathan – 181

Tabucchi, Antonio – 107
Tamaro, Susanna – XXX, XXXI
Taylor, Charles – XXIII
Tchernichévski, Nikolai Gavrilovitch – 84, 85
Thoreau, Henry David – 167, 171
Tolstói, Aleksei Nikolaevic – 61, 62, 91, 107
Tomachevski, Boris Viktorovitch – 52
Tomlison, Charles – XXXIII, 155, 156, 158, 159, 160, 161, 162, 163
Torre, Guillermo de – 20
Tzara, Tristan – 15

Unamuno, Miguel de – 63

Vallejo, César – XXIV, 50
Vattimo, Gianni – XXIII, XXV, XXXVIII, 20, 122
Verne, Júlio – 185
Vinogradov, Viktor – 53

Weber, Max – XXI
Webern, Anton – 35
Weisgerber, Jean – 20
Weiss, Peter – 28, 30
Whitman, Walt – 66, 167, 168, 169, 170, 172
Winnicott, Donald Woods – 177
Witkiewicz, Stanisław Ignacy – XXVI, XXXV, 12, 28, 72, 75, 76, 77, 116
Wittgenstein, Ludwig – 49, 129, 131
Wolker, Jiří – 82
Woolf, Virginia – XXVII

Yurkievich, Saul – 20, 129

Zamiatine, Evgueni – 28
Zanzotto, Andrea – 48, 50
Zéraffa, Michel – 20

LITERATURA NA ESTUDOS

América Latina em sua Literatura
Unesco (E052)

Vanguarda e Cosmopolitismo
Jorge Schwartz (E082)

Poética em Ação
Roman Jakobson (E092)

Que é Literatura Comparada
Brunel, Pichois, Rousseau (E115)

Imigrantes Judeus / Escritores Brasileiros
Regina Igel (E156)

Barroco e Modernidade
Irlemar Chiampi (E158)

Escritos Psicanalíticos sobre Literatura e Arte
George Groddeck (E166)

Entre Passos e Rastros
Berta Waldman (E191)

Franz Kafka: Um Judaísmo na Ponte do Impossível
Enrique Mandelbaum (E193)

A Sombra de Ulisses
Piero Boitani (E203)

Samuel Beckett: Escritor Plural
Célia Berrettini (E204)

A Literatura da República Democrática Alemã
Ruth Röhl e Bernhard J. Scharwz (E236)

Dialéticas da Transgressão
Wladimir Krysinski (E242)

Impresso em São Paulo, em julho de 2007,
nas oficinas da Gráfica Palas Athena,
para a Editora Perspectiva S.A.